此书受 2019 年湖南省社会科学成果评审委员会课题项目资助，项目号：XSP19YBZ121

国土空间规划政策与技术研究丛书

老龄化背景下养老机构配置

——基于弹性城市理论视角

欧阳虹彬　著

中国建筑工业出版社

图书在版编目（CIP）数据

老龄化背景下养老机构配置：基于弹性城市理论视角 / 欧阳虹彬著．—北京：中国建筑工业出版社，2021.7

（国土空间规划政策与技术研究丛书）

ISBN 978-7-112-26244-1

Ⅰ．①老… Ⅱ．①欧… Ⅲ．①养老院－经营管理－研究－中国 Ⅳ．①D669.6

中国版本图书馆 CIP 数据核字（2021）第 117368 号

责任编辑：李　东　徐昌强　陈夕涛
责任校对：赵　菲

国土空间规划政策与技术研究丛书
老龄化背景下养老机构配置——基于弹性城市理论视角
欧阳虹彬　著

*

中国建筑工业出版社出版、发行（北京海淀三里河路 9 号）
各地新华书店、建筑书店经销
逸品书装设计制版
北京建筑工业印刷厂印刷

*

开本：787 毫米 ×1092 毫米　1/16　印张：14　字数：248 千字
2021 年 8 月第一版　2021 年 8 月第一次印刷
定价：**68.00** 元

ISBN 978-7-112-26244-1
（37606）

序

老龄化是21世纪我国面临且必须予以应对的重大挑战与问题。养老机构配置受到城市经济、社会、文化、空间诸多因素的交织影响，本身非常复杂。对其研究与著述已有丰富成果，但仍存在许多需要深入探讨的内容。如何从动态、综合视角对其进行整体剖析，是其中的一个难点问题，对于研究者的知识广度、深度均有较高的要求。

作者聚焦于位处中部地区、经济较为发达的长沙，展开了具有时—空特性的案例研究，正是在这个视角下的一次大胆探索，并对该研究方向及其相关实践有较大的启发性与借鉴意义。

作者积极引入新的弹性城市理论，对养老机构配置的动态适应机制与阶段性适应机制建立方面有积极的创新，为养老机构配置建构了一个动态研究框架；通过大量第一手的实地调研，运用定性、定量结合的方式，对目前的养老机构供需进行了细致的比较分析，有理有据地指出养老机构配置存在的问题，并系统地分析了其形成机制，提出了系统的优化对策。将新的理论与实际问题研究结合，并非易事，这需要开放、包容的学术态度和脚踏实地、循序渐进的治学精神，该书见证了作者在这些方面所付出的艰辛努力。

老龄化以及养老机构配置问题在未来很长一段时间都会是影响我国城市发展的重要问题，需要学者们持续的精进研究，以促进提高规划与管理质量。作者对动态、整体视角下的养老机构配置问题进行了很好的尝试与探索性研究，在理论框架、研究工具、研究整合及应对策略等方面做出了相应的贡献。所有的创新及探索都不可能尽善尽美，如何基于此进一步完善，是作者在未来的新挑战和任务，也是广大关注老龄化问题之人的共同责任。

徐峰

2021年5月

自序

老龄化是全球性的人口发展趋势。1999年，我国进入老龄化社会，表现出基数大、增速快、高龄化趋势、失能人口多等特点。2019年中共中央、国务院印发的《国家积极应对人口老龄化中长期规划》指出坚持以人民为中心，积极应对人口老龄化是一项重大的国家战略，建立高质量为老服务和产品供给体系是其具体目标与任务之一，养老机构是该体系的重要组成部分。

在孝道文化背景下，我国一直奉行家庭养老。新中国成立后，国家建立福利机构收养农村五保老人、城市三无老人等弱势群体，具有救济性。普惠型养老机构始于2000年；与此同时，计划生育政策使家庭规模缩小、劳动力迁移导致空巢率快速上升等原因，使家庭养老向社会养老模式迅速转换。所以，养老机构相对来讲是一个新生事物，而且一出生就面临巨大压力。新生事物大多会伴随问题和弊端，而使我特别关注养老机构配置问题的是中国老龄科学研究中心在2015年发布的一份调研报告(《中国养老机构发展研究报告》)，调研结果显示：全国养老机构空置率高达48%！之后，通过资料查询及进入部分机构调研，发现北京、上海、武汉、长沙等大中城市的养老机构在总量不足的情况下，空置率都常年居高不下。这种“高需求、高空置”的怪现象反映出其配置存在重大问题，一方面是对有限城市资源的巨大浪费，另一方面阻碍了基本养老服务均等化的实现，与以人民为中心的规划目标相违背。如何改善其配置机制，使之能应对我国老龄化程度正在快速加深、失能老人数量急剧增加等严峻现实，是本书的研究初衷。

随着研究的展开，我发现重数量轻质量、将机构养老等同于市场化养老等认识误区使现有的养老机构配置框架、路径等均模糊不清，导致其低效的自发配置状态。很多学者都在关注该问题并形成了丰富的研究成果，主要聚焦于需求总量或者共性特征、从社会—经济视角切入养老机构运营与管理问题、养老机构空间可达性及与人口的耦合性问题等。亟待改进的问题主要表现在：对老年人需求差异性的关注较少，也缺乏针对供需关系的系统研究，忽视了养老机构供需在现实世界的复杂性；多从运营、空间规划等单一视角切入，对整体协调发展的研究少，未能充分反映养老机构具有社会、经济、空间等多种属性的特征；多从静态视角切入，对于其动态机制研究较为缺乏，难以从宏观层面把握养老机构配置的动态规律，无法科学判断其发展趋势。因此，注重对其时空性、系统性、复杂性特征的研究是本书的努力方向。

围绕上述努力方向，本书以长沙为实证对象，主要针对养老机构配置做了四方面的积极探索：

其一，采用弹性城市理论的多尺度嵌套适应性循环模型（Panarchy Model）建构全书的框架。该模型用四阶段和三种系统属性描述了系统应对压力的过程。相较其他演化理论来讲，比如，自组织理论群的不同理论提供了熵、序参量、不同突变类型的数理模型，分别为深入研究渐进或者突变状态提供了依据；路径依赖理论是定性分析历史发展机制的解释性工具；该模型为明晰整个动态过程的状态变化建构了更整体的时空框架，对城市研究极具启发意义。依据该模型，本书将养老机构配置视为城市系统适应需求压力的过程，其机制包括动态适应机制和阶段性适应机制；并研究了长沙市在1949～2016年间的适应性循环过程及动力因素，发现其正处于第二开发阶段（γ2），内在发展需求是提高对需求压力的吸收效率，因此，本书着重研究了处于开发阶段的阶段性适应机制。

其二，基于养老机构需求差异性和实际供给情况的复杂性，通过供需比较探讨了现阶段影响吸收效率的供给因素及其特征。为了更深入地分析供给对需求压力的吸收规律，本书采用了分解策略，从功能、价格、空间布局三个方面，分别研究影响相应吸收效率的供给因素及其特征，力图反映在真实世界中养老机构供给吸收需求时的复杂状态特征。

其三，从现象因素、直接因素、根本因素等三个层面分析了现阶段影响吸收效率的城市系统因素及其关联。本书中的城市系统包括社会、经济、空间等3个子系统。现象因素是影响吸收效率的供给因素；根本因素是对城市社会、经济、空间子系统内的政府管理、基层治理、经济发展水平、经济增长方式、城市规划与管理、城市形态等要素特征的反映或与之紧密关联；在根本因素的交织作用下，形成影响现象因素的直接因素。本书力图整体、立体地揭示目前吸收效率的形成机制。

其四，针对现存问题提出了动态优化对策和阶段性优化对策。

探索的过程使我深感研究之不易，亦体会到破旧立新、持续精进对研究进化之不同意义与价值，并开始对其未来的可能方向充满期待。本书既有运用新理论建构新研究框架的尝试，亦有基于既有研究成果的继续深化和系统化。希望本书能为城市规划学、公共管理学、社会学、经济学等专业人士及相关管理者提供教学、科研及实践的新思路，为明晰相关资源配置框架及路径提供参考与依据。

欧阳虹彬

2021年2月

目录

4

第四章

5

第五章

1

第一章
老龄化社会与养老机构配置

1.1 严峻的老龄化形势与养老机构“高空置”现象

老龄化是全球性的人口发展趋势。老龄化社会是指老年人口占总人口达到或超过一定比例的人口结构类型。按照联合国的标准，当一个地区60岁及以上的老年人口达到总人口的10%，或是65岁及以上的老年人口达到总人口的7%，即认为该地区进入老龄化社会。结合我国的退休制度传统，本书认为60周岁及以上的人是老年人，并选择前者作为老龄化社会的判断标准。

1.1.1 老龄化催生的巨大社会养老压力

（1）老龄化形势严峻

1999年，我国60岁及以上的老年人口达1.26亿，占全国总人口的10%，标志着我国进入老龄化社会。

我国老龄化形势严峻：①人口基数大。2000年时，我国60岁及以上的老年人口达到1.30亿，相当于亚洲老年人口总量的一半，世界老年人口总量的1/5，老年人口总量位居世界第一[1]。据国家人口和计生委的预测，2050年我国60岁及以上的老年人口将达到4.5亿，老龄化程度将达到31.27%～32.73%[2]。②增长速度快。我国人口年龄结构从成年型进入老年型，用了不到20年；而同样完成这个过程，法国用了115年，瑞士用了85年，美国用了60年，英国为45年。最短的日本为25年[1]。而且，我国进入老龄化社会以后，老年人口增速也很快。《中国人口老龄化发展趋势预测研究报告（2006）》指出：2001～2020年，我国老年人口年均增速会达到3.28%，远远高于总人口年均0.66%的增速；2021～2050年是加速老龄化阶段，速度更快。③高龄化趋势。随着年龄的增长，80岁及以上的高龄老人对于医疗保障有更大的依赖，也需要更多的生活照护。2000年时，我国的高龄老年人口约1100万。杜鹏的预测指出，到2023年时我国高龄老年人口总量将达到3000万，2053年时将飙升至峰值1亿左右，占全国老年人口总量的23%；至2100年，该占比将进一步提升到30%左右[3]。④失能人口基数大。中国老龄科学研究中心课题组对全国城乡失能老人的调查显示，

2010 年全国失能、半失能老人达 3300 万，2015 年则达到了 4000 万，占全部老年人口数的 18.3%，接近 2 成老年人口总数。[4] 这些特点说明我国老龄化形势严峻，在较短时间内已凸显出巨大的养老服务需求。

（2）老龄化对社会养老服务体系造成巨大压力

在孝道文化背景下，我国老年人的养老服务一直以家庭为主体来承担，但计划生育政策导致家庭规模缩小、劳动力迁移导致空巢率快速上升，家庭养老能力迅速弱化。

国家统计局官网相关数据显示：1995 年全国家庭户的平均户规模为 3.7 人 [5]，2000 年时全国家庭户的平均户规模为 3.44 人，2005 年全国城镇家庭户的平均户规模为 3.13 人 [6]，2010 年全国家庭户的平均户规模为 3.10 人 [7]。家庭规模小型化趋势明显。受二孩放开政策等影响，出生人口数量有所上升，但影响仍极为有限。国家卫计委的《中国家庭发展报告（2015 年）》显示：全国城镇家庭户的平均规模为 2.84 人。同时，国务院人口普查办公室的相关普查数据显示，2000 年城市老人空巢家庭户比例为 27% 左右，意味着四分之一以上的城市老年家庭是空巢家庭。由中国人民大学的老年学研究所、调查与数据中心进行的《中国老年社会追踪调查（CLASS）》显示：2014 年我国空巢老人占比达到 47.53%[8]。《中国老龄事业发展报告（2013）》显示：2012 年全国空巢老人数量为 0.99 亿，2013 年这一数字将突破 1 亿。预计到 2030 年，我国空巢老人家庭占比将达到 90% 左右，届时我国老年人家庭将“空巢化”[9]。

一方面，老龄化社会快速进展形成了巨大的养老服务需求；另一方面，家庭养老能力迅速弱化，这共同导致了在短期内形成对社会养老服务的巨大需求。

而我国社会养老服务，发端于对农村五保和城镇三无对象进行救济的福利性机构。进入老龄化社会后，仅靠国家举办的救济性福利机构已经无法满足日益迫切的需求。在 20 世纪 90 年代后期，居家养老服务开始试点。2000 年，包含民政部、卫生部、建设部等在内的 11 部委共同发布了《关于加快实现社会福利社会化的意见》，提出国家、民间机构、个人等各方力量共同提供社会福利服务，满足社会所有老人的需求。《2000 年民政事业发展统计报告》显示：2000 年时全国城乡各种福利床位 113 万张，并未单列养老床位进行统计，即便以此计算，约占当年老年人口数的 0.8%，与西方国家和发达国家 3%～5% 的比例相差较大，完全无法满足社会需求。再加上未富先老、市场机制不完善、相关政策仍需不断完善等条件的制约，我国社会养老服务的发展存在诸多问题，制约着其发展速度与质量[10]。

因此，总的来讲，我国老龄化快速进展形成巨大的养老服务需求，同时家庭养老向社会养老模式迅速转换，但基于救济传统，我国社会养老服务体系还未做好充分的准备，经济、政策、发展机制等方面的现状又制约着其发展速度、质量，使老龄化在短期内对社会养老服务造成了巨大的压力。

1.1.2 养老机构是不可或缺的社会养老服务部分

新中国成立后，我国社会养老服务是救济性的，由国家建立福利机构收养农村五保老人、城市三无老人等弱势群体。后因人口结构的变化，形成迫切的社会养老服务需求。经过多次会议讨论和试点后，2000 年 2 月，《关于加快实现社会福利社会化意见的通知》明确提出："在供养方式上坚持以居家为基础、以社区为依托、以社会福利机构养老为补充的发展方向。" 2006 年，《关于加快发展养老服务业意见的通知》进一步将其明确为："以居家养老为基础、社区服务为依托、机构养老为补充的服务体系。" 2011 年，《中国老龄事业发展"十二五"规划》指出："以居家养老为基础、社区服务为依托、机构养老为支撑，资金保障与服务保障相匹配，基本服务与选择性服务相结合，形成'政府主导、社会参与、全民关怀'的服务体系。" 2016 年，《中华人民共和国国民经济和社会发展第十三个五年规划纲要》提出："建立以居家为基础、社区为依托、机构为补充的多层次养老服务体系。" 可见，经过多年探索，我国社会养老服务体系包含两个不可或缺的部分：养老机构服务和社区居家服务。

从身体健康角度来看，养老机构是重度失能老人迫切需要的养老服务设施，存在刚性需求。曹杨采用 2014 年中国老年人健康长寿影响因素调查数据，发现中重度失能老人、城镇失能老人的家庭照料并不能充分满足其在照料护理等方面的需求，且该部分未被满足的需求凸显，应引起政府高度关注[11]。陈颖等通过问卷数据比较了不同失能程度的失能老年人的需求，发现重度失能老人生活照料和专业性健康照料项目的需求多，包括生命体征监测、清洁照料、及时抢救等多项，适合在机构养老和在医养结合机构养老[12]。苏群等基于中国健康长寿调查数据（2011～2012）的研究结果也显示，由于重度失能老人有 5～6 项日常生活行为无法独立完成，对专业和及时的照护有更迫切的需求，入住养老机构会具有更高的照护效率[13]。李萍萍通过将失能老年人随机地分为机构护理组和居家护理组，并定期对两组失能老人进行健康体检和健康状况评估，发现机构护理组的总有效性为 93.3%，居家护理的总有效性为 56.7%，差异有统计学意义，表明失能老人的机构护理比居家护理更具专业性，能够有效改善失能老人的生活质量 [14]。据预测，2015 年我国失能老年人口为 1563 万，其中重度失能老人约 330 万，但到 2054 年我国失能老年人口将达到约 4300 万，其中重度失能老人约 1600 万 [15]。随着失能人口（尤其是重度失能老年人口）的迅速增加，必然需要更多的养老机构服务来进行兜底。

同时，对于中轻度失能老人而言，若社区居家养老服务可以满足其相应需求，综合考虑资源节约、老年人情感需求、家庭空巢化趋势等，由社区为居家养老的老年人提供养老服务是最优形式。而居家养老的失能老人最迫切需要的是医疗、护理等服务内容 [16]。但刘涵等通过分层整群抽样方法对北京市不同城市功能区的社区进行问卷，分析结果显示仅有 1% 的老人选择社区护理，社区相关配套设施不完善是主要原因之一 [17]。张思锋等对三省（直辖市）九市（区）的社区居民的抽样调查结果也显示选择居家养老的失能老年人面临难以找到合适的护理人员、老伴照护艰辛、子女无暇照料等问题；同时，社区养老服务提供的更多的项目与健康老人的娱乐及生活便利有关，极少有为居家失能老人服务的项目，有形式化特征 [18]。刘晓静认为我国社区老年护理服务体系尚处于发展初期，存在着缺乏顶层规划与设计、护理服务基础设施落后、缺乏专业护理人才、社区护理发展资金难以得到保证等问题，使社区护理在服务内容、规模和质量上与老年人的需求之间都存在较大差距，严重制约着社区护理发展的速度和质量 [19]。

基于 2014 年中国老年人健康长寿影响因素调查数据的研究成果显示：养老服务需求完全被满足的失能老人仅占居家养老人数的 4%，其中轻度失能、中低年龄失能老年人是缺乏照护的高风险群体，国外的相关研究显示“无人照料”会进一步导致失能老人健康状况恶化的不良后果，因此该部分老年人的居家养老需求应得到政府的重视 [11]，如提高入院率、增加医疗和护理负担等 [20]。目前社区居家养老服务在失能老人迫切需要的社区医疗、护理等方面存在严重不足，若不能加以快速、有效解决，将极有可能使轻度、低龄失能老年人身体健康状况的恶化速度加快，进而使其养老需求迅速转化为对养老机构服务的需求。

同时，随着经济水平提升以及对精神生活的注重，也有研究发现一些健康状况较好、有配偶的自理老年人也喜欢入住养老机构，享受退休生活，因为养老机构可以为其提供交流、开展活动的空间。比如，史晓丹通过对青海西宁、河北石家庄、云南普洱等城市的调查研究，发现老年群体单纯作为弱者（即高龄或身体健康较弱者）而入住养老机构的推力因素在减弱，专业性护理、个人发展层面的需求的吸引力在增强。[21]结伴入住养老机构也成为自理老年人一种生活方式的选择。

综上所述，家庭照料、养老机构服务、社区居家养老服务是主要的三种养老服务方式。如前面所分析，家庭照料模式正在快速转化为社会养老服务模式，且家庭照料在专业性方面存在着不足。养老机构服务在专业化等方面具有优势，是重度失能老人迫切需要的养老服务设施，存在刚性需求；同时，社区居家养老服务在社区医疗、护理方面相当薄弱，在空巢化背景下，这在一定程度上会使轻中度失能老人选择进入养老机构养老，并极有可能会导致希望居家养老、但又无法及时获得相应社区医疗、护理等服务的中轻度失能老人因身体健康的恶化而进入养老机构养老；而且，随着经济水平提升以及对精神生活的注重，一些健康状况较好、有配偶的自理老年人也喜欢入住养老机构，享受退休生活。因此，养老机构具有不可或缺性，而且在未来失能老人快速增加的背景下，其不可替代的兜底作用将更加明显。

1.1.3 养老机构的发展窘境

老年人口快速增加，养老服务需求也在快速增加，养老机构供给总量一直低于需求总量。2000年时全国城乡各种福利床位113万张，约占老年人口总数的0.8%，远低于发达国家3%～5%的水平。近年来，养老机构在数量上获得了较大发展。依据《2016年社会服务发展统计公报》，截至2016年年底，全国各类养老床位合计730.2万张（含社区留宿和日间照料床位322.9万张），约为老年人口总数的3%，每千名老年人拥有养老床位31.6张[22]，距离“十三五”规划的每千名老年人床位数目标35～40张仍有一定距离。而实际上，参考不同尺度、类型的测算，保守估计我国希望入住养老机构的老年人至少占老年人口总数6.7%[23-27]，远高于3%。

而在2015年，中国老龄科学研究中心发布了《中国养老机构发展研究报告》，其调研结果为：全国养老机构空置率高达48%。截至2014年年底，北京市在总量不足的情况下，空置约2万床位；截至2012年年底，上海市10.52万张养老床位收住老人6.8万人，总体入住率仅为65%；截至2016年10月，长沙市市区养老机构空置率为35%。一般来讲，空置率大于30%，难以维持经营的收支平衡，为高空置。上述数据表明我国养老机构正呈现“高需求、高空置”

特征，违背供需规律，表明目前的养老机构配置机制存在严重问题。

据预测，2020 年左右，我国将进入加速老龄化阶段，老年人口增速更快[28]。在有限的城市资源条件下，若不能科学配置养老机构，使之能应对逐渐增大的需求压力，会形成家庭受困于养老、进而阻碍城市发展等恶性循环，严重者更会影响城市可持续发展。因此，迫切需要对城市养老机构的配置机制展开相关研究，并基于此对其配置机制进行优化。

1.2 养老机构研究述评

通过梳理养老机构需求、运营与管理、空间规划及管理等研究现状，分析其研究不足及趋势。

1.2.1 需求研究现状

城市养老机构配置是为了满足相应需求，需求是养老机构配置研究中的重要内容。

在老龄化背景下，不少研究对需求的总量进行估算。2000 年中国城乡人口一次性抽样调查的结果显示，有意愿入住养老机构养老的老年人约占老年人口的 17.5%，可估计其潜在需求较大[29]。而且随着家庭小型化、空巢化趋势加剧，老年人倾向于入住养老机构的需求明显增加[30]。2016 年针对长沙的一项调查研究显示，约 23.5% 的老年人希望在养老机构养老[27]。复旦大学和市民政局提供的 2005 年上海养老需求调查报告显示，希望在养老机构养老的老年人占比约为 9.7%[24]。同样是上海，依据老年人需要他人照顾的程度，刘红预估约 8% 的老年人有较为迫切的机构养老需求[25]。吴敏对济南案例的研究则表明约有 6.7% 的老年人有入住养老机构的需求[23]。谢萌等对合肥主城区的老年人的问卷调查显示约有 11.5% 的老年人有机构养老需求[26]。这些研究表明，希望入住养老机构养老的老年人大致占老年人口的 5%～15%。由于老年人口基数大，其总量非常大，而且随着空巢化等因素影响，有进一步增加的趋势。

也有较多研究关注养老机构需求的影响因素。性别、年龄、婚姻状况、学历及患慢性病情况对老年人养老需求有明显的影响[31]。蒋岳祥等的调查研究也显示学历高、健康状况好的老人具有更强的机构养老倾向[32]。初炜等的调查则显示愿意入住养老机构的老年人呈现年龄大、家庭收入高的特征[33]。子女个数也是决定老年人是否入住养老机构养老的关键因素[34]。韦云波等在贵阳市采用多阶段分层抽样方法调查研究的结果表明，高龄、丧偶老人有更大的几率进入养老机构养老[35]。弗莱厄蒂（Flaherty，J.H.）等则从宏观层面指出独生子女政策对老年人养老需求造成了影响[36]。但史晓丹的调查研究则显示老年群体单纯作为弱者（高龄或身体健康较弱者）而入住养老机构的推力因素在减弱，其个人发展等层面的需求在增强[21]。可以发现，老年人对养老机构的需求与其自身健康状态、社会属性、家庭状态等密切相关，而且随着时代的变化，也需要注意到已有多样化的因素推动老年人入住养老机构，从而导致其需求内涵发生变化。

老年人所需要的养老机构服务内容及特点也有不少研究成果。养老机构的服务水平及其是否在社区附近是决定老年人是否入住该养老机构的重要因素[23]。在未富先老的背景下，由于老年人的收入水平相对较低，养老机构的价格是老年人考虑是否入住的重要因素[37]。医疗、急救条件也是老年人关注的问题[38，39]。养老机构周边优良的自然环境、优良的空气质量也是老年人很看重的因素[40]。《全国老龄办民办养老服务机构基本状况调查》也显示，老年人或其子女选择某一具体养老院与离家距离、功能内容、居住条件、收费等密切相关。

总的来看，大部分研究关注宏观地把握老年人对养老机构的需求总量或者共性特征，对老年人需求偏好差异的关注比较少[41]。而实际上，身体健康状态、地方性（place）等因素的影响会使老年人口的需求不同[42，43]。高晓路（2013）研究了包含新建商品房小区、混合社区、单位大院、旧城街坊、经济适用房和廉租房等在内的6种类型的社区中的老年人对养老机构的需求，发现不同社区的老年人需求偏好呈现明显的空间分异[41]。需求偏好差异不仅体现在空间分布上，也体现在对养老机构功能要素水平的需求上，宋姗等开始尝试通过对老年人的“多要素多水平”叙述性偏好调查（SP）量化老年人对养老机构的需求特征，但目前绝大多数对需求的研究为定性研究，缺乏对老年人所需求的养老机构功能要素的水平差异的量化研究[44]。

同时，极少有研究将需求和供给当作整体来研究，已有的供需研究多为定性分析，或为总量、护理水平、支付能力与价格水平等较简单的供需比对[23-25，45]，但基于复杂现实条件下的供需关系的定量研究仍然缺乏。这些都大大限制了需求研究的深度，从而降低了养老机构“精准”匹配需求的可能。

1.2.2 运营与管理研究现状

依据举办主体性质来分析公办、民营机构的关系是常见的一种研究视角。穆光宗对如何促进公办、民营养老机构的和谐发展进行了探讨，以防止“市场失灵”和“政府失灵”倾向[46]。舒斯亮等认为应通过缩小两者成本差距及增加入住公办养老机构最长等待时间，使公办、民营养老机构在发展过程中建构起较为协调的关系[47]。孙嘉在明晰公办、民营养老机构区别的基础上，运用企业资源等理论将民营养老机构分为保障型、需求型、规模型三种类型，并对其发展模式进行了探讨[48]。

民营养老机构经营困难是比较突出的问题[49]，围绕其特征、困境成因有较多的研究。民营养老机构的主要特征包括类型多、发展快，设施简陋、服务档次较低，服务质量、服务人员专业化程度有待提高，发展负担很重，经营目标具有社会效益追求、利润最大化双重性等[50]。民营养老机构的投资规模小、借贷制约是其经营困难的原因[51]。也有不少研究发现由于部分优惠政策的执行单位是自主经营的企业，所以实际上针对民营养老机构的优惠政策并没有落实，这也是民营机构经营困难的原因之一。财政投入小、支持力度小也在一定程度上加剧了民营机构的经营风险[52]。董红亚则认为从工作目标、服务对象、服务过程看，民营养老机构是典型的非营利组织，应培育非营利组织来推动其发展[53]。还有研究认为民营养老机构护理人员队伍年龄老化严重、素质和层次相对较低、工作满意度不高等制约了养老服务的质量，造成其经营困难。[54]焦亚波则认为社会福利社会化背景下政府、行业协会、养老机构的关系明晰非常重要，是养老机构健康发展的关键[55]。

对于应对困境的策略也有较多相关研究成果。甘炜等以政府预算约束为条件，建构养老机构及养老个体购买服务模式的财政补贴模型，指出应将政府补贴政策进一步细化、具体化，对不同身体健康状态、收入状态的老年人和不同运营状态的养老机构要实行不同级别的补贴，以强化政府资金的使用效率[56]。胡卿则结合我国老龄化问题，提出建构养老保障信托，来增强老年人获得相应养老服务的能力[57]。李云凤则认为在社会福利社会化的背景下，公办民营模式可以将政府与市场机制相结合，是一种改变机构养老服务体系困境的模式[58]。董红亚提出要建立行业协会，通过制定行业规范与标准、采取奖惩措施，推动养老服务水平提高[59]。李佳等建议加强相关法制化建设，建立民办养老机构护理员的资格准入制度，结合护理员职业标准，逐步建立执业标准，推动相关从业人员专业素质和职业技能不断提高，进而提高其社会认可度[60]。邵晶基于公共物品理论等，认为公办养老机构应充分体现其福利性特征，其定价应尽最大可能保障中低收入老年人能够获得基本养老服务的权利[61]。高岩通过对美国、德国、英国、瑞典四国的机构养老服务的经验分析，发现其有效的政府职责体现在必要的财政支持、政策的制定与立法、强有力的监督等方面，而且政府通过针对性的加强力度来改善由于收入不平等而带来的后果，以促使社会公平的发展[62]。

可以发现，对城市养老机构运营与管理的研究成果较为丰富。从研究对象来看，依据举办者性质将其区分为公办机构、民营机构进行分类或类型体系研究，是较常见的一种切入视角，多运用社会学、经济学理论，从类型视角对养老机构的类型共性展开研究，但却无法有效解释由城市差异性导致的养老机构运营与管理的差异。从关注的运营与管理问题看，研究养老机构配置的单一方面（或少数方面）的问题较多，如财政、非营利组织等，多属于社会、经济系统，从整体的城市视角研究的较少。而养老机构配置涉及经济、社会、空间等方面，具有整体性，尤其是经济、社会、空间等子系统之间有时会存在矛盾，需要进行整体的理解，各子系统不应被单独的理解[63，64]。

1.2.3 空间规划及管理研究现状

养老机构是城市公共服务设施。对城市养老机构的类型体系已有较多相关研究。但我国养老机构仍存在没有细分的问题，体系性差，导致了养老机构内部老年人生活和护理的困难[65]。李斌等对中日养老设施体系及设计标准进行了系统比较，提出了相应类型体系及设计标准的建议，以期为我国提供参考依据[66]。陈喆基于北京案例，建议将社会养老设施分为护理医院型、老年社区型、社区看护型、特殊老年病型、临终关怀型、社会救助型等类型[65]。曹力维基于重庆案例，建议将老年人设施分为养护院、养老院等类型[67]。上述研究结论不尽相同，提示着我国应尽快规范和健全养老机构分类，以利于提高其服务效益。[68]翟德华运用马斯洛需求层次理论、服务业细分理论等，提出基于“需求—供给”的养老服务业分类方法[69]，是对养老机构进行体系建构的一条思路。

对相关规范的研究也是其中重要的部分。刘菁等指出现有的相关规范标准的问题导致了各级养老设施用地缺乏统一的控制要求等结果[70]。蒋朝晖等则指出养老设施相关配建标准存在不清晰且缺少协调、设施配置缺少对失能老人的倾斜等问题，并对相关配建指标给出具体建议，同时指出，我国各地的情况千差万别，仅用一个笼统的标准并不科学[71]。

城市养老机构的选址与布局是空间规划中核心的研究内容。城市养老机构的可达性非常重要，但因为各种原因，实际上其可达性存在较大空间差异[72]。陶卓霖依据2020年北京市预测的老年人口分布，建构了公平最大化模型，采用粒子群优化算法求解，为2020年的养老设施布局进行了优化研究[73]。戴维等通过问卷调查等发现老人在选择入住的养老机构时，会倾向于选择距离子女居住地较近位置的机构，并基于此为促进北京市养老机构入住率的均衡发展提出相应的建议[74]。另一研究焦点则是养老机构的空间布局特征及其与人口的耦合关系[75]。不少案例研究都指出了老龄人口集中的城市老城区却拥有较少的机构养老设施，供需矛盾强烈[76, 77]。刘剑利用层次分析法，结合问卷调查，综合确定了影响养老机构布点的关键因素，再运用GIS叠合土地利用现状、规划管理、现状老年人口空间分布数据等，分析出养老机构布点的合适区域[78]。但判断养老机构布局是否合理的主要因素并不一定是距离最短[79]，因为老年人对养老机构的需求在空间上并非均匀分布，老年人口密度大的区域并不一定存在着迫切的入住养老机构的需求[41]，需求与年龄、身体健康状态、观念等多种因素相关。考虑到老年人、养老机构的时空变化特征等，颜秉秋等构建了多主体微观模拟模型，用以预测2010～2030年北京市养老机构的供需发展趋势[80]。与较常见的空间规划模式不同，该研究考虑了城市复杂性、非空间性方面的因素的影响，使研究的深度加强。但总的来讲，大多数研究习惯于以物质空间为切入点来分析，忽视了附着于养老机构背后的社会、经济等多重城市属性，制约了空间规划的可实施性和有效性[78]。

养老机构空间管理方面，养老用地供给是研究较多的问题之一。徐锴指出目前养老服务机构主要存在土地获取难和用地成本高两大问题[81]。张云云则认为社区化养老用地也存在诸多法律困境，有相应法律风险，建议分步调整、完善供地制度[82]。审批过程是另一研究焦点。消防审批是制约养老机构发展的重要因素，尤其是在对利用存量建筑改造的养老机构进行消防审批时，审批认定耗时较长[83]。

可以发现，城市养老机构需要尽快建构一个合理的类别体系，基于需求—供给分类是较有道理的一个思路。相应指标体系目前呈现缺乏协调、滞后等问题，其建构与完善应具备合理性，同时也要充分考虑城市发展的差异性和老龄化的差异性。空间管理研究多针对某一具体问题，缺乏从宏观视角切入的整合研究，现有政策的体系化仍有待加强。选址与布局研究仍呈现静态、偏于物质性的特征，较为依赖人口密度、数量、距离等物理指标来进行规划，而对养老机构的社会、经济等多重属性关注较少，忽视了城市养老机构配置过程中的复杂性。

1.2.4 不足与趋势

综上所述，对我国城市养老机构配置的研究涉及养老需求、运营与管理、空间规划与管理等方面，成果数量和角度均较为丰富。但总的来讲，仍存在一些不足，表现为：①对老年人需求差异性的关注较少，也缺乏针对供需关系的系统研究，这些都大大限制了对需求的理解深度，制约了养老机构配置的科学性与合理性；②对城市养老机构运营、空间规划等方面的研究多从单一视角切入，对整体协调发展的研究少，或对某种类型的养老机构的共性进行研究，但实际上城市养老机构具有社会、经济、空间等多种属性，而且城市文脉、老龄化程度及进展等存在差异性，从单一视角切入或共性研究的理论框架无法有效应对上述问题；③已有研究对于养老机构配置的研究多从静态视角切入，对于其动态机制研究较为缺乏，难以从宏观层面把握养老机构配置的动态规律，无法科学判断其发展趋势，限制了研究的广度、深度及科学性。

因此，在未来的研究中，应关注老年人需求的差异性，加强从城市层面、从整体视角切入的城市养老机构配置研究，关注其动态机制研究。

2

第二章
弹性城市理论视角下的研究方案设计

2.1 新的观察角度：弹性城市理论视角

从弹性城市理论视角来看，养老机构配置是城市系统适应需求压力的过程，包括动态适应和阶段性适应。动态适应是城市系统通过分配与安排相应城市资源、产生养老机构供给，来与需求压力形成动态匹配，这意味着形成一种动态制衡，而不是每时每刻都处于供需平衡状态；同时，阶段性适应是整个动态适应过程的组成部分，其会形成相应的阶段性适应结果，并影响整个动态适应过程的发展趋势，通过调整当下的阶段性适应机制，可以促进整个动态适应过程更健康的发展，从而更好地应对机构养老需求压力。

基于弹性城市理论，动态适应是适应性循环过程，会经历开发、保守、释放、重组等阶段并往复发展。处于不同阶段，其相应的阶段性适应机制的内涵不同，其中，开发阶段是系统积累应对外来压力的潜力的主要阶段，在该阶段应尽可能多地积累系统潜力，维持系统稳定，系统在开发阶段的状态将对整个适应性循环过程产生重要影响，本书着重分析了处于开发阶段的阶段性适应机制。在供大于求、市场化背景下，系统供给对需求压力的吸收效率高，则能吸引更多的城市资源进入养老机构发展领域，使系统潜力不断增加，因此，城市系统对需求压力的吸收机制是阶段性适应机制的核心。

基于上述理解，本书的主要研究问题是：动态的城市系统应对需求压力的适应性循环机制有何特点？处于开发阶段的城市系统对需求压力的吸收机制有何特点？如何改善动态的、阶段性的养老机构配置机制，使之推动养老机构配置过程更健康的发展？

2.2 弹性城市理论演化

弹性城市理论研究源于生态系统（自然界）如何面对压力或冲击，现已成为关注城市如何应对干扰的研究的统称。

由于弹性城市理论不断发展和跨生态、社会、经济、技术等多学科研究的特点，作为其理论核心的“弹性”概念纷繁芜杂，给理解带来困惑。选择对“弹性”概念的发展进行梳理，来把握弹性城市理论的演化。主要基于 Web of Science 数据库，针对弹性城市理论演化进行了文献研究，发现弹性概念的演化经历了三个阶段：工程弹性（1973 年以前）、生态弹性（1973～1998）、社会—生态弹性（1998 年以后），在弹性主体、关键属性、衡量指标等三个内涵特征上表现出明显差异[84-86]，并引发不同研究脉络。

2.2.1 基于“工程弹性（Engineering Resilience）”的研究

1973 年霍林（Holling，C.S.）在他的论文《生态系统的弹性与稳定性》中对当时生态学界流行的“稳定性”理论进行了分析和批评，“稳定性”理论的特征与工程师设计的简单系统属性非常类似，如“关注系统一贯的稳定性，一旦轻微偏离目标就会被矫正”[87]，为了与他提出的“生态弹性”相区别，该“稳定性”后被定义为“工程弹性”[88]。“工程弹性”的弹性主体为单一、静态的系统（Single-Equilibria System），恒定性是其基本特征；其关键属性是系统在遭到外来冲击后恢复到原有平衡、保持系统稳定的能力（Stability），因此减少变量以保证系统处于接近平衡的区间是系统运转的理想状态；评价系统弹性强弱的关键指标是系统恢复到原有平衡状态的时间（Recovery Time）。在“生态弹性”概念之前，“工程弹性”概念和理论被广泛用于生态学领域的研究中，如研究捕食者和猎物、食草者和食物、两个竞争者群落之间数量此消彼长的变化和相互作用关系就是基于这种概念的典型例子，其研究前提是假定二者之间存在稳定的相互作用，只包含少量元素，没有考虑影响滞后、非匀质空间特性、数量的非线性变化、阈值等，使该类研究与真实世界相距太远[87]。

2.2.2 基于“生态弹性（Ecological Resilience）”的研究

20 世纪六七十年代，生态学家在利用肉食动物捕食过程及其他相关过程建立数量模型时，意外发现了由非线性的功能运行、再生过程产生的“多重平衡”，完全不同于之前基于“工程弹性”概念建立的同类模型，这直接促成了“生态弹性”概念的提出。

（1）霍林与“生态弹性（Ecological Resilience）”

霍林将生态弹性定义为“系统吸收状态变量、驱动变量及参数带来的变化，仍然维持系统运转的能力”。[87] 该概念认为开放的复杂系统是恒变的，复杂系统具有通过内在多样化、多层级的系统适应性调整来吸收外来干扰、维持系统基本功能的能力。因此，“生态弹性”概念的内涵特征包括以恒变的复杂系统（Multi-Equilibria System）为弹性主体、关键属性为适应性（Adaptability）、以可吸收变量（Absorption）为衡量指标等。

（2）围绕“生态弹性（Ecological Resilience）”展开的研究

①鲁棒性（Robustness）研究：生态弹性概念认为复杂系统可以吸收外来冲击，保证系统原有功能、结构的延续，由此激发了对如何使系统可以吸收更大的外来冲击、使系统更加强壮等问题的思考与研究，即为鲁棒性研究。鲁棒性研究涉及鲁棒性的特性分析，如斯蒂尔（Steele，J.H.）指出生态系统实验对于理解系统鲁棒性和评价通常压力影响具有重要价值[89]，池田（Ikeda，M.）等探讨了稳定性、复杂性相互影响对生态系统鲁棒性的影响[90]，邓恩（Dunne，J.A.）等发现食物链连接度对生态系统鲁棒性有重要影响，但物种多样性对其影响较小[91]；鲁棒性分析、建立的方法，如布莱克威尔（Blackwell，C.C.）等探讨了生物生命支撑系统的鲁棒性的建立过程[92]，狄亚斯（De'ath，G.）等提出了生态系统数据分析的“分类与衰退树方法”，并指出其在易用性和鲁棒性建设等5方面的优势[93]；灾难风险管理，如克拉克（Clark，M.J.）指出了洪灾保险在帮助英国沿海区域居民在对抗自然灾害中的积极作用[94]，哈钦斯（Hutchings，J.A.）指出渔场保护海洋生物多样性时，采用预警机制可使海洋鱼类免于灭绝风险[95]；基础设施强化，如阿明（Amin，M.）提出了“复杂互动网络系统倡议”以用于改善能源、金融、电信、交通等多种网络的安全性、性能和鲁棒性[96]，布鲁诺（Bruneau，M.）等认为冗余度、可用资源是基础设施鲁棒性增强的重要影响因素[97]。鲁棒性概念后被引入社会—生态系统，如利维（Levy，J.K.）等运用量化的方法探讨了对抗不确定因素的政策决策系统的鲁棒性[98]，安德列斯（Anderies，J.M.）等从制度角度提出社会—生态系统的鲁棒性分析框架[99]。

②多样性（Diversity）研究：与“工程弹性”理论强调通过控制变量来使系统保持平稳不同，在“生态弹性”理论中，变量多样化是维持复杂系统平衡的重要因素。早期的多样性研究围绕多样性在生态圈中的作用、运行规律等展开，如戈赫（Goh，B.S.）通过建构模型探讨了生态系统中稳定性与多样性之间的关系[100]，康拉德（Conrad，M.）发现包含基因库多样性在内的四个因素对有机个体与群体的适应能力会产生影响[101]，蔡平（Chapin，F.S.）等发现功能族群的多样性会直接影响生态系统运行状态[102]，而艾里姆奎斯特（Elmqvist，T.）等提出了有别于

功能族群多样性的反应多样性的概念[103]，那伊（Naeem，S.）等指出功能族群中的反应多样性是对生态系统弹性的关键影响因素[104]。以上研究都表明生态学的多样性理论在逐渐深化。

从20世纪90年代起，多样性理论更多地被用于社会—生态系统的研究，城市化与城市生态多样性的相互影响以及多样性理论的运用成为研究热点，如克劳福德（Crawford，D.W.）等发现近百年的城市化和工业化已使新泽西纽瓦克湾河口的水生物种多样性减少，并破坏了重要的自然栖息地[105]，梅尔斯（Myers，N.）等探讨了如何运用多样性热点原理来制定最小成本、物种保护最大化的保护规划[106]，刘（Liu，G.）等将多样性原理引入中国产业结构分析中[107]，凯撒（Kaiser，R.）等则将多样性理论引入到多层次的管理系统创新研究中[108]。

③自组织（Self-Organization）研究：自组织理论是20世纪60年代针对复杂系统现象而产生的系统理论，它的研究对象主要是复杂自组织系统的形成和发展机制问题，即在一定条件下，系统是如何自动地由无序走向有序、由低级有序走向高级有序。"生态弹性"概念将研究范围从单一系统扩展至复杂系统，这使得自组织理论与生态学研究紧密结合。

早期的自组织研究试图将自组织理论引入生态系统，如伊瓦赫年科（Ivakhnenko，A.G.）等探讨了基于自组织理论的GMDH算法来预测生态系统的发展[109，110]，奥那普锲科（Onopchuk Yu，N.）等则指出非线性变化的动态生态系统中的自组织性有重要的理论和实践意义[111]，坦伊（Tanyi，G.E.）认为生物进化过程的基本模型是理解开放生态系统和生物大分子系统的自组织过程的基础[112]。后续的自组织研究内容主要包括系统与环境之间的物质与能量交换关系及其对自组织系统的影响，如奥德姆（Odum，H.T.）探讨了生态系统及其他自组织系统中的能量转换问题[113]，豪（Hau，J.L.）等认为打破学科界线并关注不同领域的交流才能理解生态能值和生态积累的有效能消耗之间的密切关系[114]；外在环境与自组织系统之间的关系，如斯坎伦（Scanlon，T.M.）等发现全球资源限制和地方便利度会影响树冠尺度的幕率分布，积极的地方反馈可以使其免于致命的跨阈值行为[115]；自组织系统内在机制，如莱昂（Lion，S.）等发现亲缘选择是粘性族群合作演化过程的主体[116]，瓦伦特—班纽特（Valiente-Banuet，A.）等发现族群的相关度升高会使互利性关系转变为竞争性关系[117]。

自组织研究后从生态学领域渗透到社会—生态系统，如奥斯特罗姆（Ostrom，E.）建构了通过激发自组织性促进社会—生态系统可持续发展的研究框架[118]。

④稳态转换（Regime Shift）研究：稳态转换是复杂系统自组织过程的重要特性，其实质是由一种稳定态经过不稳定态向新的稳定态跃迁。生态学中的稳态转换研究对社会—生态系统可变性研究有重要影响。

稳态转换研究主要包括外在环境与系统稳态转换的关系研究，如麦诺顿（McNaughton，S.J.）等通过模拟核战争引起的气候变化对草地生态系统造成的生态影响、发现较大的气温和光线变化会引起严重的生态系统衰退[119]，科利（Collie，J.S.）等发现生态系统中 3 种类型的稳态转换是由外在变量和种群过程的相互作用引起的[120]，乌古斯（Oguz，T.）等研究了黑海生态系统中由强力渔业开发带来的稳态转换和气候变化引发的营养物质堆积，认为气候变化已经影响到生物发展趋势[121]；生态系统稳态转换过程及阈值，如霍格（Hogg，T.）等认为物种之间有非结构化协同作用的生态系统将会更易失稳[122]，萨威克（Savic，I.R.）等运用物种学、族群生物学等理论研究了鼹鼠科动态的演化过程及特征[123]，麦诺顿等发现由核战争引起生态系统衰退过程中，其阈值提示着上升阶段与下降阶段之间的突变[119]，约翰逊（Johnson，C.R.）等认为特性范围尺度（Characteristic Length Scales）是解释生物族群变化和复杂系统中物种关联、监管生态系统的重要工具[124]；稳态转换理论的运用，如吉桑（Guisan，A.）等提出运用独立阈值手段和再采样技巧将促进栖息地分布预测模型建构的准确性[125]，康塔明（Contamin，R.）等发现对生态系统的管理决策、采取预警信号等对避免生态系统的稳态转换非常关键[126]。

总的来讲，“生态弹性”概念的内涵特征引发出鲁棒性、多样性、自组织、稳态转换等研究脉络，这些研究基本完成了对“生态弹性”理论体系的建构，在后续的发展过程中，这些理论成果被引入到社会—生态弹性的研究中，并被深化或发展。

2.2.3 基于“社会—生态弹性（Social-Ecological Resilience）”的研究

20 世纪 90 年代弹性研究复苏。这与人类利用先进技术攫取大量自然资源、排放大量废气废物，对自然界发生极大影响，造成能源危机、生态环境恶化、气候变化等一系列危机直接相关。人类不得不面对一系列危机带来的冲击和伤害，城市是上述过程最典型的实体区域之一[127]。“社会—生态弹性”概念正是在此背景下逐渐形成的。

（1）“社会—生态弹性”概念（Social-Ecological Resilience）

韦斯特利（Westley，F.）等指出人类具有的抽象能力、反思能力、前瞻能力和运用技术的能力使人类与自然界已形成非常紧密的相互作用关系，因此应建构一个包含社会系统和生态系统的整体系统，而不是像以前那样将二者置于不同的学科分别研究[128]。1998年，伯克斯（Berkes，F.）等开始使用“社会—生态系统”概念，强调将自然界中的人类和自然界视为一个整体，并指出将社会系统和生态系统截然分开是人为和武断的[129]。在“社会—生态弹性”概念中，弹性主体是整体的社会—生态系统（Social-Ecological Systems），该系统中人的主观能动性具有极强的影响力使可变性（Transformability）成为其关键属性，创新性（Innovation）则是其衡量指标。

（2）围绕“社会—生态弹性”（Social-Ecological Resilience）展开的研究

人的主观能动性是整体的社会—生态系统变化的活跃性因素，由此特性引发出了诸多新的研究脉络。

①社会—生态系统内的适应性循环（Adaptive Circle）研究

社会—生态系统内的动态非线性变化过程是理解社会—生态弹性的重要理论命题，霍林等提出的多尺度嵌套适应性循环模型（Parnarchy Model）是该类研究的代表。该模型及理论致力于描述复杂系统适应性演化，时间—空间—（意识）等级秩序和适应性循环是其核心概念；在以系统潜力、控制要素连接度、弹性等为指征的模型中，适应性循环过程包括4个阶段：开发阶段γ（exploitation）时变化潜力和连接度均上升；保守阶段κ（conservation）时系统排斥其他竞争者，弹性下降；释放阶段Ω（release）时外界刺激使系统积蓄能量释放；重组阶段α（reorganization）时系统重新组织恢复到原有循环或进入新的循环。在具有等级秩序的复杂系统中，系统反抗（revolt）、系统记忆（remember）会引起不同层级的系统之间的相互作用，从而形成动态平衡过程；该研究的主要结论是“通过效率渐变增加来管理生态系统的时代已经结束，现在是一个处于变化中的时代，生态系统管理应具有生态弹性，社会系统应具有应付、创新和适应的灵活性”[130]。该理论后来被引入实践领域，如亨利克（Henrik，E.）等将该模型用于社会弹性研究并提出政府可通过创新社会网络来增强城市弹性[131]，鲁尔（Ruhl，J.B.）等研究了该模型与法律体系的关系[132]。

②知识与学习能力（Knowledge and Learning）研究

人类通过反思、推理、计划等对自然界造成主动的影响，而且会积极面对灾害和变化。相关知识体系建构、深化以及学习、运用知识的能力是该过程中的重要环节，由此引发相关研究。

知识与学习能力研究主要包括相关知识体系的建构与发展，如伯克斯（Berkes，F.）等探讨了专业知识体系与基于地方实践形成的知识体系各自的特点及二者在管理实践中的关系 [133]，休斯（Hughes，T.P.）等指出海洋生态学、渔业生物学、社会学、经济学等学科正在打破学科之间的界限，运用复杂系统方式来增强海洋生态系统弹性 [134]；教育的模式，如林（Linn，M.C.）等提出通过网络课程来提供由教师、学科专家、教育学研究者、课程设计者等共同设计的针对大众的适应性教育课程 [135]；学习方式，如廖（Liao，K.）等提出通过与周期性洪水共存来学习应对特大洪水，以此提高城市对抗灾害的弹性 [136]，迪勒曼（Dieleman Hans）等认为“有组织的学习”是增强城市弹性的有效途径，并提出做中学、实验性学习循环等概念 [137]。

③制度与政府管理（Institutions and Governance）研究

人类社会中建构起复杂的关系系统，而制度和政府管理是决定社会—生态整体系统运行机制的结构性要素，围绕如何使系统运行机制更富有弹性引发了新的研究热点。

制度与政府管理研究主要涉及制度变革，如艾杰（Adger，W.N.）结合越南案例探讨了产权制度对城市弹性的影响 [138]；政治权力结构，如法盖（Faguet，J.P.）的研究表明政府分权之后，地方政府可以更好地分配和使用公共资源 [139]，罗梅—罗兰考（Romero-Lankao，P.）等指出拉丁美洲的实践中自上而下的权力结构对城市转型有积极作用 [140]，巴哈（Bahadur，A.）结合亚洲城市案例提出通过变革政治结构提升城市应对气候变化的能力 [141]；地方政府与国家、国际组织之间的关联，如奥维格（Olwig，M.F.）探讨了地方政府与国际相关组织在减灾、救灾等过程中的合作机制建构 [142]。

④适应性管理（Adaptive Management）研究

在基本的制度框架确定之后，人类社会的适应性管理有多种具体的操作模式，这些具体方式与城市弹性能力直接相关，对相关管理方式的观察、评价及创新成为又一新的研究热点。

适应性管理研究主要包括组织模式创新，如罗杰斯（Rogers，K.H.）等提出建立包括科学家、利益相关者、服务机构等在内的合作组织来对河流风险进行管理 [143]，艾伦（Allen，C.R.）等基于社会—生态系统的自组织特性提出利用中断性指征来调试相应的管理模式[144]，安德森（Anderson，P.M.L.）等比较了市民、专家等参与城市绿地管理的结果并提出相关启示[145]；领导与参与方式，如雷迪（Reddy，S.D.）发现在漫长的灾后恢复过程中社区领导、利益相关者的参与、适于当地的策略与政策等因素是非常重要的影响要素[146]，索尔（Saul，U.）等从理论上探讨了领导与合作之间的关系，并提出了4种领导模式[147]；管理与政策，如考费（Coaffee Jon）总结了英国建构城市弹性的政策经验[148]。

⑤社会弹性（Social Resilience）研究

社会弹性的相关研究是将社会和生态系统视为整体后的一个重要领域，生态领域的弹性概念在社会领域的转化、社会弹性与生态弹性之间的关系、社会弹性的影响因素与评价等问题是其关注的核心。

其研究主要包括社会弹性概念及影响因素，如艾杰探讨了社会弹性与生态弹性的关联，并首次提出了社会弹性概念及影响因素[138]，多拉戈维特瑟维（Dorogovtsev，S.N.）等探讨了社会网络演化与弹性能力之间的关系[149]，墨菲（Murphy，B.L.）指出了社会资本在社区级紧急状况出现时的重要作用[150]；资源—经济关系，如慕勒（Muller，M.）研究了撒哈拉沙漠以南非洲水资源管理与城市弹性的关系[151]，柯蒂斯（Curtis，F.）探讨了气候变化、石油枯竭与全球化货运之间的关系[152]；技术创新对城市弹性的影响，如柳（Liu，S.C.）等指出复合减灾技术将成为地震工程技术研究中的新热点[153]，努尔（Noor，N.M.）等提出运用GIS和RS技术来管理城市土地扩张以提高城市弹性[154]；脆弱性研究，如艾杰分析了来自社会学领域的脆弱性研究与弹性研究之间的关系[155]，特纳（Turner，B.L.）等探讨了脆弱性分析的框架[156]，凯希尔（Kithiia，J.）则以东非地区贫困人口为例研究了如何提升脆弱群体应对灾害的弹性能力[157]。

总的来讲，人的主观能动性与生态圈之间的影响机制和对其造成巨大影响的能力，是社会—生态弹性概念出现的重要内因。该内因使系统可变性成为社会—生态弹性的核心属性。而揭示复杂系统动态适应性过程的多尺度嵌套适应性循环模型（Parnarchy Model）、知识与学习能力、制度与政府管理、适应性管理、社会弹性概念及相关研究的出现，正是试图解释上述内因与系统可变性之间的关联。由此，基于社会—生态弹性概念，社会领域的管理研究逐渐成为弹性城市研究的核心内容，但目前已有的相关研究多停留在抽象的概念定义、理论建构上[158]。

2.2.4 弹性城市理论研究趋势

由上述可知，弹性城市理论从生态领域产生，其研究经历了从简单系统到复杂系统再到社会—生态系统的研究范围不断扩大、研究方法不断趋于整体的过程，已形成比较完整的概念及理论体系。目前关于弹性城市理论的批判焦点之一是其可操作性较弱 [159]。从概念角度来看，其关键原因是社会—生态弹性概念已将人类定义为其系统的重要部分，但并未表现人类社会非匀质分布的本质属性，从而造成研究成果针对性差，很难融入实践层面。

实际上，不同的地理条件、历史发展过程造就了各不相同的城市文化与传统，不同的现行制度、组织模式、社会网络状态等也会使城市的社会—生态整体系统呈现出差异，这使得城市都处于不同的、具体的文脉中 [160]。基于文脉，每个城市（或区域）都是基于地域、历史文化等因素的特定时空系统，是包含社会、经济、空间等子系统的复杂系统，子系统及其间的关系存在差异，决定了城市运行机制及面对冲击时的应对机制不尽相同，比如具有适应能力的政府管理一般包括政府管理权力下放，然而并非权力下放就会导致共同管理（Comanagement），在社会网络发展不充分的地方就不适合形成共同管理 [161]。同时也有研究成果表明，过多权力分散会抵消目的和失去多层管理共同行动的机会 [162]，Folke 也指出“在遭遇打击之后的社会反应特征还没有被充分理解，应加强相应研究” [86]。因为基于文脉的城市系统之间有差异性，其应对策略会呈现差异，如凯希尔在分析东非贫困人口提升面对灾害的弹性时，指出经济、知识储备、组织结构等方面的局限，使东非目前弹性城市建构只能暂时借用现有规划体系和相关政策或活动 [157]。总的来看，将基于文脉的城市系统作为弹性主体，研究其如何应对压力（或冲击）正逐渐成为弹性城市理论研究的重要内容，从 2010 年左右开始涌现不少该类型的研究成果 [163-165]。

同时，在引发弹性的冲击方面，除了气候变化、灾害等，不少研究开始关注新的冲击类型，比如金融危机、人口问题、社会问题等，因为这些冲击（或压力）常常危及城市系统的运行与发展 [166-168]。Polèse，M. 通过案例研究，将弹性分为两类：保存自我（survive shocks）与变化自我（change in face of outside shocks），前者强调城市物质层面的保存与恢复能力，后者强调城市系统在运行机制层面的变化能力。而且，Polèse，M. 还发现过去 200 多年中，没有城市因灾害等造成的物质层面的伤害而灭亡，但因飓风、经济转型而衰落的新奥尔良、曼彻斯特都是缺乏后一种弹性而衰落的典型 [169]，说明影响到城市系统运行机制的冲击（或压力）是我们更应关注的一类干扰。

按照克里斯特曼（Christmann G.）等对弹性城市最新研究成果的总结 [170]，除了因生态、环境问题冲击引发的城市弹性之外，最新的弹性城市理论研究还包括：①金融危机与经济弹性。经济危机下的欧洲城市的政府改革、公共预算缩减、公共资产私有化以及经济结构变化等均进入弹性城市研究范畴 [165,171]。②人口变化对城市弹性的影响。人口变化对养老服务、经济增长、就业、住房等均会对城市弹性造成影响 [172, 173]，朗（Lang T.）已开始建构分析人口衰退与城市弹性的概念框架，用以面对人口变化带来的危机 [173]。③影响城市弹性的关键要素分析。由于城市政策是弹性城市建设的重要内容，与城市政策密切相关的政府官员、规划师、投资者、公众等是弹性城市发展的关键要素 [170]，应对不同要素、国际与地方组织之间的合作等进行研究。

可以发现，基于文脉的城市系统如何适应对城市运行产生影响的压力（冲击或慢性压力）正成为弹性城市研究的重要范畴及趋势。在该理论框架中，城市系统内要素通过关联性作用来应对压力，一方面建立了压力与系统、系统内要素间的紧密关联，另一方面，关注系统适应过程及规律使其逐渐形成了具有动态性的研究框架，为当代城市问题提供了具有动态性、整体性特征的理论框架模式。

2.3 基于弹性城市理论的研究方案

2.3.1 相关概念定义及概念模型建构

（1）相关概念定义

①养老机构

在本文中，养老机构是指以60岁及以上的城镇老年人（包括三无等特困老人和一般社会老人）为主要使用者，由国家、社会为其设计建造（或改造）的养老院、护理院等集中养老服务设施。

②养老机构配置

从弹性城市理论视角来看，城市养老机构配置是城市系统适应需求压力的过程。其中，城市系统是基于文脉的复杂系统，包含社会、经济、空间等多个子系统。其中，社会子系统包含政府管理、基层治理等，为产生养老机构供给提供管理与组织方面的城市资源；经济子系统包括经济发展水平、经济增长方式等，为产生养老机构供给提供经济动力等方面的城市资源；空间子系统包括城市规划传统、城市形态等，为产生养老机构供给提供空间规划等方面的城市资源。各子系统内的相关要素相互关联作用，共同分配与安排相关城市资源，产生城市养老机构供给。

适应表现为两个维度的涵义。一是时间维度的动态适应，即随着时间变化，城市系统动态的调整其分配、安排资源的方式，提供动态变化的养老机构供给，适应不断变化的需求压力；适应性循环模型（Panarchy Model）将动态适应过程分为开发、保守、释放、重组等阶段，随着所处阶段的变化，城市系统可能表现为强化既有分配、安排资源的方式，产生更多养老机构供给，持续地吸收需求压力，使系统保持稳定，也可能会为了应对重大的需求压力变化，表现为调整其分配、安排资源的方式，实现系统内部重组升级，使城市系统进入新的发展阶段，动态适应包括所有时间段内的变化过程。二是空间维度的阶段性适应，即在动态适应过程中的某一时间段（点），城市系统通过分配、安排资源，产生养老机构供给，适应当时的需求压力；其所在的时间段（点）会决定城市系统应具备的适应能力的内涵。本研究中，长沙是处于开发阶段的典型案例，需要通过不断增加系统的潜力，使系统保持稳定；在市场化背景下，城市系统对需求压力应具有较高的吸收效率，进而具备能持续吸收需求压力的适应能力（详见后面3.2、3.4节的分析）。

需求压力是指老年人对养老机构的需求，包括总量、具体内容及其特征。在分析宏观的动态适应时，需求压力主要考虑其总量特征。而研究阶段性适应，分析城市系统对需求压力的吸收时，从微观角度考虑需求的差异性特征，不同的自然属性、社会属性使老年人需求存在差异性；其中，身体健康状态是老年人自然属性中对需求影响最大的方面，而不同社会属性的人常因为居住分异而聚居于不同社会空间中，因此，研究阶段性适应时的需求压力是指不同身体健康状态、社会空间中的老年人对养老机构的需求内容及其特征。

因此，基于弹性城市理论，城市养老机构配置有两个层面的内涵：城市系统对需求压力的动态适应和阶段性适应。在本书中分别指城市社会—经济—空间系统应对需求压力的适应性循环和现阶段对差异化需求的吸收。

③养老机构配置机制

城市养老机构配置机制包括城市社会—经济—空间系统应对需求压力的适应性循环机制和现阶段对差异化需求的吸收机制。

机制的涵义丰富，《辞海》中的定义是："机器的构造和动作原理，生物学和医学通过类比借用此词，是指其内在工作方式，包括有关生物结构组成部分的相互关系，以及其间发生的各种变化过程的物理、化学性质和相互联系。"《现代汉语词典》定义为："①机器的工作原理；②有机体的结构、功能和相互关系。" 也有社会学学者将其定义为系统内相关因素间有一定向度的律动作用关联，一定向度是对某种刺激的状态或动作指向，律动是指动作依循事物的结构功能的规定并受一定条件的制约[174]。虽然因为不同的学科、领域等原因，对机制的定义不完全相同，但组成部分（或要素）及其间的关系是机制的重要内涵。

机制与结果互为表里：结果是机制运行中相关因素律动作用联系的表象，是分析机制的现象依据；机制是结果的影响因素及其关联。

因此，养老机构配置机制包括城市系统应对需求压力的适应性循环结果的影响因素及其关联、对差异化需求的吸收结果的影响因素及其关联。

（2）适应性循环机制研究的概念模型建构

在弹性城市理论中，系统应对压力的过程用适应性循环（Adaptive Cycle）来描述。多尺度嵌套适应性循环模型（Parnarchy Model）对适应性循环进行了经典的理论描述，适用于生态系统、社会系统、城市系统等复杂系统，由冈德森（Gunderson，L.）和霍林等提出。

该模型将适应性循环描述为依次经历的4个阶段：开发阶段γ（exploitation）、保守阶段κ（conservation）、释放阶段Ω（release）和再组织阶段α（reorganization）；同时，系统以潜力（potential）、连接度（connectedness）、弹性（resilience）等为其主要指征。在不同的阶段，三项指标的发展趋势呈现出差异，开发阶段（γ）时潜力和连接度均呈上升趋势，保守阶段（κ）时系统排斥其他竞争者，弹性下降，释放阶段（Ω）时外界刺激使系统积蓄能量释放，重组阶段（α）时系统重新组织恢复到原有循环或进入新的循环[130]。该模型将系统应对压力的反应过程定义为依次经历的4个阶段，并且指出系统的三项属性在四个阶段表现出不同的趋势，为理解复杂系统的动态演化规律提供了理论依据，为分析具体系统应对外来干扰的反应过程提供了具有启发意义的理论分析框架（图2.1）。

借助多尺度嵌套适应性循环模型（Parnarchy Model）的阶段划分方法，通过城市系统内相关属性的变化趋势，可以分析城市系统的适应性循环过程，划分城市系统适应需求压力的阶段[130]，进一步分析推动适应性循环过程的动力因素。

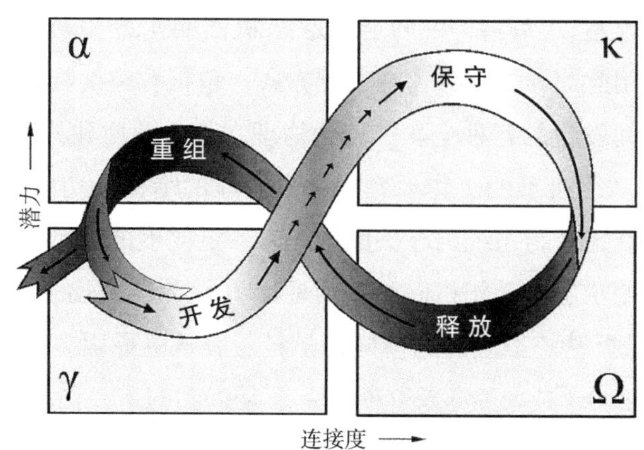

图 2.1　多尺度嵌套适应性循环模型（Parnarchy Model）的四个阶段 [130]

除此之外，还可确定其目前所处的适应性循环阶段，是正处于应积极吸收压力的阶段，还是已经非常脆弱，即将奔溃或升级？由此判断系统发展趋势及其所处阶段应具备的适应能力特征，为阶段性适应机制的研究提供依据。

（3）对需求压力的吸收机制研究的概念模型建构

由城市系统应对需求压力的适应性循环过程的分析可知，长沙正处于第二开发阶段（γ_2），依据多尺度嵌套适应性循环模型（Parnarchy Model）的规律，此时系统应具备不断增强潜力积累以吸收更多需求压力、使系统保持稳定的能力。在需求大于供给且较长时间内都会持续增加的前提下，在市场化背景下，意味着要吸引更多的城市资源进入养老机构服务领域，吸收效率成为能否吸引更多城市资源的关键；吸收效率是指能吸收老年人需求的养老机构供给量占养老机构总供给量的比例，吸收效率高，市场反应好，意味着能吸引更多的城市资源，由此将产生更多的系统潜力来应对需求压力，维持系统稳定。

吸收效率是由老年人的需求、养老机构供给共同决定的；基于吸收效率，对差异化需求和复杂的养老机构供给进行供需比较，可以找到影响吸收效率的供给因素及其特征，即本书中定义的吸收结果。

进一步分析导致吸收结果的城市系统因素及其关联，即可明晰城市系统对差异化需求的吸收机制（图 2.2）。

2.3.2 涵括的主要内容

（1）城市系统应对需求压力的适应性循环机制

借助弹性理论中的多尺度嵌套适应性循环模型（Parnarchy Model）来对养老

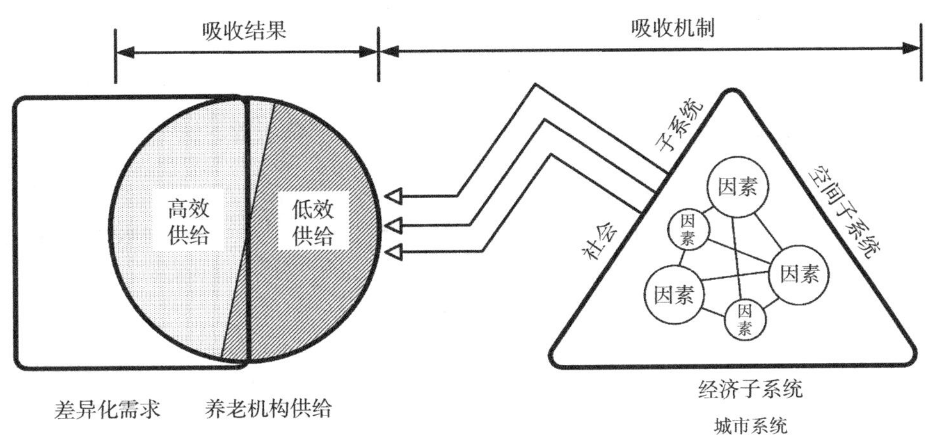

图 2.2　吸收机制研究的概念模型

机构配置的动态机制进行分析，以把握其宏观的演化规律。相对来讲，该模型在社会—生态系统研究中应用较多，应用于社会系统、城市系统的研究较少，因此，需要对以下内容进行研究：

对适应性循环理论模型及其研究进展进行梳理，并尝试依据已有研究成果及思路、结合养老机构配置的特点，提出城市系统应对机构养老需求压力的适应性循环圈及阶段的划分依据与方法。

结合长沙的实际情况，基于政策、供需总量等的宏观变化情况，对其在1949～2016年的适应性循环过程及动力因素进行研究。包括：梳理养老服务领域的相关政策、规范、文献等，把握养老服务政策的演变趋向；研究长沙市老年人口的变化及趋势，分析老年人对养老机构的需求特征及变化趋势；整理、分析养老机构供给总量、入住量、服务模式等方面的历史资料、数据等，以把握长沙市养老机构总的动态变化趋势；运用上述划分依据与方法，结合具体数据、历史资料等，划分长沙市适应性循环圈及内部阶段，分析不同阶段的发展特点；并分析导致该适应性循环过程的动力因素。

（2）城市系统对差异化需求的吸收结果

在城市系统对需求压力的吸收机制研究中，吸收结果是重要内容。吸收结果是指影响吸收效率的养老机构供给因素及其特征。本部分研究将从微观层面切入，充分考虑不同健康状态、社会空间中老年人需求的差异性和养老机构供给的复杂性，通过供需比较分析吸收结果。研究内容包括：

研究不同身体健康状态、社会空间中的老年人对养老机构的需求特征，包括其对养老机构功能、价格、空间布局等方面的需求内容及程度等。

基于老年人对养老机构的需求内容，对养老机构供给的相应内容的特征进行研究，包括研究养老机构相应供给内容的量化标准、模型等，并对其特征进行量化、类型化等。

研究养老机构供给内容特征与吸收效率之间的关系，明晰影响吸收效率的养老机构供给因素及其特征。

（3）影响吸收结果的城市系统因素

基于城市系统对需求压力的吸收结果，进一步分析影响吸收结果的城市系统因素，从而可较为完整地明晰目前城市系统对需求压力的吸收机制。城市系统内的相关要素交织作用，形成了多层级的影响因素，共同导致了城市系统对需求压力的吸收结果。将这些因素分为两个层级进行研究：直接因素和根本因素。具体研究内容包括：

梳理与养老机构功能、价格、空间布局等相关的规范、标准、政策等，归纳养老机构功能、价格、空间布局的供给模式，寻找可能影响吸收结果的环节；深度访谈与上述环节相关的各方人员，结合文献查阅等，建构吸收结果的形成路径，从而初步确定直接因素；再运用灰色关联度分析，结合历史数据，对上述直接因素进行检验，确定直接因素。

分析城市系统内政府管理、基层治理、经济发展水平、经济增长方式、城市规划与管理、城市形态等相关要素的特征，以确定根本因素，并分析根本因素对直接因素造成的影响。

（4）以弹性为目标的城市养老机构配置机制优化对策

基于长沙市适应性循环机制特征，从促进适应性循环过程健康发展的角度，研究对养老机构配置的动态发展的宏观管理对策；基于吸收机制的特征，从提升城市系统对差异化需求的吸收效率的角度，研究老年人的差异化需求类型体系；再基于需求类型体系建构养老机构类型体系，研究配置模式体系，提供系统对策。

2.3.3 研究流程安排与方法

（1）研究流程安排

（2）研究方法

本书中使用的研究方法主要包括（图 2.3）：

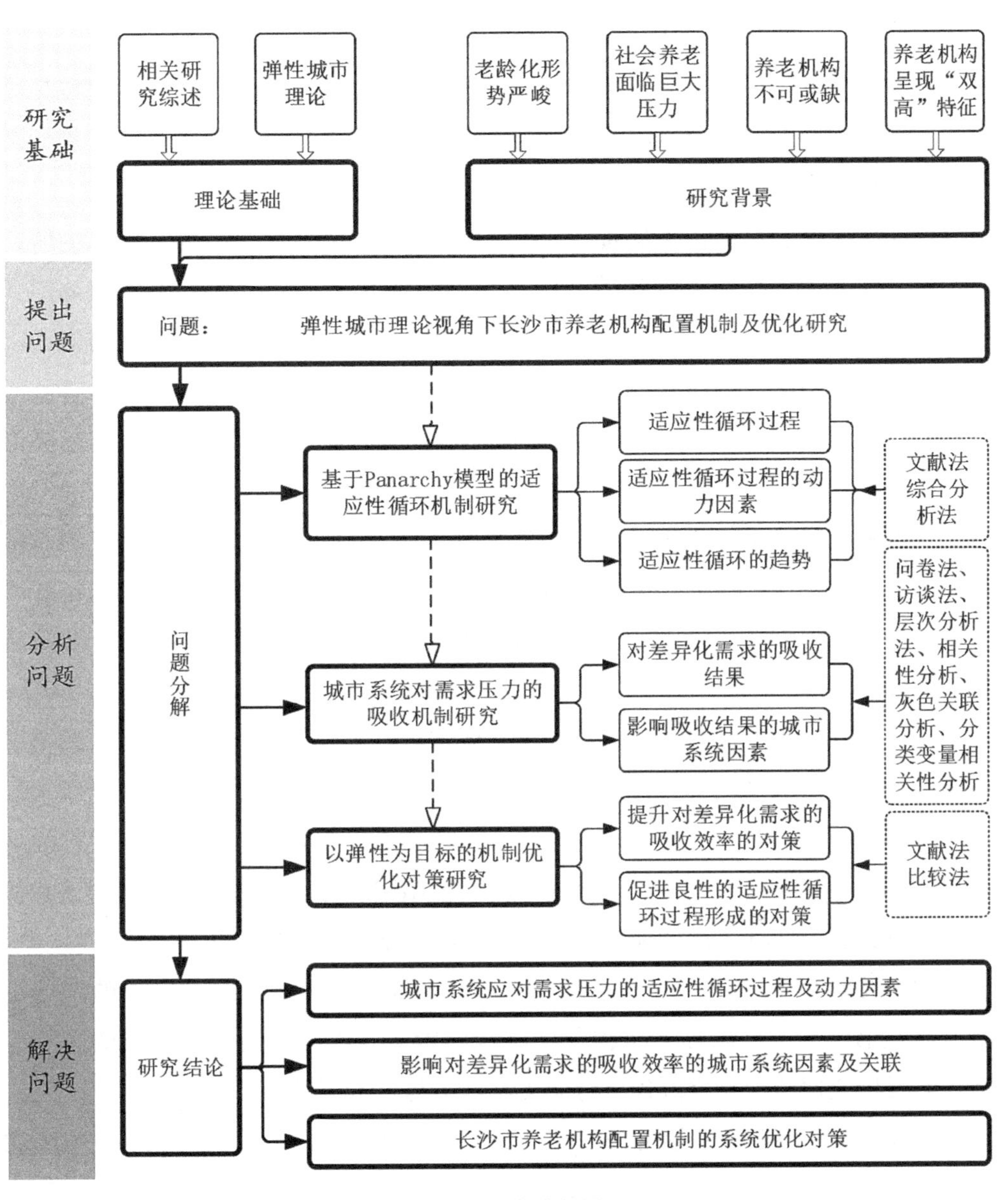

图 2.3　研究流程图

①问卷法：该方法是通过设置问题、问询相关人员并通过统计相关数据来分析相关问题的研究方法。在本书中，对老年人的需求、养老机构供给情况的研究将应用该方法。对不同身体健康状态、社会空间中的老年人进行养老机构需求问卷，了解其对养老机构功能、价格、空间等方面的需求特征等。对养老机构的基础情况（规模、护理人员配备、建设年代）及入住情况（总人数、失能老人数量、入住老人空间来源、空置率等）进行问卷，以了解养老机构供给在功能、价格、

空间位置等方面的基本特征、其对需求的吸收情况及历史发展情况。

②综合分析法：该方法是运用各种统计指标来研究社会经济宏观发展特征的方法。在本书中，将综合运用养老机构供给量、入住量、老人人口压力等指标来描述和分析城市系统应对需求压力的适应性循环过程及动力因素。

③深度访谈法：该方法是通过与确定的相关人员交谈来获取相关信息的研究方法。在本论文中，将对典型养老机构案例的负责人（或运营者）、民政部门管理人员、城市规划管理人员等，围绕与吸收结果相关的问题，进行深入访谈，以明晰吸收结果的形成路径。

④序贯访谈法：该方法是依循个案逻辑，基于前一个个案的访谈结果提出下一个个案的问题，从而不断接近研究结论的访谈方法，适合于围绕某一问题进行全面了解的定性研究。在本书中，在对功能的吸收结果进行分析时，发现有极个别的、完全不符合相关规律的案例，提示着其可能存在一些未被考虑的特殊因素，采用序贯访谈法，随机选择该机构中某类型人员并问询相关问题，以获得特殊案例成因。

⑤层次分析法：该方法是一种决策分析方法，可以较为有效地对同一系统中不同层级或同一层级上不同要素的相对重要程度进行量化。在本书中，老年人的功能需求包含多项要素，在不同身体健康状态的老年人心中，各项功能要素的重要程度有明显差异，为了量化该差异程度，运用层次分析法原理设计问卷，并基于问卷数据进行计算，将该计算结果用于功能要素需求的权重赋值。

⑥相关性分析：该方法是分析两个及以上随机变量间的相关关系的统计方法。在本书中为了明晰养老机构各项功能要素对老年人入住养老机构的影响程度，运用相关性分析来分析各项功能要素水平与空置率的关系。

⑦灰色关联度分析：该方法常用于分析两个系统随时间变化的关联性大小的量度，较少数据量也可以满足要求，特别适合社会经济现象的研究。在本书中，将影响吸收结果的直接因素指标化，基于历史数据，运用灰色关联度分析法来计算直接因素与吸收效率之间的关系，对直接因素进行检验。

⑧分类变量相关性分析：采用列连表、通过相应检验方法对分类变量进行相关性分析，可以判断类别之间是否有相关性。采用此方法，研究养老机构空间服务模式与其规模、医院资源、社区资源、自然环境资源之间的相关性，根据样本数量、理论频次要求等，采用 Fisher 精确检验，判断其相关性是否存在，为养老机构空间布局类型划分提供依据。

2.3.4 预期目标及影响

（1）预期目标

尝试将多尺度嵌套适应性循环模型（Parnarchy Model）与动态适应机制分析结合，进行适应性循环机制研究，基于政策、供需总量等的宏观变化情况，把握其动态演进规律，包括提出适应性循环过程的划分方法、划分长沙市的适应性循环圈及阶段，确定推动其适应性循环过程的动力因素，并判断其趋势及发展要求。

明晰城市系统对需求压力的吸收机制特征是第二个目标。从微观层面，充分考虑需求的差异性、养老机构供给的复杂性，进行供需比较及影响因素分析，确定基于当前社会与经济水平、制度与政策条件，影响对差异化需求的吸收效率的养老机构的供给因素，即吸收结果，以及影响吸收结果的城市系统因素及其关联。

针对城市系统应对需求压力的适应性循环机制、吸收机制的特征，为长沙市提高对差异化需求的吸收效率、促进其形成良好的适应性循环过程提供系统的优化对策。

（2）预期影响

从理论层面来看，本书从弹性城市理论视角来分析城市养老机构配置机制，将其视为城市系统应对需求压力的适应性循环过程，分析其动态的适应性循环机制，并结合案例深入研究了处于开发阶段的阶段性适应机制特征。为养老机构配置研究建构了关注动态演化和具备整体性的新研究框架，将可推动研究的扩展、深化，提高研究的科学性。

养老机构配置与需求压力关系密切，处于不断变化的状态中。本书尝试将弹性城市理论中适应性循环模型用于该动态过程的分析，从宏观层面判断养老机构配置的发展趋势，将为养老机构配置的动态演化规律研究提供有力的理论工具。

本书充分考虑不同身体健康状态、社会空间中的老年人需求的差异性，以及非匀质城市空间中分布的养老机构的复杂性，借助入住老年人情况的系列指标数据，来分析影响对差异化需求的吸收效率的供给因素及其特征。基于需求—供给比较方法，将推动养老机构类型研究的细化与深化。

本书从城市系统的角度，从社会、经济、空间等角度综合、系统地解释了目前城市系统对需求的吸收效率的形成机制，将改善目前多从社会、经济或空间等单一视角来展开研究的局限性。

从实践层面看，借助于适应性循环模型，可对长沙市养老机构配置的发展过程进行宏观观察与分析，并对趋势进行科学判断，为相应中长期规划提供理论依据。

目前，长沙市养老机构正呈现“高需求、高空置”特征，通过分析长沙市的城市系统对差异化需求的吸收结果，可确定影响吸收效率的供给因素及其特征，可直接用于指导城市养老机构的类型划分，促进对差异化需求的吸收效率的提升。

从城市系统视角对吸收结果的形成机制进行的综合、整体的解释，可直接用于支撑相应的改善对策，以提高长沙市的城市系统对差异化需求的吸收效率，推动其适应性循环更健康的发展。

对长沙市养老机构配置机制及优化的研究成果，对中部地区其他大中城市也具有借鉴意义。

2.4 实证对象选取及数据来源

本书选择湖南省省会长沙市为研究案例，通过田野调查、采用公开统计数据、去相关部门调取相关数据等方法采集研究所需数据。

2.4.1 典型案例：长沙

从历史文化发展、社会经济发展等来看，长沙是中部地区大中城市的典型代表。长沙在春秋战国时期即为楚国的重要组成部分，具有浓厚的历史文化积淀，受到中部地区荆楚文化的很大影响，有较为鲜明的地域特色与文化传统。在社会经济发展方面，2017 年长沙市常住人口 791.81 万人，其中城镇人口 614.38 万人，城镇化率 77.59%；2016 年 GDP 达 9323.7 亿元，2017 年 GDP 达 10535.5 亿元，居全国大中城市第 13 位，在中部省会城市中位于第二。

在养老机构配置方面，长沙养老机构“高需求、高空置”现象较为突出，且其为处于开发阶段的典型案例（见第三章分析）。1992 年长沙市进入老龄化社会，2010 年老年人口开始快速增长。2015 年年末 60 岁及以上老年人口 125.01 万，占总人口的 16.82%，高龄老人比重大，80 岁以上老人达 16.7 万，占老年人总数的 13.35%，空巢化程度高，空巢老人达 62.5 万人。预计 2020 年 60 岁及以上老年人将达 150 万，占总人口的 20% 左右。但截至 2015 年年末，全市各类养老床位（包含城镇养老机构、敬老院、日照中心等）仅 29629 张，平均每千人仅 23.7 张，低于国家《民政事业发展第十二个五年规划》中每千人 30 张养老床位的目标值；若按长沙市于 2020 年形成“9064”养老格局的规划目标，即 4% 的老年人在养老机构中养老，2015 年的养老床位应为 5 万张左右，表明养老床位明显不足。而对长沙市市区养老机构的调研数据显示，其空置率持续较高（表 2.1）。

长沙市市区养老机构空置率（2011 ～ 2016） **表 2.1**

	2011 年	2012 年	2013 年	2014 年	2015 年	2016 年
空置率（%）	33	35	35	40	36	35

2.4.2 公开统计数据等来源

（1）公开统计数据

在本书中涉及的国家相关数据主要来自历年《中国统计年鉴》[①]《中国老龄事业发展报告》《民政事业发展统计报告》等；长沙市相关数据主要来自历年《长沙市老龄事业发展统计公报》《长沙统计年鉴》[②]、市和区级财政决算报告、湖南省卫生厅和长沙市卫生局官网、“长沙养老服务系统”等信息平台数据。

（2）其他相关数据

长沙市部分相关数据来自长沙市统计局、长沙市及各区民政局、长沙市人社局、长沙市老龄委等部门。

2.4.3 田野调查情况：需求与供给

田野调查分为两类：对养老机构样本的调研和对老年人需求的调研。

（1）对养老机构样本的调研数据

选择长沙市政府的“长沙养老服务系统”信息平台上的长沙市市区所有主要服务城镇老人的养老机构为研究样本，信息截取时间为 2016 年 10 月，共计 40 个养老机构样本；长沙市市区包括雨花区、天心区、芙蓉区、开福区、岳麓区、望城区六区（图 2.4）。于 2016 年 10 月前往各养老机构进行问卷调查，获取第一手数据，对于数据不全、不清楚的小部分问卷再前往市、区民政部门调取相关

① 中华人民共和国国家统计局官网，http：//www.stats.gov.cn/tjsj/ndsj/.

② 长沙市统计局官网，http：//tjj.changsha.gov.cn/zstj/tjsj/tjnj/.

数据，两相比对，确定最终的数据。问卷内容主要为养老机构的基本情况（包括性质、建立年代、规模、建筑面积、价格等）、入住老人情况、工作人员情况及相关历史数据。问卷人员包括本人和经过培训的 8 名城市规划专业研究生。

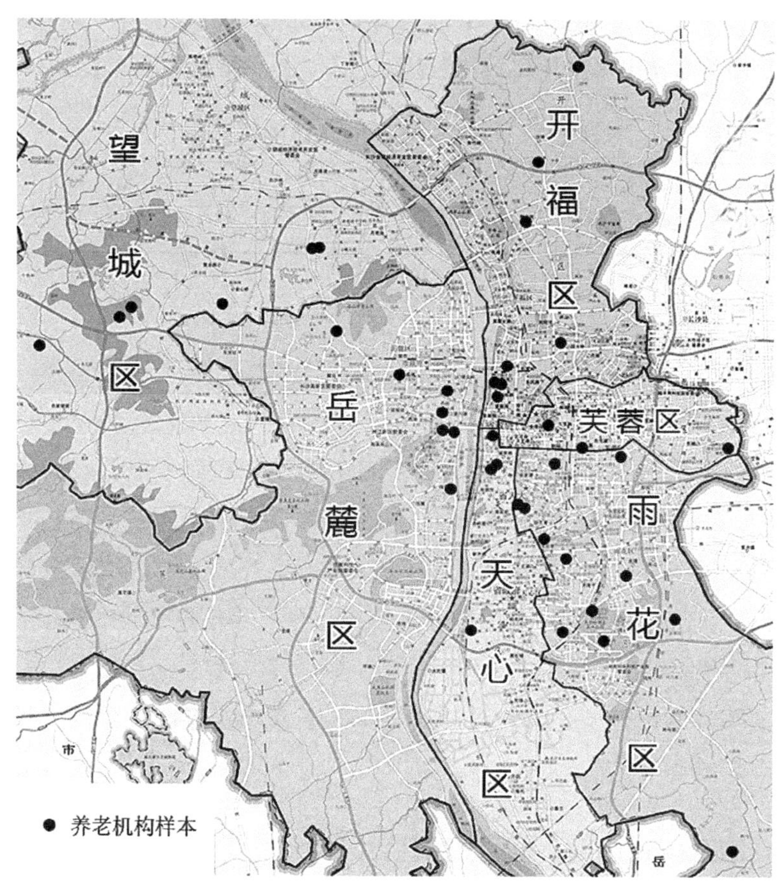

图 2.4　研究区域及养老机构样本分布

（2）对老年人需求的调研数据

在正式问卷前，走访了 3 家养老机构，与其中的老年人就问卷内容进行了交流，对问卷进行了一定修正，再开始正式问卷。

对养老机构需求的问卷进行了两次，第一次问卷对象为不同社区、不同身体健康状态的老年人，主要问询老年人对养老机构功能、价格、空间布局等的需求、入住意愿等；第二次问卷对象为不同身体健康状态的老年人，主要问询养老机构功能要素（医疗、护理、居住、环境等）在老年人心中的相对重要程度（表 2.2）。

需求调研的阶段及内容　　　　　　　　　　表 2.2

时间	问卷内容	问卷对象	有效问卷（份）		
			自理老人	失能老人	小计
第一次问卷 2016 年 10～11 月	对机构功能、价格、空间布局等需求特征	不同社区中的老年人	363	7	370
		医院中的失能老年人	—	71	71
		小计	363	78	441
第二次问卷 2017 年 4 月	机构功能要素重要度	不同健康状态的老年人	48	32	80

注：在医院中未对自理老人进行问卷，用“—”表示。

第一次需求问卷：在选择社区样本时，主要参考了蒋亮等依据住宅价格、居住区容积率、绿化率、物业费、住宅建成年份等因素对长沙市社会空间的分析结果[175]，依据社会空间类型选择社区样本。结合安居客、房天下、0731 房产网、链家网等网站上的住宅价格、绿化率等数据，选择汀湘十里别墅区、阳光 100 国际新城、金科园小区、湖南大学南校区住宅区、金帆经济适用房小区、潮宗街传统街坊等 6 个社区（图 2.4），以代表高、中、中低、底层等不同阶层的聚居区，对居住于其中的老年人问卷。问卷时间为 2016 年 10 月，问卷人员包括本人和经过培训的 8 名城市规划专业研究生。共发放问卷 416 份，有效问卷 370 份。

同时，针对 60 岁及以上的失能老年人进行了需求问卷调查。前往湖南省中医附一、湖南省中医药研究院、湖南省人民医院、湘雅博爱康复医院，对居住于其中的 60 岁及以上的失能老人进行问卷。首先，依据日常生活活动能力（ADL）量表中的标准，询问失能老人的身体状态，确定其失能程度，如果在吃饭、穿衣、上下床、上厕所、室内走动、洗澡 6 项指标中，一到两项无法独立完成为“轻度失能”，三到四项无法独立完成为“中度失能”，五到六项无法独立完成为“重度失能”，然后再进行其他信息的问卷。问卷时间为 2016 年 11 月初，问卷人员包括本人和经过培训的 8 名城市规划专业研究生。共发放问卷 96 份，有效问卷 71 份，再加上在社区内问卷时有 7 位失能老人（2 位重度失能，5 位中轻度失能），共有针对失能老人的有效问卷 78 份，其中重度失能老人共 31 人，中轻度失能老人共 47 人。第一次需求问卷合计有效问卷共 441 份。

问卷内容包括两部分。第一部分是老年人的基本情况，包括年龄、性别、教育程度、职业、月收入、子女个数、居住状态、健康状态等。第二部分为对养老机构的需求内容与态度，包括对机构功能、价格、空间布局等需求、入住意愿等。

第二次需求问卷：依据层次分析法，设计了养老机构功能要素两两比较量表。其中，在湖南省中医附一、湖南省中医药研究院对失能老人进行问卷，共发放问卷 40 份，有效问卷 32 份；在汀湘十里别墅区、阳光 100 国际新城、金帆经济适用房小区、潮宗街传统街坊对自理老人进行问卷，共发放问卷 53 份，有效问卷 48 份。问卷时间为 2017 年 4 月。问卷人员包括本人和 4 名城市规划专业研究生。

3

第三章

城市系统应对需求压力的适应性循环机制

将多尺度嵌套适应性循环模型（Panarchy Model）与城市系统应对需求压力的动态适应机制研究相结合，即为城市系统应对需求压力的适应性循环机制研究。本章将对多尺度嵌套适应性循环模型及其研究进展进行理论梳理，并就如何将其与养老机构配置的动态适应机制相结合进行讨论，提出对城市系统应对需求压力的适应性循环过程的划分依据与方法；并基于该方法，对长沙市1949～2016年间的适应性循环过程进行适应性循环圈及阶段划分，并进一步分析推动该适应性循环过程的动力因素；最后基于当下长沙所处的适应性循环阶段的特点，明晰其内在发展要求。

3.1 适应性循环（Adaptive Cycle）理论的发展

多尺度嵌套适应性循环模型是对适应性循环的理论描述，其将适应性循环划分为四个阶段，是具有普遍性意义的理论模型，为理解动态的弹性过程提供了极具启发意义的理论框架。

3.1.1 由适应性循环到适应性循环圈

如何将多尺度嵌套适应性循环模型运用于实际管理，仍然存在着问题[176]。伯克斯等（Berkes，F.）指出该模型是一个理论模型，在实际生活中时间具有延续性，在时间延续性的前提下该如何进行适应性循环阶段划分仍需要思考[177]。这推动着相关研究的不断进步，以使其与实际管理相结合。

鲁滕贝里（Ruthenberg，H.）发现铁斧技术的掌握可以使刚出现的农业部落在很长一段时间内持续存在，因为人们可以利用铁斧砍伐更多的树木、种植更多的庄稼，从而使这一时间段内的社会—生态系统具备弹性，但如果以更长的时间段来看的话，由于树木被砍伐，一旦突破森林覆盖阈值，即便休耕也不能维持土壤肥力，会使弹性受损，表明时间跨度的确定对于适应性循环研究具有重要意义[178]。卡彭特（Carpenter，S.）等在分析门多塔湖社会—生态系统的历史演变时，发现1850～2000年间，由于不同的原因，诸如农业集约化和城市化、污水分流、湖泊优先项目的启动等人类活动的影响，都使湖泊社会—生态系统结束了原有的适应性循环周期，进入到下一个适应性循环周期，由此证明了在时间延续的现实情况中，人类活动形成的干预（或干扰）会使同一社会—生态系统连续出现多个适应性循环圈（Adaptive Cycles）（图 3.1），在每个适应性循环圈内的运行机制不同 [179]。雷德曼（Redman，C.）对人类对古环境的影响的研究也证实人类与自然界之间的相互作用存在多种适应性循环类型 [180]。而福克（Folke，C.）等指出在对适应性循环周期内的自组织能力进行评价时，相关指标应关注人类管理或行为等对系统运行的影响，而不是去关注系统在管理措施下的自组织本身，因为人类管理或行为会影响系统的自组织，并进而对社会—生态系统的适应性循环造成显著的影响 [181]。这进一步肯定了人类管理或活动是分析社会—生态系统内适应性循环过程的重要参考。而对于人类管理或活动等对于社会—生态系统的适应性循环的影响，伯克斯（Berkes，F.）等发现通过政策促成的共同管理（Comanagement）促成了系统内不同层级间的要素的连接，使社会—生态系统的适应性循环圈发生变迁 [182]。

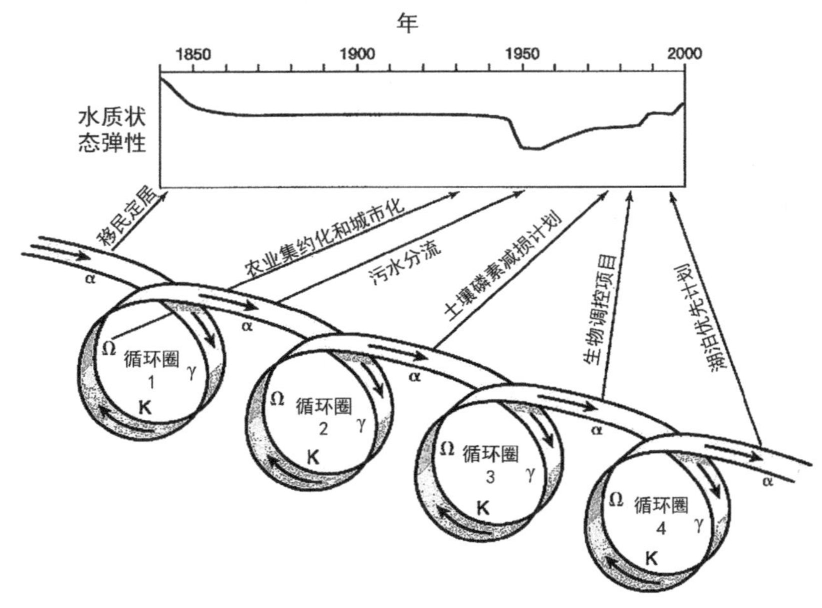

图 3.1　曼多他湖的适应性循环圈 [179]

布莱斯（Blythe，J.L.）进一步比较了社会—经济系统内弹性与社会—生态系统内弹性的异同，发现生态系统具有结构性特质，使其弹性研究可以使用同一个具有共性的概念性理论框架，而社会—经济系统受到具有价值取向的政治、历史及传统的影响，使其弹性反应研究难以建构一个具有共性的研究框架，并指出人们的价值取向对于社会—经济系统的弹性反应过程影响极大，会使其适应性循环呈现不同类型[183]。而对同一社会—经济系统而言，历史、传统等具有较强的稳定性，导致在一定的时间维度中，政治的价值取向会对适应性循环过程表现出重要影响，价值取向等的变化会导致不同的适应性循环类型出现，因此，作为其表现的政策是影响适应性循环圈跃迁的重要因素。伯克斯（Berkes，F.）基于西方国家背景，通过研究社区弹性与 Panarchy Model 的关系，也明确指出了在社会—经济系统中，政策是一种自上而下的影响其适应性循环圈变迁的重要手段，但与此同时，也存在由社区开始的自下而上的自组织方式影响适应性循环过程的模式[177]。戈德斯坦（Goldstein，B.E.）对圣地亚哥火灾后恢复的研究则表明社区内领导的适时出现、社会网络状态对于适应性循环的建立及发展非常重要，从另一个侧面证明了伯克斯（Berkes，F.）等的上述相关论断的正确[184]。

综上所述，描述适应性循环过程的多尺度嵌套适应性循环模型（Panarchy Model）是一个理论模型，为了使其与实际管理结合，产生了不少深化研究。逐渐发展出与时间延续性相关的适应性循环圈概念（Adaptive Cycles），意味着在时间延续的现实世界，系统的适应性循环过程包含着多个连续的、不尽相同的适应性循环圈，人类活动或管理是适应性循环圈之间转换的重要影响因素，对于社会经济系统而言，自上而下的政策工具、自下而上的社区自组织方式是人类活动或管理的两种典型代表。这为进行适应性循环圈及阶段划分、将其运用于实际管理提供了理论依据。

3.1.2 Panarchy Model 与养老机构配置研究结合

将多尺度嵌套适应性循环模型（Panarchy Model）与城市养老机构配置的动态适应机制研究相结合，进行城市系统应对需求压力的适应性循环机制研究时，需要明晰划分其适应性循环圈及循环圈内的阶段的依据与方法。

（1）适应性循环圈划分依据

由上文的分析可知，自上而下的政策工具和自下而上的基层单位自组织过程是引发社会—经济系统的适应性循环过程变动的关键因素，是划分适应性循环圈的重要依据。

基于我国国情，自上而下的管理模式是我国的主导管理模式。在传统社会，我国在以礼为核心的封建伦理道德体系基础上，确立了自上而下的等级统治体系，具有强烈的泛道德化倾向；在法律方面，民法长期未能体系化，以刑法为主体的中华法系总是以自上而下的方式发生垂直作用（国家指向个人），以进一步维护道德、自然礼仪秩序[185]。新中国成立后，我国又借鉴苏联模式，建立起计划经济，由此形成了一整套垂直型的组织结构和行政控制经济的发展模式。改革开放后，虽有一些改变，但对旧体制的依赖使得在原有体制下社会准则、规范以及行为方式等均未有根本改变[186]。

与自上而下的管理模式为主导的背景相对应，单位、社区、社会团体等基层社会组织表现出“外设性”特征，其遵循的“外设性”规则是指“由统治共同体的政治权力机构认可设计出来并靠政治行为自上而下强加于社会而付诸实施的一系列规则”[187, 188]。其对推动社会—经济系统适应性循环的影响小。

“单位”是我国计划经济体制下的社会基本组织单位，具有空间单位化、功能全能化、组织科层化等特点[189]。在计划经济体制下，政府垄断权力和资源，形成“全能政府”；单位是“准政府代表”，是能整合一定社会资源、解决基层社会问题的组织单元。

而随着经济体制转型，单位制解体，社会结构从“国家一元化”走向“国家、市场、社会”三元分化，“社区”作为一种社会单元出现，社区制形成于20世纪80年代，用于承接单位制解体之后的基层政治建设、行政管理、服务保障等功能；其管理实行街居制，即由街道办事处、居委会及依托这二者设置的基层党组织共同构成的城市基层政治、行政和社会管理体制，街道办事处是市或区政府的派出机关，居委会是基层群众性自治组织；但在实际管理中，居委会类似于执行街道办事处下达任务的一个附属机构，无财政支配权，不能自主支配资源，政府与社区的功能界限模糊使街居制表现出政治化、行政化的特点，且功能相对单一，使社区的自主管理能力较弱。

同时，我国社会团体发展也相对薄弱。总的来讲，20世纪90年代以前，社会团体的发展主要遵循“自上而下”的原则和路径，旨在满足相关政治需求，真正独立、自治的社会组织非常稀缺[190]。20世纪90年代以后，社会组织开始呈现非政治性、非营利性、民间性、自治性和志愿性等特征。但相关数据显示，社会团体的增长主要是民办非企业和基金会等经济类、服务类组织的增长[187]，参与社区治理的社会组织以教育类、服务类的民办非企业单位为主，公益类和志愿服务类的社区社会组织仍然比较少[191]。

因此，从宏观层面来看，政策工具是影响我国社会经济领域内的适应性循环圈变迁的重要因素。相应的，养老服务方面的公共政策是影响城市系统应对机构养老需求压力的适应性循环圈变迁的重要因素。

而在公共政策中，有些公共政策是涉及对养老服务的价值取向的基本政策，还有一些则是在基本原则之下针对具体问题的政策。前者会对参与要素、养老资源配置方式等方面产生重大影响，直接使养老服务的供给机制发生变化；而一旦变化，其参与要素及要素间的关联关系等均会发生质的变化，从而导致不同的适应性循环类型的出现，引起适应性循环圈的变迁，而后者引发的变化是局部的。因此，本书选择对参与要素、资源配置方式等方面产生重大影响的养老服务方面的基本政策作为适应性循环圈划分的重要依据。

（2）适应性循环圈内的阶段划分方法

在每个循环圈内，再进一步进行适应性循环阶段的划分。依据多尺度嵌套适应性循环模型，每个适应性循环圈包括 4 个阶段，每个阶段内的潜力、连接度、弹性等三种属性表现出不同的发展趋势，在开发阶段（γ），潜力、连接度、弹性都从较低水平迅速增加；到保守阶段（κ）时，由于连接度的水平较高，导致系统的弹性开始下降；释放阶段（Ω）时，由于外界的刺激等原因，系统积累的潜力释放，弹性开始增加；进入重组阶段（α）后，系统的连接度降低，潜力、弹性再次表现出增加趋势（图 3.2）[84, 130]。依据上述基本特点，可以划分适应性循环阶段。其中，潜力（potential）是指系统的财富，可以表现为生物总量、资本总量等；连接度（connectedness）是指系统内控制性要素间的关联程度，是系统控制的灵活程度的表征，反映了系统能否决定自己的命运；弹性（resilience）指

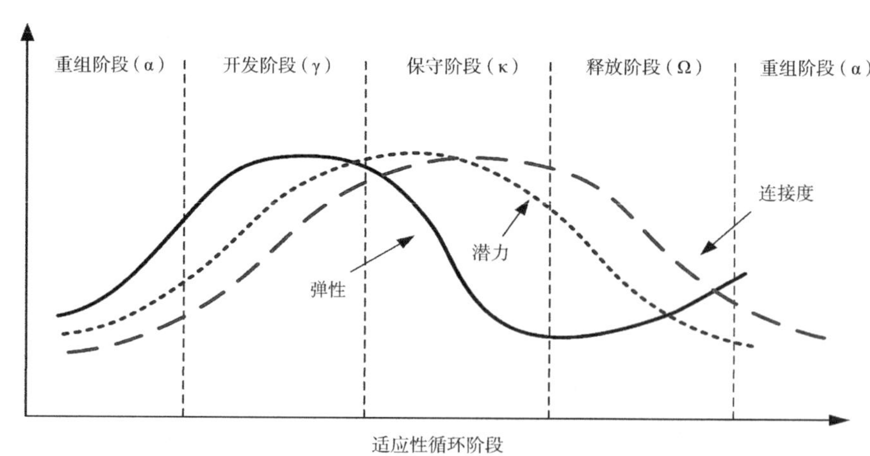

图 3.2　潜力、连接度、弹性在适应性循环不同阶段的趋势

（作者整理参考文献 [84]、[130] 绘制）

系统的适应性[130]。

目前，适应性循环研究正处于从理论向实践转化的过程中，既有的与实践相关的研究多限于社会—生态系统，如王俊等、汪兴玉等根据潜力、连接度、弹性等系统关键变量变化趋势，分别对黄土高原地区、陕西榆中县社会—生态系统的适应性循环阶段及演变机制进行了研究，相应变量指标包括人口、人均经济收入、人均耕地面积等[192, 193]。王群等基于生态环境、耕地、经济来源、重大事件等因素，通过定性分析划分千岛湖旅游地社会—生态系统的适应性循环圈，通过旅游景点规划发展、开发建设及旅游产业规模等来进一步对其内部各阶段进行划分[194]。但如何将三种属性与社会—经济系统结合，研究很少。詹姆斯（James，S.）等将三种属性与区域经济学相结合，认为潜力包括公司活力、工人技能、软硬件基础设施等，连接度包括企业间的劳动分工、信任网络、公司间的劳动力流动等[84]。

在养老机构配置领域，养老机构总供给量是系统应对需求压力的总能力的直接表征，是可反映系统应对需求压力的“财富”的指征；民营机构与公办机构是两类重要的系统要素，谁成为主导要素，谁就会决定系统应对需求压力的方向、模式等，是可反映系统决定自己命运的能力的指征；而总入住量反映了系统对需求压力的适应程度，是系统的适应能力的指征。因此，以养老机构总供给量、主导要素供给量占比、总入住量作为潜力、连接度、弹性的表征指标，分析其变化趋势，再结合具体政策、老年人口压力变化等，在每一个循环圈内进行阶段划分。

（3）适应性循环过程的划分依据与方法

综上所述，由于我国的主导管理模式是自上而下的管理模式，养老服务的公共政策是影响城市系统应对需求压力的适应性循环圈划分的关键因素，对参与要素、资源配置方式等方面产生重大影响的基本政策是适应性循环圈划分的重要依据；同时，在每个适应性循环圈内，结合养老机构总供给量、主导要素供给量占比、总入住量等指标的变化趋势，以及相关的具体政策、老年人口压力变化等因素，进一步划分内部的阶段。

3.2 适应性循环过程（1949～2016）

以 1949～2016 年为研究区间，运用上述适应性循环过程划分方法与依据，分析长沙市的适应性循环过程。结合长沙市养老机构在 1949～2016 年间的历史发展情况及相关数据，发现其适应性循环过程已发展至第二适应性循环圈。

其中，1949～1999 年为其第一适应性循环圈，该循环圈内以提供救济性的养老机构服务为其价值取向，老年人口压力较小，主要由公办福利机构为三无老人等提供机构养老服务；2000 年开始步入第二适应性循环圈，民政部等多部委联合发布了《关于加快实现社会福利社会化的意见》，标志着其价值取向转变为提供普惠性养老机构服务，老年人口压力较大并不断增加，主要由公办、民营养老机构共同为城镇三无老人、一般社会老人提供机构养老服务。

3.2.1 第一适应性循环圈（1949～1999）

（1）以提供救济性的养老机构服务为价值取向

1949 年以前，在长沙市，从清朝至民国政府，由政府、知名人士、地方绅士捐款或倡议募捐兴办了不少慈善机构，比较有代表性的有南、北养济院、普济堂、百善堂、养老所、保节工厂等，用以收养孤老、弃婴、节妇等。

新中国成立后，长沙市政府接管了之前由各种力量建立起来的慈善机构，进行调整、整合，建立生产教养院，救济难民、贫民、失业人员和孤老残幼等人员，并对他们进行教育和劳动改造。1958 年 12 月，中共八届中央委员会六次会议通过《关于人民公社若干问题的决议》，明确指出“要办好敬老院，为那些无子女依靠的老年人（五保户）提供一个较好的生活场所”。城市收养机构也逐渐转向纯粹的福利服务功能，主要为城市三无老人等弱势群体提供服务，而一般的社会老人则通过家庭养老安度晚年。《长沙市第一社会福利院院志（油印本）》绘制了市第一福利院的演变图，较完整地反映了上述历史过程（图 3.3）[195]。

这一阶段，相关政策不多，《关于人民公社若干问题的决议》等政策基本确立了政府只对三无老人等具有特殊困难的老年人提供服务的价值取向，与计划经济体制相匹配，养老机构均设置了完备的党政组织，采取行政化管理模式，而且主要通过财政投入来分配社会保障与福利资源。在举办主体、服务对象、管理模式、资金来源等方面都表现出单一性特征[196]。

（2）第一适应性循环圈内部的阶段划分

在该循环圈内，1992 年长沙市老年人占比超过了总人口的 10%，进入老龄化社会，其对城市系统造成的老年人口压力不同于之前，同时考虑养老机构总供给量、主导要素供给量占比、总入住量等指标的变化，以 1992 年为划分界线，

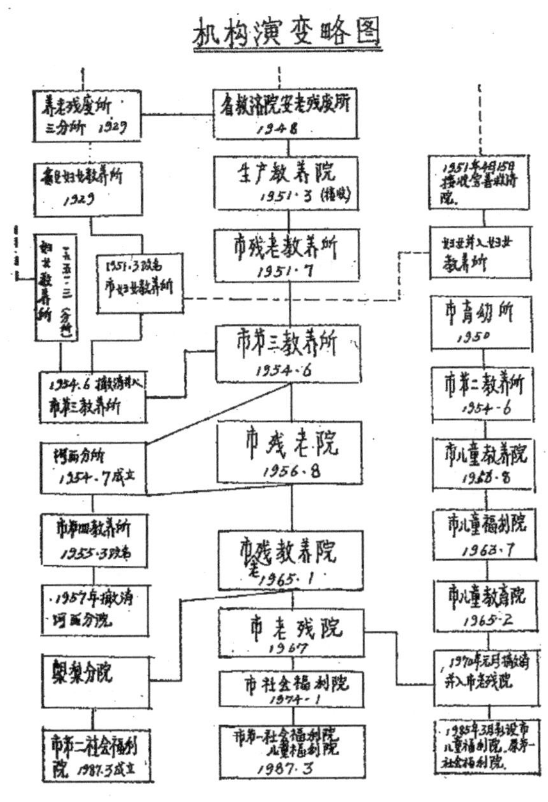

图 3.3　长沙市第一社会福利院演变图 [195]

1949～1991 年为其开发阶段和保守阶段（γ-κ），1992～1999 年为其释放阶段和重组阶段（Ω-α）。

在开发阶段和保守阶段（γ-κ），老年人口不多，在城市人口中占比较低，对城市系统造成压力较小。公办机构的供给总量经历了快速增长、后逐渐放缓的过程，系统潜力不断增加，但后期增速放缓。如长沙市第一福利院等是政府在接受了新中国成立前的慈善机构的基础上，经过清理整顿等，成立了长沙市安老残废所、长沙市妇女教养所、长沙市育幼所等之后，于 1951 年成立，是长沙市历史最长、规模最大的公办福利机构，后又增建了规模较小的长沙市第二社会福利院 [195]。同时，政府在新中国成立后还兴建了一些公办养老机构，如长沙市第三社会福利院、宁乡县社会福利院等，规模相对较小（表 3.1）。

这些福利机构均由政府举办，在当时是同时收养失业人员和无依无靠的孤老残幼等所有人员，主导要素是公办机构。

在总入住量方面，因为时间较久远，已无法找到总入住人数的统计记录，但所幸长沙市历史最长、规模最大的第一社会福利院的院志（油印版）中清晰地记录了 1988 年及以前该院的残老人员入住数量，其为当时长沙市救济残老的最主要机构，可作为了解当时的总入住量变化趋势的参考（图 3.4）。可以发现，其入住人数早期表现出较强的不断增加的趋势，1970 年代再往后，总入住量呈现缓慢下降的趋势，系统弹性开始下降。早期人数多与刚解放时战乱等原因造成了较多需要救济的残老有关，后人数减少则与城市三无等困难老人的数量随着国家社会与经济的稳定及发展逐渐减少，以及当时的公办福利机构只收养三无等困难老人有关。

1949 ～ 1991 年间的公办社会福利机构 **表 3.1**

序号	机构名称	建立年代	性质
1	长沙市第一社会福利院	1951	公办
2	长沙市第三社会福利院	1952	公办
3	宁乡县社会福利院	1984	公办
4	长沙市第二社会福利院	1987	公办

注：为包含三无老人等在内的救济对象提供服务。

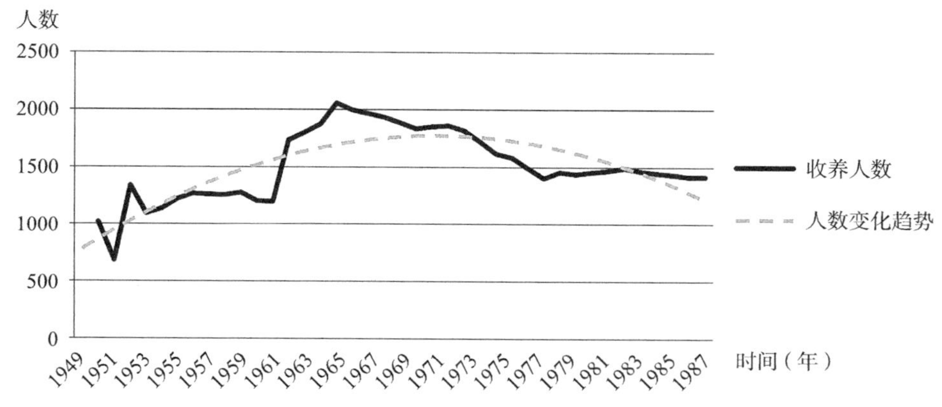

图 3.4 长沙市第一社会福利院 1949～1988 年收养残老人数变化

（数据来源：参考文献 [195]）

在释放阶段和重组阶段（Ω-α），老年人口比前面的时期有明显的增加，1992 年长沙市的老年人口占比超过了总人口的 10%，进入老龄化社会，该人口结构类型的出现开始对城市系统造成压力（图 3.5）。而政府对即将到来的老龄化社会已有所认知，1983 年第八次全国民政会议产生的《第八次全国民政会议纪要（中办发〔1983〕53 号）》中提到："兴办社会福利事业要调动多方面的力量，广开门路。采取多种渠道，国家、社会团体、工厂、机关、街道、家庭都可以办。要依靠基层，组织动员社会力量，举办小型多样的社会福利事业单位。”之后又有多次会议讨论并产生了表明政策意向的文件。

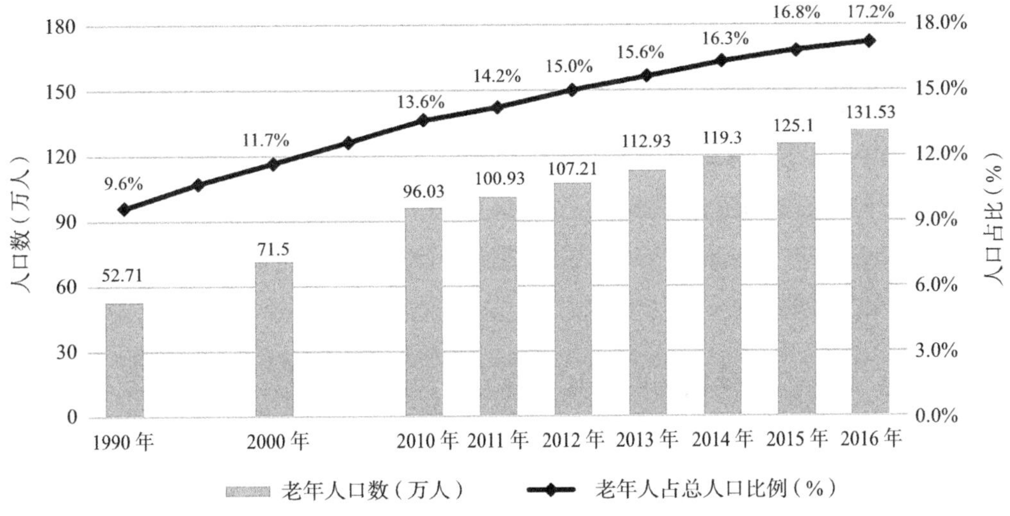

图 3.5　长沙市老年人口变化趋势

（数据来源：长沙市统计局）

在此背景下，随着三无老人减少，为其提供救济服务的公办福利机构空间不断缩小；同时，开始出现为一般社会老人提供养老服务的养老机构，比如1998年第一社会福利院兴建的颐养园等新楼，1996年长沙市民政局新建的老年公寓管理所。系统开始累积新类型的潜力（表3.2）。

1992～1999年间的养老机构　　　　**表3.2**

序号	社会福利机构名称	始建/扩建时间	性质	备注
1	长沙市第一社会福利院 *	1951/1998	公办	新建颐养园等新楼，成立专门的老人部，为一般社会老人服务
2	长沙市第三社会福利院	1952	公办	
3	宁乡县社会福利院	1984	公办	
4	长沙市第二社会福利院	1987	公办	
5	基督教老年人之家 *	1988	民营	为宗教信徒老人服务
6	长沙市老年公寓管理所 *	1996	公办	

注：有 * 的社会福利机构开始为一般社会老人提供服务。

同时，随着老龄化社会的人口压力开始释放，城市系统应对需求压力的机制开始变化，应对需求压力的系统要素开始出现民营部门，比如为照顾已逝神职人员伴侣及少量老年信徒而建的基督教老年公寓。

在总入住人数方面，三无老人进一步持续减少，原有系统弹性进一步减弱。市第一社会福利院的相关负责人这样描述其入住人员的构成情况："随着经济水平的不断提高，城市三无老人是越来越少的。我们这里到 2010 年左右时，三无老人不到 100 人了，大的发展趋势是这样的。"同时，社会老人开始有少量入住，表明系统开始表现出新的类型的弹性。

因此，这一时期是原有的第一适应性循环圈不断衰落、新的第二适应性循环圈兴起的交替时期。

3.2.2 第二适应性循环圈的第一开发阶段（γ_1）和第二开发阶段（γ_2）

（1）以提供普惠性养老机构服务为其价值取向

2000 年，《关于加快实现社会福利社会化的意见》发布，对社会福利社会化思想进行了清晰的阐释，其内容包括：投资主体多元化、服务对象公众化、服务方式多样化、服务队伍专业化。社会福利社会化思想强调社会共同责任的理念，提出政府要逐步减少由其直接供给的社会福利服务，并要利用市场机制吸引更多的民间资本参与到福利服务供给中来，不断地提高其服务的质量，以满足社会所有老人的不同需求。[197] 这引发了养老服务，尤其是养老机构的供给主体、资源配置方式、服务对象等方面的质的变化，民营养老机构成为这一时期的主导要素，其价值取向已改变为要为所有社会老人提供普惠性养老机构服务。标志着城市系统在前一阶段的重组之后，正式进入新的第二适应性循环圈。

（2）第二适应性循环圈内部的阶段划分

2011 年，《社会养老服务体系建设"十二五"规划》明确指出："发挥市场在资源配置中的基础性作用，打破行业界限，开放社会养老服务市场。"明确了市场对包含养老机构在内的养老服务业的发展具有基础性的资源配置作用，推动养老服务进入产业化发展阶段，民营养老机构加速发展。因此，以此为划分依据，在第二适应性循环圈内，截至 2016 年，2000～2010 年为其第一开发阶段（γ_1），2011～2016 年为其第二开发阶段（γ_2）。

在第一开发阶段（γ_1），老年人口占比在持续增加，养老需求压力进一步持续增加。养老机构床位总供给量开始大幅增加（图 3.6），新增部分为一般社会老人提供养老服务，系统潜力不断增加，增速较快。尤其2005年、2006年由民政部及全国老龄委办公室等多部委先后下发了《关于支持社会力量兴办社会福利机构的意见》《关于加快发展养老服务业的意见》等政策，对于民营养老机构的兴建给出了具体的激励政策，使民营机构快速发展起来，如开福区天主教老年公寓、雨花区社会福利中心、望城区鸿天康逸敬老山庄、望城区安华山庄老年公寓、开福区创乐福家庭综合服务中心、芙蓉区常青树老年公寓、长沙市康乃馨老年呵护中心等均建于这个阶段。主导要素民营机构的占比不断增加。在总入住量方面，入住的一般社会老人不断增加，系统弹性增强。

在第二开发阶段（γ_2），老年人口占比在持续增加的同时，增速开始加快，意味着养老需求压力快速增加（图3.5）。养老机构的供给总量继续大幅增长（图3.6），增量呈增大趋势，主要要素民营机构占比进一步增加，但与第一开发阶段（γ_1）不同，民营机构供给量占比逐渐超过公办机构。在总入住量方面，以2011～2016年间长沙市市区养老机构中的总入住量为参考；调研数据和统计数据共同显示，在2011～2016年间，市区养老机构总供给量分别占长沙市养老机构总供给量的72.9%、67.3%、64.5%、69.4%、67.1%、60%，其内部的总入住量具有较强的参考意义；数据显示，总入住量不断增加，弹性增强（图3.7）。

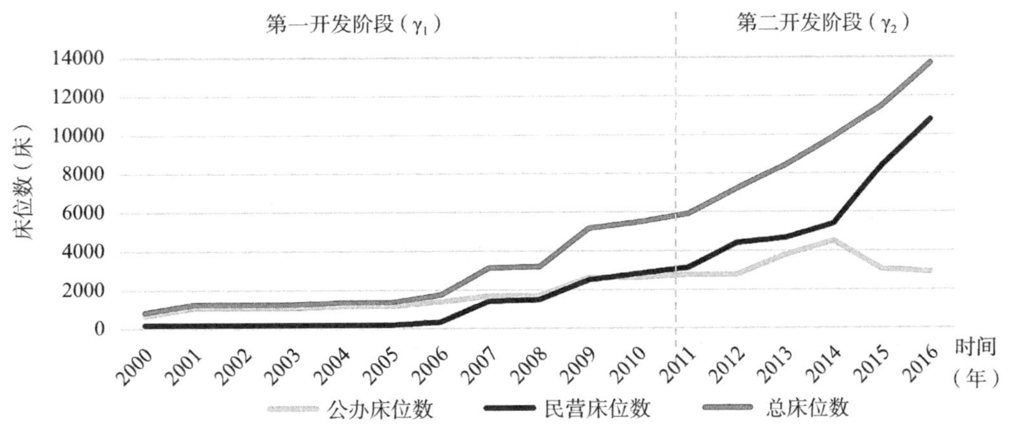

图3.6　养老机构总供给量变化（2000～2016）

（数据来源：《长沙市老龄事业发展统计公报》、“长沙养老服务系统”信息平台）

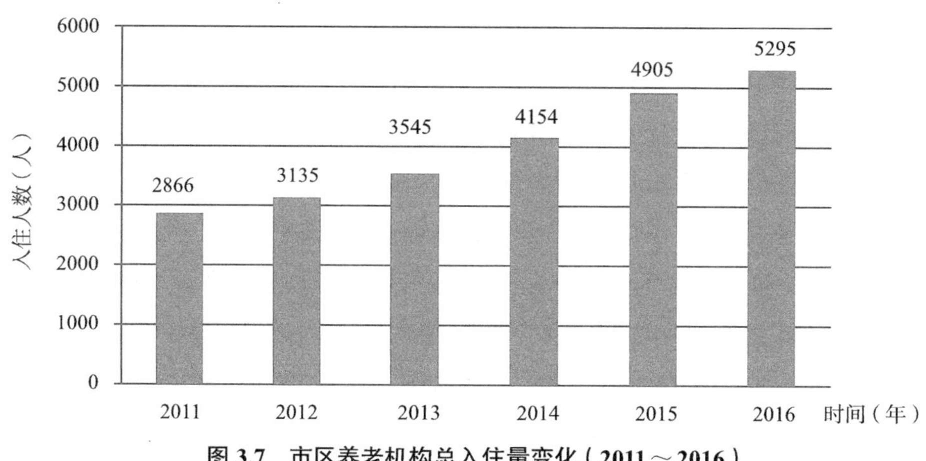

图 3.7 市区养老机构总入住量变化（2011～2016）

3.2.3 适应性循环过程的特征

综上所述，在 1949～2016 年间，长沙市城市系统应对机构养老需求压力的适应性循环经历了第一适应性循环圈（1949～1999），进入第二适应性循环圈，正处于第二适应性循环圈的第二开发阶段（γ_2）。第一适应性循环圈以国家提供救济性养老机构服务为价值取向，2000 年的《关于加快实现社会福利社会化的意见》明确提出提供普惠性养老机构服务的价值取向，从而进入新的第二适应性循环圈。

在第一适应性循环圈内，1949～1991 年为其开发和保守阶段，养老机构服务由公办福利机构承担，公办机构是主导要素，总供给量不断增加，入住孤残老人总量呈现先快速增加、后缓慢下降的趋势；随着 1992 年长沙市老年人口占比超过 10%，进入释放与重组阶段，为三无老人等的服务供给逐渐缩小，开始出现为一般社会老人服务的公办养老机构，原有潜力释放，系统开始积累新类型的潜力，民营机构开始涉入养老服务领域，较前一阶段，公办机构供给量占比在下降，连接度在下降，入住的三无老人越来越少，一般社会老人开始入住养老机构，原有弹性不断下降，新类型的弹性增强。

在第二适应性循环圈内，民营机构成为主导要素，养老机构总供给量、民营机构供给量占比、总入住量均在不断上升。2011 年《社会养老服务体系建设“十二五”规划》明确了市场对养老服务业的发展具有基础性的资源配置作用，推动养老服务进入产业化发展时期；与此同时，老年人口占比增速加快，其从第一开发阶段（γ_1）进入到第二开发阶段（γ_2）。在第二开发阶段（γ_2），民营机构发展速度增快，民营机构供给量占比超过公办机构占比（表 3.3）。

城市系统应对需求压力的适应性循环过程（1949～2016）　　表 3.3

适应性循环圈	阶段	时间	老年人口	特征
第一适应性循环圈	开发、保守阶段（γ-k）	1949～1991	老年人口压力小	总供给量快速增长、后逐渐放缓，潜力增加； 全为政府举办的公办福利机构，连接度较强； 总入住量先快速增长，后缓慢下降，弹性先增强后减弱
	释放、重组阶段（Ω-α）	1992～1999	老年人口占比达10% 以上	对三无老人等的供给量逐渐收缩，开始新增为一般社会老年人提供养老服务的机构，系统原有潜力释放，开始积累新类型的潜力； 主导要素公办机构供给量占比减小，民营机构开始涉足养老服务领域，连接度减弱； 三无老人总入住量下降，少量社会老人开始入住养老机构，原有弹性减弱，新的类型的弹性增加
第二适应性循环圈	第一开发阶段（γ_1）	2000～2010	老年人口持续增长	总供给量大幅增长，新增部分主要为一般社会老年人提供养老服务，潜力增加，增量持续较大； 民营机构成为主导要素，占比不断增加，连接度增强； 总入住量不断增加，弹性增强
	第二开发阶段（γ_2）	2011～2016	老年人口占比增速加快	总供给量继续大幅度增长，潜力增加，增量持续较大； 民营机构供给量占比逐渐超过公办机构，连接度进一步增强； 总入住量不断增加，弹性增强

3.3 适应性循环过程的动力因素

适应性循环过程的动力因素主要包括养老服务制度创新及相关政策提前预备、养老机构需求压力变化、具体政策、规范的适时完善与调整等。

3.3.1 制度创新与相关政策提前预备

养老服务制度创新及相关政策提前预备是促进第一适应性循环圈向第二适应性循环圈柔性转换的主要驱动力。

在孝道文化背景下，我国逐渐形成家庭养老传统，1949 年以前社会养老主要表现为慈善方式。1949 年以后，政府在接管了新中国成立前的慈善机构后，在计划经济背景下，建立了统筹统办的救济性的养老服务制度。该制度与我国基于孝道文化背景而形成的家庭养老传统相吻合，也与在当时背景下家庭子女较多的实际情况相匹配。从宏观来看，当时的老年人口占比较小，社会抚养比值也较小，青壮年劳动力的工作压力相对较小。而随着老年人寿命不断增加，计划生育政策、劳动力迁移等使家庭小型化及空巢化趋势日益明显，家庭养老难以实现。在此背景下，2000 年，民政部等 11 部委联合发布的《关于加快实现社会福利社会化的意见》明确提出社会共同责任理念，鼓励更多的民间资本参与社会福利服务供给，以满足民众的不同需求。政府适时调整了对养老服务的价值取向，进行了制度创新，推动其由救济性制度向普惠性制度转变，这是符合社会养老需求趋势的，也契合经济制度转型背景。

尽管《关于加快实现社会福利社会化的意见》发布于 2000 年，我国进入老龄化社会是 1999 年，大中城市进入老龄化社会大多在 20 世纪 90 年代初，长沙市在 1992 年进入老龄化社会，但有关养老服务制度变革的政策意向的讨论于 1983 年已开始，表现出提前预备性。1983 年的《第八次全国民政会议纪要（中办发〔1983〕53 号）》表达了社会福利社会化的思想，即由政府的单一兴办主体向政府、集体、个人的多兴办主体，由单一的财政投入向多种投资方式并存等方向转变。这提示着参与要素、投资关系等方面的重大变化。之后，1984 年的民政部漳州会议、1989 年民政部的“全国城市社会福利事业单位深化改革工作座谈会”、1994 年第十次全国民政工作会议等形成了系列政策文件，继续明确了社会福利社会化的思想及要求。1990 年，“中国内地与香港社会福利发展第一次研讨会”在北京召开，时任民政部副部长张德江在会议上明确提出社会福利社会化的核心是服务对象、资金来源、管理、服务设施、服务队伍等内容的社会化。之后，1993 年 7 月，《关于党政机构改革的方案》和《关于党政机构改革方案的实施意见》等政策鼓励集体、企业、个人和各种社会力量兴办事业单位，“民办事业单位”快速发展起来，其为民办非企业单位的前身，大多数民办养老机构都是该种属性。

系列会议和政策文件形成，为建立新的潜力积累、内部连接等模式进行了预先准备，从而推动了民营机构在第一适应性循环圈内初步介入养老机构服务领域，促成了在释放与重组阶段系统内新的连接关系和系统潜力积累模式的初步出现，为进入新阶段做好准备，促进了两个循环圈的柔性转换。养老需求是慢性压力，其会不断累加，若不能及时化解会造成重大问题，使系统崩溃。因此，借助对压力的预测，提前进行与制度创新相关的基本政策准备，以促进循环圈之间的柔性转换非常重要。

3.3.2 养老机构需求压力变化

养老机构需求压力是导致第一适应性循环圈内释放、重组阶段出现的主要动力之一，并对于第二适应性循环圈内部阶段的变化有扰动影响。

养老需求压力的变化表现为需求量的变化。1992 年长沙进入老龄化社会，意味着对养老服务需求达到一定水平；此时实行的仍是救济性养老机构服务供给制度，但如上文所述，系列会议和政策文件形成，为建立新的潜力积累、内部连接等模式已进行了预先准备，这使得在老年人口压力变大时少数公办机构开始尝试为一般社会老人提供养老机构服务，同时也有民营机构开始涉足养老服务领域，系统内部开始建构新的要素连接关系，进行新的系统潜力的积累，即开始其释放、重组过程；进入第二适应性循环圈之后，老年人口持续增多，尤其是 2010 年之后老年人口增速加快，此时已建立普惠性养老机构服务供给制度，通过市场机制配置相关资源，市场需求的增大，吸引了民营机构更大的投入，促使第一开发阶段（γ_1）向第二开发阶段（γ_2）发展，使民营机构在总供给中占比进一步增高，也使系统内要素的连接度进一步增加。

养老需求压力的变化也表现为需求内涵的变化，如对待公办和民营机构的态度、入住意愿等。我国经历了较长时间的计划经济时代，在计划经济条件下，所有的公共物品及大部分私人物品都由政府承担供给 [198, 199]。人们逐渐习惯购买或消费“公家”提供的服务和产品，公共供给的服务和产品成为“可靠”的甚至是“唯一”的代名词，使人们对民营机构供给的产品觉得陌生且缺乏信任感。因此在进入第二适应性循环圈的初期，老年人对大幅增长的民营机构并不太接受，从而对公办、民营养老机构表现出截然不同的需求态度。对 2010 年长沙市市区养老机构的调研分析结果显示，在第一开发阶段（γ_1）末，市区共有民营机构 9 家，除了两家慈善型机构，出现了普遍的高空置现象，高空置民营机构占比达 78%。但随着时间的推移，老年人对民营机构的接受度逐渐上升。至 2016 年，长沙市市区养老机构的调研分析结果显示，市区 32 家民营养老机构中共有 15 家低空置机构，而且入住民营机构的老年人数超过了公办机构（图 3.8），反映出老年人对公办、民营机构的态度在变化，提示其需求内涵在变化。

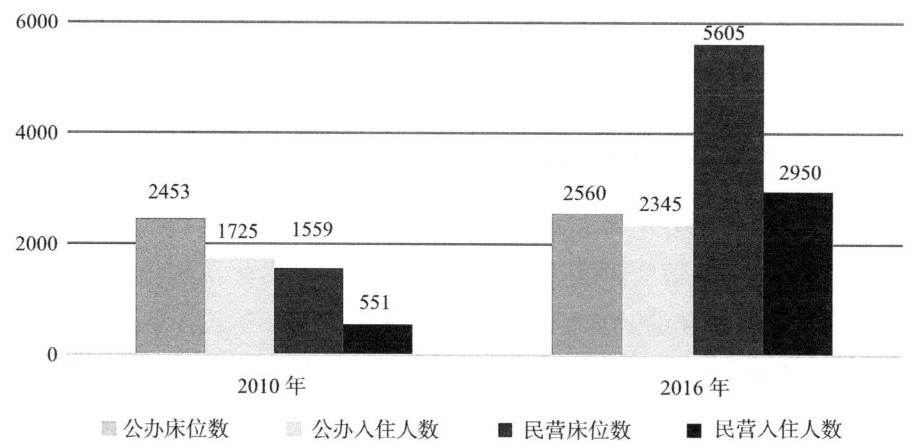

图 3.8 市区公办与民营机构的规模与入住量变化（2010 年与 2016 年）

而且老年人的入住意愿也在改变中，2016 年对长沙市 6 个不同社区及 4 家医院（或疗养院）中的老年人进行问卷，有效问卷 441 份，分年龄段统计结果如下（表 3.4）：

入住养老机构意愿与年龄的关系 **表 3.4**

入住养老机构的意愿	80 岁以上		70～79 岁		60～69 岁		小计	
	人数（人）	占同龄比（%）	人数（人）	占同龄比（%）	人数（人）	占同龄比（%）	人数（人）	占比（%）
A. 自己会主动选择进入养老机构养老	22	20.0	24	18.5	51	25.4	97	22.0
B. 不到万不得已不会进入养老机构养老	39	35.5	54	41.5	86	42.8	179	40.6
C. 自己不会进入养老机构养老	49	44.5	52	40.0	64	31.8	165	37.4
合计	110	100.0	130	100.0	201	100.0	441	100.0

结果显示：不同年龄阶段的老年人入住养老机构意愿不同，年龄越长、抵制到养老机构养老的老年人占比越高；年龄越轻、对养老机构的接受程度越高。

在对养老机构案例的负责人的访谈中，P 连锁品牌、W 连锁品牌等多家机构的相关负责人也谈到了这种观念的变化趋势，认为老年人对养老机构的接受度越来越高，这是其继续加大投入的重要原因。因此，需求内涵的变化也是推动第二适应性循环圈内第一开发阶段（γ_1）向第二开发阶段（γ_2）发展的动力。

3.3.3 具体政策、规范的适时完善与调整

在第二适应性循环圈内，具体政策、规范的适时完善与调整是延长系统在开发阶段的时间的主要动力。

在第二适应性循环圈的第一开发阶段（γ_1）内，2005 年、2006 年由民政部及全国老龄委办公室等多部委先后下发了《关于支持社会力量兴办社会福利机构的意见》《关于加快发展养老服务业的意见》等政策，对于民营养老机构的兴建给出了具体激励政策。这些具体的政策和规范的适时出现，极大地促进了该阶段民营机构的发展，积累了城市系统应对需求压力的潜力。

随着需求压力的增加，为了增强对民营资本的吸引力，使之更多地进入养老服务领域，从而积累更多的城市系统应对需求压力的潜力，2011 年《社会养老服务体系建设"十二五"规划》明确了市场在养老服务资源配置中的基础性作用，并提出要推动养老服务产业化发展；2013 年，《国务院关于加快发展养老服务业的若干意见》进一步指出："使养老服务业成为积极应对人口老龄化、保障和改善民生的重要举措，成为扩大内需、增加就业、促进服务业发展、推动经济转型升级的重要力量。"表明了政府放开养老服务市场的基本态度，吸引了更多的民营机构进入，推动第二适应性循环圈内第一开发阶段（γ_1）向第二开发阶段（γ_2）发展，延长了该循环圈的开发阶段的时间。

随着时间的推移，在第二适应性循环圈第一开发阶段（γ_1）建立的民营机构由于建立较早，表现出诸多不足。对 2010 年的长沙市市区养老机构调研结果显示，当时市区共有民营机构 9 家，在医疗、护理等方面与公办机构有较大差距，专业性较弱（表 3.5）。

市区公办与民营养老机构的医疗和护理水平比较（2010 年） 表 3.5

性质	自带医院的机构（个）	配有医务人员的机构（个）	未配医务人员的机构（个）	主要服务失能老人的机构的护理比均值
公办	2	5	0	1/4.9
民营	0	6	3	1/9.9

2011 年以后，出台了一系列针对具体的养老机构发展问题的政策，比较有代表性的有 2013 年的《国务院关于加快发展养老服务业的若干意见》《关于促进健康服务业发展的若干意见》、2015 年的《关于推进医疗卫生与养老服务相结合指导意见的通知》、2016 年的《关于中央财政支持开展居家和社区养老服务改

革试点工作的通知》(民函〔2016〕200号)等，改善对策包括医养结合、养老机构小型化、连锁化、公私合营等。同时，民政部、卫生部等相关部门先后颁布了《老年养护院建设标准》《养老护理员国家职业技能标准》《养老机构安全管理》《养老机构基本规范》等一系列国家、行业标准。这些适时完善、调整的规范、政策较为有效地改善了养老机构已出现的问题。对2016年长沙市市区养老机构的调查结果显示，市区的32家民营养老机构中自带医院的已达7家；并逐步形成了康乐年华、万众和、康乃馨等多个本土性养老连锁品牌，且有15家入住率较高。政策和规范的适时完善和调整对提升民营机构的服务水平和专业化程度起到了较大的作用，这在很大程度上降低了部分民营养老机构的空置率，从而吸引更多投资，延长了系统在第二开发阶段(γ_2)的时间，可为系统积累更多应对需求压力的潜力(图3.9)。

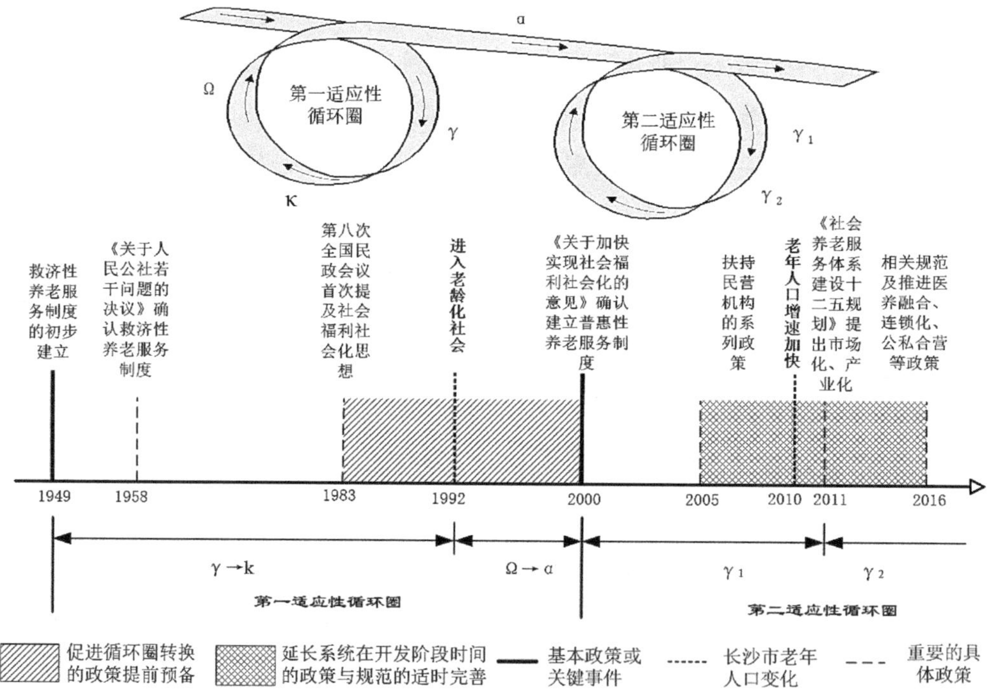

图3.9 适应性循环过程的动力因素示意图

3.4 适应性循环的趋势、特点及发展要求

3.4.1 第二开发阶段(γ_2)的特点

由前面的分析可知，城市系统应对机构养老需求压力的适应性循环过程正处

于第二发展阶段（γ_2）。依据 Panarchy 模型的变化规律，适应性循环的 4 个阶段的时间分配是不平均的，通常来讲，开发阶段和保守阶段时间比较长，释放阶段和重组阶段比较短，系统在较长周期的潜力缓慢积累后，能迅速通过创新等方式实现释放和重组，才是较为健康的适应性循环过程。

詹姆斯（James，S.）等比较了 1960～2005 年剑桥和斯旺西应对经济衰退的适应性循环过程，发现剑桥只经历了一个循环圈的三个阶段，而斯旺西已经完成了一个半循环圈，剑桥的高技术经济能通过知识创新等方式使系统在较长时间内维持在开发阶段（γ），进而使系统潜力持续积累，而斯旺西缺乏相应能力使系统较长时间停留在开发阶段，进而无法使系统潜力持续增加，从而造成系统的适应性循环圈的频繁更换，无法使城市系统积累较多的潜力来应对经济危机，表现出较弱的弹性。[84] 这说明通过创新等方式拉长系统在开发阶段的时间，以积累更大的系统潜能应对外来压力，是促进健康的适应性循环过程形成的路径。

因此，目前第二开发阶段（γ_2）需要的适应能力是通过适当方式，延长其在开发阶段的时间，使系统潜力持续增加，维持系统稳定。

3.4.2 第二开发阶段（γ_2）的发展要求：提高对需求的吸收效率

需求压力是影响城市系统适应性循环过程的重要因素，如果压力减弱或消失，相应的适应性循环过程就没有意义。但按目前长沙市的情况来看，仍处于需求远大于供给的状态，截至 2015 年，全市 60 岁以上的老年人口达 125.01 万，但养老床位（含养老机构、敬老院、日托等）仅 29629 张，平均每千人仅 23.7 张，没有达到国家十二五规划每千人 30 张养老床位的目标，而依据《长沙市人民政府关于加快发展养老服务业的实施意见》，其发展目标是到 2020 年形成“9064”养老格局，即 4% 的老人依赖机构养老，养老机构床位应为 5 万张左右，表明养老床位明显不足；而且老年人口还在快速增长（图 3.5），机构养老需求压力会不断增加。

在需求大于供给、且较长时间内都会持续增加的前提下，城市系统必须具备让系统潜力不断增加的能力。这就需要延长其停留在开发阶段的时间，积累更多系统潜能，用于应对养老需求压力。

目前，我国已逐步建立市场资源配置机制来发展养老机构，民营机构成为养老服务的主体，而且未来将大力发展民营机构，市场配置机制的影响会更大。在市场配置机制下，要让城市系统的潜力持续增加，就必须让更多的城市资源不断流入养老机构服务领域。但在市场配置机制下，在有限的城市经济、社会、空间资源条件下，资源配置的竞争机制会促使有效利用资源，生产出最优、最能满足消费者需求、最具效益的产品或服务；如果产出的服务的市场反应差，投入的资源将会从该领域流出，流入更具竞争优势的其他领域。

对于养老机构而言，吸收效率是其市场反应的关键指征之一。吸收效率是指能吸收老年人需求的养老机构供给量占养老机构总供给量的比例。对需求的吸收效率高，市场反应好，则可以持续地吸引更多的城市资源，积累更多的城市潜力来应对渐增的需求压力，反之亦然。因此，在此阶段，城市系统对需求压力的吸收机制为该阶段的阶段性适应机制的核心，很大程度上决定了该阶段所需要的适应能力的强弱。

而对长沙市市区养老机构的吸收效率的调查结果显示：2011～2016年，其空置率均大于30%，且呈现不断上升趋势（表1.1），吸收效率较低。以养老机构空置率为吸收效率的指标，若空置率高则吸收效率低，若空置率低则吸收效率高；一般来讲，若养老机构的空置率大于30%，意味着其难以实现收支平衡，市场反应较差。长此以往，将会抑制、进而收缩城市系统潜力的增加，缩短其停留在开发阶段的时间。因此，在第二开发阶段（γ_2）需要提升城市系统对需求压力的吸收效率。

3.5 本章小结

（1）适应性循环理论与养老机构配置研究的结合

在现实世界，由于时间的延续性，复杂系统的适应性循环过程包含着多个连续的、不尽相同的适应性循环圈。对于社会经济系统而言，因受到具有价值取向的政治、历史及传统的影响，其适应性循环呈现出不同类型；而对同一社会—经济系统而言，在一定的时间维度中，政治的价值取向会对适应性循环过程表现出重要影响，作为其表现的政策是影响适应性循环圈变迁的重要因素。除此之外，自下而上的社区自组织方式是另一种影响适应性循环圈变迁的重要因素。

基于我国国情提出把对参与要素、资源配置方式等产生重大影响的养老服务方面的基本政策作为适应性循环圈划分的依据。同时，借鉴已有的相关研究，结合养老机构配置的特点，提出在每个适应性循环圈内，通过养老机构总供给量、主导要素供给量占比、总入住量等指标来观察系统潜力、连接度、弹性等属性的变化趋势，结合相关的具体政策、老年人口压力变化等因素，进一步划分内部的阶段。

（2）长沙市适应性循环过程划分（1949～2016）

从 1949 年到 2016 年，长沙经历了第一适应性循环圈（1949～1999），目前处于第二适应性循环圈。其中，在第一适应性循环圈内，以提供救济性的养老机构服务为其价值取向；2000 年，《关于加快实现社会福利社会化的意见》发布，反映出其提供普惠性养老机构服务的新价值取向，长沙进入第二适应性循环圈。

在第一适应性循环圈内，1949～1991 年是其开发和保守阶段（γ-κ），公办福利机构总供给量先快速增长、后逐渐放缓，全为政府举办的公办机构，主导要素为公办机构，收养的残老人员先快速增长，后缓慢下降，总的来讲，表现出潜力不断增加、连接度较强、弹性先增强后减弱的特点；1992 年长沙进入老龄化社会，1992～1999 年为其释放和重组阶段（Ω-α），对三无老人等的供给量逐渐收缩，新增为一般社会老年人提供养老服务的机构，民营机构开始涉足养老服务领域，三无老人总入住量下降，少量社会老人开始入住养老机构，总的来讲，表现出系统原有潜力释放、开始积累新类型的潜力，连接度减弱，原有类型的弹性减弱、新类型的弹性增加的特点。

在第二适应性循环圈，2000～2010 年为其第一开发阶段（γ_1），养老机构总供给量大幅增长，新增部分主要为一般社会老年人服务，主导要素为民营机构，民营资本介入养老服务领域并具备一定的规模，占比不断增加，总入住量不断增加，表现出潜力增加、连接度增强、弹性增强的趋势；2011～2016 年为其第二开发阶段（γ_2），养老机构总供给量继续大幅度增长，民营机构大幅增加，但公办机构供给量增长明显放缓，民营机构供给量占比超过公办机构，总入住量不断增加，表现出潜力增加、连接度进一步增强、弹性增强的趋势。

（3）适应性循环过程的动力因素

养老服务制度创新及相关政策提前预备促进了第一适应性循环圈向第二适应性循环圈柔性转换。养老机构需求压力是导致第一适应性循环圈内释放、重组阶段出现的主要动力之一，并对于第二适应性循环圈内部阶段的变化有扰动影响。在第二适应性循环圈内，具体政策、规范的适时完善与调整是延长系统在开发阶段的时间的主要动力。

（4）适应性循环的趋势、特点及发展要求

第二开发阶段（γ_2）需要的适应能力是通过适当方式使系统潜力持续增加，

维持系统稳定。

在需求大于供给且较长时间内都会持续增加的前提下，在市场配置机制下，吸收效率很大程度上决定了系统潜力能否持续增加，决定了该阶段所需要的适应能力的强弱。目前调研的结果显示长沙市养老机构对需求的吸收效率低，迫切需要提升其对需求的吸收效率。

4

第四章 城市系统对差异化需求的吸收结果

由第三章对城市系统应对需求压力的适应性循环过程的分析可知，2011～2016年长沙处于第二适应性循环圈的第二开发阶段（γ_2），应使系统潜力持续增加，维持系统稳定；在需求大于供给及市场化背景下，对需求压力的吸收效率高，市场反应好，就能吸引更多城市资源进入，使系统潜力持续增加，增强其适应能力。因此，城市系统对需求压力的吸收效率成为决定第二开发阶段（γ_2）的适应能力强弱的关键。

吸收效率是由老年人的需求、养老机构供给共同决定的；基于吸收效率，进行供需比较，可以找到影响吸收效率的供给因素及其特征，即吸收结果。本章将主要基于2016年的调研数据，对吸收结果进行分析。

在老年人的需求方面，《全国老龄办民办养老服务机构基本状况调查》显示，影响老年人选择具体养老机构的因素主要是离家的距离、服务内容及水平、居住条件、收费标准等。吴敏的研究发现社区周围建有养老机构等会影响老年人是否入住养老机构。[23]蒋奇磊结合案例研究，发现费用相对老年人承受力过高使部分老年人难以入住养老机构。[24]可见，养老机构的功能、价格、空间布局等是老年人在选择养老机构时主要考虑的方面。同时，不同自然属性的老年人需求会有差异，其中，身体健康状态是导致老年人需求差异的重要因子[67, 200, 201]；老年人的社会属性也会对其养老机构需求产生影响[31, 33]，在城市居住空间分异的趋势下，不同社会属性的人会聚居于不同城市区域，形成不同的社会空间[175]，不同社会空间内的老年人对养老机构的需求呈现明显的差异[41, 43]。因此，将从身体健康状态、社会空间角度切入，分析不同自然属性、社会属性的老年人对于养老机构的功能、价格、空间布局的差异化需求特征。

以老年人对养老机构功能、价格、空间布局的需求为参照，分析养老机构供给的相应内容的特征。由于城市空间非均匀化等现实条件，养老机构供给的相应内容呈现非常复杂的状态，为了便于比较分析，将其进行量化。

并进一步分析养老机构供给的功能、价格、空间布局内容与吸收效率的关系，从而明晰影响吸收效率的供给因素及其特征。其中，将以空置率作为吸收效率的指标，空置率大于30%为高空置，小于或等于30%为低空置。

由于老年人的需求呈现差异化，养老机构供给基于城市实际情况也表现出复杂性，使养老机构供给吸收需求时充满复杂性。为了更深入的分析供给对需求的吸收规律，将从功能、价格、空间布局三个方面，分别研究影响相应吸收效率的供给因素及其特征。其中，由于不同社会空间中老人的需求差异主要表现在空间分布上，因此，在进行空间布局供需比较时，关注不同身体健康状态、不同社会空间中老年人的需求与相应供给的比较；而在功能、价格供需比较时，主要关注不同身体健康状态的老年人的需求与相应供给的比较。

4.1 对功能需求的吸收结果

老年人需求的养老机构功能包含多项功能要素，在现实中，由于城市系统的复杂性、空间非匀质性等特征，养老机构供给的功能要素水平高低起伏较大。那么真正决定不同健康状态的老年人是否入住养老机构的功能要素是什么？该功能要素水平是怎样的？明晰了这些，就确定了影响对功能需求的吸收效率的供给因素及其特征。

在本节研究中，先通过问卷分析不同健康状态的老年人需求的功能要素，并通过 AHP 问卷分析各要素的相对重要程度。再依据现有规范、标准等，提出对养老机构的功能要素水平的量化方法，并对养老机构样本的功能要素水平进行量化。结合老年人入住人数、失能老人占比等指标，分析供给吸收失能、自理老人需求时功能要素的水平变化趋势。最后，分析养老机构的功能要素水平与空置率之间的关系，确定影响对功能需求的吸收效率的供给因素及其特征。

4.1.1 不同健康状态的老年人需求特征：功能要素及重要度问卷分析

（1）对功能要素的需求问卷分析

参考《城镇老年人设施规划规范》《老年人社会福利机构基本规范》等规范中对养老院、护理院等养老机构的定义，养老机构主要功能要素包括居住、医疗与护理、文娱活动等。其中，居住功能包括室内居住环境和室外的自然环境。

共计发放问卷 512 份，其中有效问卷 441 份，包括失能老人 78 人，占有效问卷人数的 17.7%，自理老人 363 人，占有效问卷人数的 82.3%。不同健康状态的老年人对主要功能要素的需求特征见表 4.1。

统计结果显示，失能老人和自理老人最重视的养老机构的功能要素都是医疗与护理、自然环境、室内居住环境等，“文娱活动”选项的重要性较低，因此，我们主要对医疗与护理、自然环境、室内居住环境等基本功能要素进行分析。同时也可以发现，失能老人、自理老人对医疗与护理、自然环境、室内居住环境等基本功能要素的需求排序存在差异（图 4.1）。

不同健康状态的老年人对主要功能要素的需求特征　　表 4.1

健康状态	被访人年龄区间（岁）	区间人数（人）	选择自然环境（人）	选择文娱活动（人）	选择医疗与护理（人）	选择室内居住环境（人）
失能老人（总计 78 人）	60 ～ 69	34	17	7	33	28
	70 ～ 79	24	12	4	21	18
	80 以上	20	13	4	19	16
	小计	78	42	15	73	62
	占比		53.8%	19.2%	93.6%	79.5%
自理老人（总计 363 人）	60 ～ 69	195	120	79	140	87
	70 ～ 79	124	82	44	103	54
	80 以上	44	32	18	40	19
	小计	363	234	141	283	160
	占比		64.5%	38.8%	78.0%	44.1%

注：问卷题目为多选题。

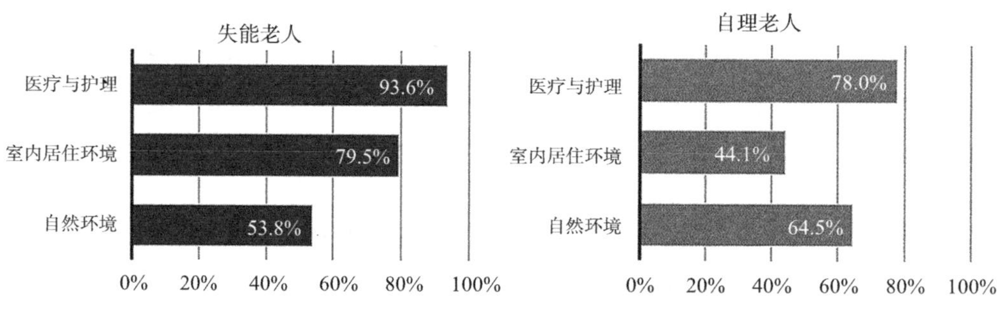

图 4.1　不同健康状态的老年人需求的基本功能要素

失能老人重视的功能要素依次为医疗、护理、室内居住环境、自然环境。同时，在该题目的自主回答一栏，即老年人可以根据自己的需求，填上自己认为很重要但未在备选答案中的功能内容，78 位失能老人仅 1 人作答，希望“伙食好一点”，在一定程度上说明失能老人的个性化需求少，功能需求比较集中于上述基本功能要素。

自理老人重视的功能内容依次为：医疗、护理、自然环境、室内居住环境。

但与失能老人不同的是，在该题目的自主回答一栏，363位自理老人有79位进行了回答，内容包括：伙食要健康，伙食要合口味，服务人员要和善，服务人员要有责任心，可随时进出，与候鸟式养老结合，老人要多一些，有健身设备，有可一起聊天、打牌的朋友，环境要像宾馆一样，和同学、朋友一起住，要在市中心，较多活动空间与设施，入住人数不要太多，交通要便利，居住环境要温馨一些，等等。反映出与失能老人相比，自理老人的需求呈现出个性化、多样性的特征，除了基本的功能要素之外，自理老人还会关注其他的功能要素。

（2）基于AHP的功能要素重要度问卷分析

上述功能要素的问卷分析结果显示，在失能老人中认为室内居住环境重要的人更多，而自理老人中认为自然环境重要的更多，这提示着医疗、护理、室内居住环境、自然环境对于失能、自理老人而言，重要程度可能存在不同。

借助层次分析法（AHP）中的重要度判断的方法，我们再次进行功能要素的重要度问卷，用以明晰医疗、护理、室内居住环境、自然环境等四项基本功能要素在失能、自理老人心中的相对重要程度。其中针对失能老人共发放问卷40份，有效问卷32份，针对自理老人共发放问卷53份，有效问卷48份。

运用AHP层次分析法对失能、自理老人的问卷结果进行量化计算，其结果即为失能、自理老人对各功能要素的需求权重。具体计算方法如下：

①功能要素成对比较，建立判断矩阵 $A=a_{ij}$（i，j=1，2，…，n），见表4.2

功能要素AHP成对比较表 **表4.2**

	医疗功能	护理功能	室内居住环境	自然环境
医疗功能	1（a_{11}）	a_{12}	a_{13}	a_{14}
护理功能	a_{21}	1（a_{22}）	a_{23}	a_{24}
室内居住环境	a_{31}	a_{32}	1（a_{33}）	a_{34}
自然环境	a_{41}	a_{42}	a_{43}	1（a_{44}）

②运用和积法对判断矩阵进行计算，按列归一化，即求

$$\overline{a}_{ij}=\frac{a_{ij}}{\sum_{k=1}^{n}a_{kj}} \quad i，j=1，2，\cdots，n， \tag{4.1}$$

③将归一化后的矩阵的同一行各列相加，即

$$\overline{w}_i=\sum_{j=1}^{n}\overline{a}_{ij}，\ i=1，2，\cdots，n， \tag{4.2}$$

④相加后向量除以 n 得到权重向量，即

$$w_i = \bar{w}_i / n \text{，} i=1\text{，}2\text{，}\cdots\text{，}n\text{，} \quad (4.3)$$

⑤计算出最大特征根为：

$$\lambda_{\max} = \frac{1}{n}\sum_{i=1}^{n}\frac{(Aw)_i}{w_i} \quad (4.4)$$

⑥对判断矩阵的一致性检验，计算出一致性指标：

$$\text{C.I.}=(\lambda_{\max}-n)(n-1) \quad (4.5)$$

确认随机一致性指标 R.I. 的值（n=4，R.I.=0.89），一致性比例 C.R.=C.I./R.I.，若 C.R. < 0.1，则矩阵一致性检验通过，否则需要对矩阵进行修正。

⑦通过上述步骤，逐一计算出每一位被调查者对各功能要素的需求权重，均通过一致性检验。将失能老人和自理老人分类统计，对各功能要素的需求权重取平均值，得到整体的功能要素的需求权重（表 4.3）。

不同健康状态的老年人对功能要素的需求权重　　表 4.3

健康状态	医疗需求权重	护理需求权重	室内居住环境需求权重	自然环境需求权重
失能老人	0.436	0.305	0.144	0.116
自理老人	0.300	0.122	0.232	0.346

计算结果显示：失能老人对医疗、护理的重视度非常高，而自理老人则更重视自然环境、医疗。这为进一步分析影响养老机构吸收失能、自理老年人需求的供给因素提供了重要依据。

4.1.2 功能要素水平的量化评分标准、模型及计算

（1）量化评分的基本方法与指标选取

基于现实条件，由于自然环境、医院、可供利用的房屋资源等城市空间资源分布不均匀、机构定位差异等原因，使养老机构的功能供给呈现极为复杂的状态，为了便于分析与比较，对机构的功能要素水平进行量化评分。

各项功能要素水平的量化评分遵循定性分析和数据量化相结合的原则，量化评分均采用 10 分制。

首先，以相关规范、标准对养老机构自身的功能要素的要求为基准，将其分为优秀、中等、一般三个级别。若达到相应要求，为中等级别，分值区间为大于

或等于 6 分、小于 8 分；若高出相应要求，为优秀级别，分值区间为大于或等于 8 分、小于等于 10 分；若低于相应要求，为一般级别，分值区间为小于 6 分（表 4.4）。

功能水平级别及分值区间 表 4.4

级别	分值区间	基础分
优秀	8 ≤分值≤ 10 分	8
中等	6 ≤分值＜ 8 分	6
一般	0 ≤分值＜ 6 分	4

再根据各功能要素的特性，采用不同的评分方法，确定其具体的功能水平分值。对医疗、自然环境采用级别基础分加分方法进行量化评分；护理和室内居住环境采用级别区间内量化评分的方法。其中，基础分加分方法是：在各级别的基础分上，按某一养老机构周边可利用的城市资源对其功能水平的提升程度来加分，加分档次为一般明显（0.4 分）、比较明显（0.8 分）、明显（1.2 分）、非常明显（1.6 分）。级别区间内量化分值的基本原理是：计算每单位的功能要素指标对应的分值，以此为基准，设置数学模型，通过计算确定功能要素的水平分值。

在功能要素指标选取方面，参考相关规范中的指标类型，同时结合实际情况，确定主要指标，并尽可能对主要指标的复杂情况进行合理的量化。具体来讲，在医疗功能方面，有无健康监护、急救能力等是判断其水平的重要标准，有无医务人员、医院配备是具体的判断指征，以此为指标进行分级，获得级别的基础分，同时将其附近的医院资源作为加分指标，综合二者对其进行量化；在自然环境功能方面，采用绿地率作为反映其自身自然环境功能水平的主要指标，但由于城市自然环境的复杂性等原因，相当一部分养老机构只能估算其绿地率的大致水平，因此采用基于绿地率指标进行分级的方法，获得级别的基础分，再将其附近的城市绿化资源、所在区位的空气洁净程度作为加分指标，综合二者对其进行量化。护理功能以护理比为其指标，其为老年人分配到的护理量的指征，可以最有效地反映护理状态。室内居住环境功能以人均建筑面积为其指标，其为居住舒适度的重要指征，是规划时要考虑的硬性指标。

（2）医疗功能水平的量化评分标准

医疗功能水平是对养老机构及其周边可利用的医疗资源总量的反映。依据《长沙市养老机构管理办法（试行）2015》的规定："养老机构内设的医疗机构应按照卫生行政部门要求配置医务人员；未内设医疗机构的，至少应配置 1 名有合法资质、5年以上临床经验的医务人员为老年人提供卫生保健和健康管理服务。”这项规定反映出养老机构应具备对老年人健康的监护功能。依据该规定要求并结合实际调研情况，将养老机构分为三个级别：机构自带医院、有医护人员、无医护人员，分别对应为优秀、中等、一般级别，具有不同的功能级别特征（表4.5）。

医疗功能水平分级标准　　表4.5

级别	基础分	分级指标	级别特征
优秀	8分	自带医院	能为老人提供良好的医疗服务，提供比较全面的健康监护，对突发病症具备即时抢救能力
中等	6分	有医护人员	能为老人提供日常健康监护，对突发病症能进行即时的应急处置
一般	4分	无医护人员	不能为老人提供日常健康监护，对突发病症无处置能力

养老机构周边拥有城市医院资源多寡，对于其整体的医疗功能水平有一定的影响和提升效果，尤其是老年人选择养老机构时，会将其作为重要的因素，因此，以其附近的医院资源作为加分指标。老年人对养老机构的医疗需求表现为健康监护、急救、诊疗等。其中，急救是关乎老年人生命安全的重要医疗功能[38]，因此，如果自身没有配备医院，养老机构附近是否具备具有一定抢救能力的医院是非常重要的。一般来讲，黄金抢救时间是4～6分钟，依据城市车行平均速度，若养老机构距离医院在2.5公里以内，意味着具有较好的抢救时机。结合医院的诊疗水平来看，一般认为二级及以上综合医院或相关专科医院具备手术等抢救功能，因此，养老机构附近（2.5公里以内）若有二级及以上医院，予以加分。因为三级医院的综合诊疗能力（尤其是抢救能力）要大大优于二级医院[202]，因此2.5公里以内有三级医院对于养老机构的医疗功能水平提升无疑是非常明显的（+1.6分），二级医院对医疗功能的提升效果比较明显（+0.8分）。

除了监护、急救等医疗功能，老年人可能会出现非紧急型疾病并需要诊疗。实地调研发现，老年人出现一般的普通老年病症状，社区医院往往会派出医生诊疗，但若是比较严重的病症，则会进到医院进行诊疗。老年人病症一般具备复杂性，具备较高综合能力的医院才可较好应对。诊疗功能属于日常生活范畴，其重要度比急救功能要低。通常来讲，较方便的日常生活空间范围为车行10分钟距离（约5公里）。因此，若附近（距离养老机构2.5～5公里）有三级及以上综合医院或相关专科医院，认为其对养老机构医疗功能的提升一般明显（+0.4分）（表4.6）。

医疗功能水平加分标准　　表 4.6

影响程度	加分值	加分指标	影响特征
非常明显	1.6 分	机构周边 2.5 公里内有三级医院，该加分不与其他加分项累加	具有及时和优质的急救能力，并提供良好的诊疗服务
比较明显	0.8 分	机构周边 2.5 公里内有二级医院，该加分项可与一般明显加分项累加	具有比较及时的急救能力，能提供普通的诊疗服务
一般明显	0.4 分	机构周边 2.5～5 公里范围内有三级医院	能提供良好、全面的诊疗服务

（3）护理功能水平的量化评分模型

护理功能水平是对养老机构对入住老人的护理水平的反映，以护理比作为其主要指标。护理比即养老机构护理员与实际入住老人人数的比值。以《长沙市养老机构管理办法（试行）2015》为基准，确定中等级别的护理比区间、分值区间，护理比区间上、下限值的差为护理比差值，分值区间上、下限值的差为分值差值。分值差值除以护理比差值，得到单位护理比对应的分值（表 4.7）。

中等护理功能水平的护理比及分值区间　　表 4.7

健康状态	护理比区间	分值区间	护理比差值	分值差值	每单位护理比对应的分值
失能老人	1:4.12—1:2.10	6 ≤分数＜ 8	0.233	2	8.584
自理老人	1:13.33—1:6.67	6 ≤分数＜ 8	0.075	2	26.667

注：表中护理比区间为中等级别区间，大于等于上限值为优秀级别，小于下限值为一般级别。

由表 4.7 可知中等护理功能水平的护理比区间上限值（失能老人 1:2.1，自理老人 1:6.67）、区间分值上限值（为 8 分）、单位护理比的分值（失能老人 8.584，自理老人 26.667）。若养老机构的护理员数为 a_i（i=1，2，…，n），失能老人数为 b_i（i=1，2，…，n），自理老人数为 c_i（i=1，2，…，n），设养老机构的失能老人的护理功能水平分值为 x_i（i=1，2，…，n），自理老人的护理功能水平分值为 y_i（i=1，2，…，n），照顾失能老人的护理员人数 z_i，照顾自理老人的护理人数则为 a_i-z_i，计算公式如下：

$$x_i = 8 + \left(\frac{z_i}{b_i} - \frac{1}{2.1}\right) \times 8.584 \quad i=1，2，\cdots，n \tag{4.6}$$

$$y_i = 8 + \left(\frac{a_i - z_i}{c_i} - \frac{1}{6.67}\right) \times 26.667 \quad i=1，2，\cdots，n \tag{4.7}$$

若养老机构只有失能老人或自理老人，可通过上述公式直接计算出护理功能水平的分值。若养老机构既有失能老人又有自理老人，则假定该机构的护理员合理分配给失能和自理老人，则对失能老人的护理功能水平分值 x_i 应等于对自理老人的护理功能水平分值 y_i，则得到如下等式：

$$8+\left(\frac{z_i}{b_i}-\frac{1}{2.1}\right)\times 8.584=8+\left(\frac{a_i-z_i}{c_i}-\frac{1}{6.67}\right)\times 26.667 \quad i=1，2\cdots n，z_i\neq 0，a-zi\neq 0 \tag{4.8}$$

推导得出：

$$z_i=\frac{26.667a_ib_i+0.09b_ic_i}{8.584c_i+26.667b_i} \tag{4.9}$$

求出 z_i，代入

$$x_i=8+\left(\frac{z_i}{b_i}-\frac{1}{2.1}\right)\times 8.584 \tag{4.10}$$

得到失能老人的护理功能水平分值，即为养老机构的护理功能水平分值。

（4）室内居住环境功能水平的量化评分模型

室内居住环境功能水平是对养老机构室内居住舒适度的反映，以人均建筑面积为其指标，人均建筑面积 = 养老机构建筑面积 / 床位数。

目前，国家关于养老机构的室内人均居住面积的建设规范和标准要求等比较多，且随着经济发展和对养老问题的关注，其规范标准也在逐步提高。综合国内有关规范和标准，结合长沙市的实际情况和建造时间等实际情况，确定以下分级标准（表 4.8）。

中等室内居住环境功能水平的指标及分值区间　　表 4.8

养老机构类型	人均建筑面积区间（m^2/ 人）	分值区间	人均建筑面积差（m^2/ 人）	分值差	每单位指标对应的分值
护理院（含自带医院的养老院）	42.5 ≤人均面积＜ 50	6 ≤分数＜ 8	7.5	2	0.267
无医院的养老院	25 ≤人均面积＜ 40	6 ≤分数＜ 8	15	2	0.133

根据所采集的养老机构的人均建筑面积数据，按养老机构类型，进行级别区间内量化分值。若养老机构的人均居住面积为 a_i（i=1，2，…，n），护理院（含自带医院的养老院）的室内居住环境功能水平分值为 x_i，无医院的养老院的室内居住环境功能水平分值为 y_i，则具体计算公式如下：

$$x_i=8+(a_i-50)\times 0.267 \quad i=1，2，\cdots，n， \tag{4.11}$$

$$y_i=8+(a_i-40)\times 0.133 \quad i=1，2，\cdots，n \tag{4.12}$$

注：计算分值若大于 10 分，以 10 分计。

在问卷中，有些自带医院的养老机构的医院和养老院是各自独立的部分，在计算养老机构建筑面积时，没有计入其医院的建筑面积，该情况下，参考无医院的养老院的标准进行量化。

（5）自然环境功能水平的量化评分标准

老年人对自然环境质量最关注的方面是空气质量[203]。含氧量、负氧离子是空气质量的关键指标，与养老机构附近的绿化数量成正比。同时，空气洁净度对于健康来讲极为重要[204]。从养老机构的绿化资源、空气洁净度来对自然环境功能水平进行量化。

养老机构的绿化资源包括其自身的绿化资源和可以利用的城市绿化资源。采用绿地率作为主要指标，反映其自身拥有的绿化资源；同时考虑到城市绿化分布的复杂性等原因，使不少养老机构周边环境的绿地率只能估算其大致水平，因此采用绿地率作为功能水平分级指标，其可利用的城市绿化资源作为加分指标，并将养老机构所在区位的空气洁净度作为加分指标。

以达到日常居住需求的绿地率水平为达标标准，按照《城市居住区规划设计规范（2016 修订版）》对绿地率的规定，新区建设不应低于 30%，旧区改建不宜低于 25%，《长沙市城市规划标准与准则》也采用了该标准。以医院或疗养院的绿地率水平为优秀标准，《长沙市城市绿地系统规划（2003～2020）》提出医院、疗养院的绿地率应大于等于 40%。对于养老机构附近的空间范围，参考社区规模的空间范围，社区规模即为居住小区规模，参考《城市居住区规划设计规范（2016 修订版）》规定，取居住小区人口为 10 000 人，取相应的 III 气候区内的人均用地指标均值 $25m^2$/ 人左右，可估算居住小区面积约为 $250\ 000m^2$，服务半径为 250 米左右的空间范围，因此，以养老机构服务半径 250 米范围内的绿地率水平作为级别划分的标准（表 4.9）。

自然环境功能水平分级标准　　表 4.9

评分等级	基础分	分级指标
优秀	8 分	服务半径 250 米范围内的绿地率≥ 40%
中等	6 分	30% ≤服务半径 250 米范围内的绿地率＜ 40%，25% ≤服务半径 250 米范围内的绿地率＜ 40%（旧城区）
一般	4 分	服务半径 250 米范围内的绿地率＜ 30%，服务半径 250 米范围内的绿地率＜ 25%（旧城区）

同时考虑城市绿化的不均匀性，养老机构周边若存在大中型城市绿地，对其空气质量的提升有一定作用。城市绿地的规模、生态功能是其提升能力的关键。参考《城市绿地分类标准》《公园设计规范 GB 51192—2016》《北京市公园设计规范》等，依据城市绿地的生态功能和规模，分为大规模生态型城市绿地（80公顷以上）、大中规模城市绿地（10公顷以上）、小规模城市绿地（10公顷以下）3类。大规模生态型城市绿地是指植被覆盖较好、山水地貌较好、偏重生态环境保护的城市绿地，风景名胜区、水源保护区、郊野公园、森林公园、自然保护区、风景林地、城市绿化隔离带、野生动植物园、湿地等都属于此类；大中规模城市绿地是指10公顷以上的城市绿地，主要包括综合及专类公园、单位附属绿地等；小规模城市绿地是指10公顷以下的城市绿地，包括居住区级公园、社区公园、街旁绿地等。结合规模、生态功能来看，大规模生态型城市绿地对空气含氧量、负氧离子的贡献最大，大中规模城市绿地次之，小规模城市绿地最小。因此，若在距离养老机构250～500米范围内有大规模生态型城市绿地，认为其对养老机构环境功能的水平提升有比较明显的作用（+0.8分）；若在距离养老机构250～500米范围内有大中规模城市绿地，认为其对养老机构环境功能的水平提升有一般明显的作用（+0.4分）。

一般来讲，城市郊区因为污染排放相对较小，其洁净度较好。刘检琴运用AQI指数来评价长沙市的大气污染空间分布状态，发现依据《环境空气质量标准（2012）》，远郊、近郊区和中心区处于同一空气质量级别，但远郊大气环境质量普遍优于近郊区和中心区[205]，AQI指数有一定差异，而近郊区和中心区的AQI指数相差不大。因此，认为地处远郊对养老机构的自然环境功能水平的提升有一般明显的影响（+0.4分）（表4.10）。

自然环境功能水平加分标准 **表 4.10**

影响程度	加分值	加分指标
比较明显	0.8分	养老机构周边250～500米内有大规模生态型城市绿地。该项可与空气洁净度项累加分值
一般明显	0.4分	养老机构周边250～500米内有大中规模绿地。该项可与空气洁净度项累加分值
一般明显	0.4分	空气洁净度：地处远郊，空气洁净度好。该项可与绿地项累加分值

（6）量化评分结果

根据功能要素的量化评分标准和模型，对长沙市市区的40家养老机构的功能要素水平进行量化评分（表 4.11），显示养老机构的功能要素水平及其组合是非匀质的，具有复杂性。

养老机构功能要素水平的量化结果 **表 4.11**

机构代码	失能老人占比（%）	空置率（%）	床位数（床）	入住人数（人）	失能老人数（人）	自理老人数（人）	医疗功能水平	护理功能水平	室内居住环境功能水平	自然环境功能水平
A005	100.0	4.2	240	230	230	0	8.00	7.65	10.00	9.2
A008	100.0	10.2	206	185	185	0	7.60	6.00	5.39	4
A014	100.0	23.8	21	16	16	0	7.20	6.60	5.32	6
A016	100.0	27.8	36	26	26	0	6.00	6.23	5.44	6
A024	100.0	35.9	78	50	50	0	7.60	6.49	5.23	6.8
A040	100.0	91.7	600	50	50	0	8.40	6.15	6.22	8.8
A003	97.3	2.1	756	740	720	20	9.60	6.10	10.00	8.4
A034	96.2	56.7	120	52	50	2	6.80	6.97	6.56	8.8
A012	95.0	13.0	23	20	19	1	7.60	6.14	5.10	6
A025	93.6	0.0	998	934	64	40	9.60	6.33	5.28	6
A007	85.2	10.0	30	27	23	4	7.60	8.16	5.56	6
A028	84.2	40.6	32	19	16	3	8.40	6.45	6.83	4.4
A026	80.5	37.9	66	41	33	8	7.60	5.37	4.69	4.4
A018	80.0	29.6	206	145	116	29	5.60	5.09	5.00	4
A031	79.2	51.0	98	48	38	10	6.00	5.17	4.84	8.8
A019	78.6	30.0	100	70	55	15	6.00	5.64	6.27	9.2
A002	76.9	0.0	13	13	10	3	7.60	7.83	4.72	6.4
A004	72.4	3.3	150	145	105	40	9.60	6.04	5.28	8
A029	71.4	47.5	80	42	30	12	4.80	6.97	10.00	6.8
A039	71.4	86.0	50	7	5	2	7.60	10.00	6.67	4
A030	70.4	49.0	702	358	252	106	8.40	6.06	10.00	8.8
A017	64.8	29.0	300	213	138	75	6.80	6.15	7.11	8
A038	52.9	78.8	80	17	9	8	4.00	5.42	6.83	4.4
A010	52.2	11.8	102	90	47	43	8.00	6.19	8.63	8.8
A013	50.9	19.7	142	114	58	56	7.60	6.64	5.11	8.4
A011	50.0	12.3	228	200	100	100	9.60	6.86	7.13	8.8
A032	42.9	53.3	150	70	30	40	4.00	6.34	6.22	9.2

机构代码	失能老人占比（%）	空置率（%）	床位数（床）	入住人数（人）	失能老人数（人）	自理老人数（人）	医疗功能水平	护理功能水平	室内居住环境功能水平	自然环境功能水平
A033	41.5	54.4	90	41	17	24	4.00	7.07	5.93	6
A009	38.9	11.8	102	90	35	55	5.60	5.41	10.00	6.8
A001	33.3	0.0	120	120	40	80	7.60	6.17	10.00	8
A020	30.2	30.6	248	172	52	120	7.60	6.04	5.25	6
A035	22.7	65.0	628	220	50	170	8.00	6.42	8.28	9.2
A015	20.0	24.5	53	40	8	32	5.60	7.25	6.19	6.4
A021	20.0	31.8	22	15	3	12	5.60	7.71	7.70	4.4
A027	13.3	40.0	500	300	40	260	6.00	5.01	6.13	9.2
A006	12.5	10.0	80	72	9	63	5.60	7.49	7.67	4
A037	12.0	75.0	500	125	15	110	6.00	6.53	5.60	9.2
A036	10.5	72.1	68	19	2	17	4.00	6.27	6.59	9.2
A023	0.0	35.5	31	20	0	20	6.00	9.33	7.18	9.2
A022	0.0	35.3	116	75	0	75	7.60	6.40	6.52	6
总计 / 均值	66.3	35.2	8165	5295	3616	1679	6.92	6.55	6.71	7.05

4.1.3 供给吸收不同健康状态的老年人需求时功能要素水平变化趋势

大多数养老机构都可以同时接收失能老人、自理老人，但其会吸收失能老人需求还是吸收自理老人需求，与其功能要素的水平是否有关系？如果有，提示可以对其进行分类。因此，选择失能老人占比为指标，对其进行分组，观察随着失能老人占比水平的变化，各功能要素的水平变化（表 4.12，图 4.2）。

失能老人占比与相应功能要素水平　　表 4.12

入住失能老人占比	机构数量（个）	床位数（床）	入住人数（人）	失能老人数（人）	自理老人数（人）	空置率（%）	医疗功能水平均值	护理功能水平均值	室内居住环境功能水平均值	自然环境功能水平均值
失能老人≥ 80%	14	3412	2599	2468	131	23.8	7.69	6.41	6.19	6.34
50% ≤失能老人＜ 80%	12	2045	1317	847	470	35.6	7.17	6.58	6.88	7.53

续表

入住失能老人占比	机构数量（个）	床位数（床）	入住人数（人）	失能老人数（人）	自理老人数（人）	空置率（%）	医疗功能水平均值	护理功能水平均值	室内居住环境功能水平均值	自然环境功能水平均值
20% ≤失能老人＜ 50%	8	1413	768	235	533	45.6	6.00	6.55	7.45	7.00
失能老人＜ 20%	6	1295	611	66	545	52.8	5.87	6.84	6.61	7.80
合计	40	8165	5295	3616	1679	35.2	6.92	6.55	6.71	7.05

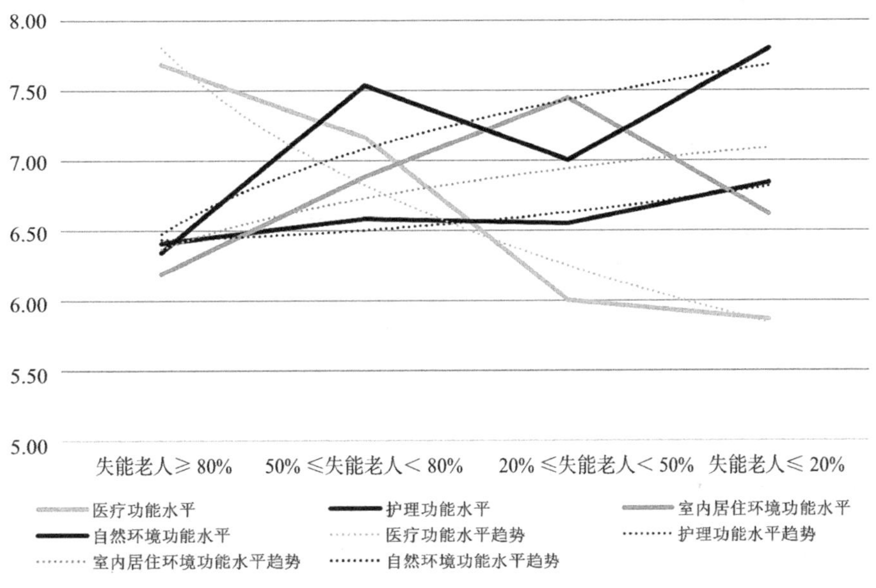

图 4.2　失能老人占比变化与功能要素水平变化

分组结果显示：随着失能老人占比下降，医疗功能水平呈明显的下降趋势，护理、室内居住环境、自然环境功能水平则呈现出上升趋势，说明主要吸收失能老年人需求的机构与主要吸收自理老年人需求的机构的功能要素水平有较明显的差异。这与基于 AHP 的功能要素重要度的分析结果也比较吻合。

上述分析显示，主要吸收失能老年人需求的机构与主要吸收自理老年人需求的机构的功能要素水平有较明显的差异。因此，依据失能老人占比，将养老机构划分为主要服务失能老人的养老机构和主要服务自理老人的养老机构两大类，以便更好地对吸收不同健康状态的老年人需求的供给特征进行分析。以入住失能老人占比为标准，若入住失能老人占比≥ 50%，其为主要服务失能老人的机构，若入住失能老人占比＜50%，其为主要服务自理老人的机构。

4.1.4 供给对失能老人功能需求的吸收结果

（1）吸收效率与功能要素水平的关系

依据上述划分标准，主要服务失能老人的养老机构有26家，入住失能老人达3315人，占到40家机构全部入住失能老人总数的91.7%，其吸收结果基本可以代表养老机构对失能老人功能需求的吸收结果。

为了明晰影响吸收效率的功能要素，按低空置率（≤30%）和高空置率（>30%）分为两组，并按空置率递增再分组统计（表4.13，图4.3）

低空置和高空置的服务失能老人机构的功能要素水平　　表4.13

主要服务失能老人的养老机构分组		机构数量（个）	失能老人数（人）	失能老人占比（%）	医疗功能水平均值	护理功能水平均值	室内居住环境功能水平均值	自然环境功能水平均值
低空置率	空置率≤10%	6	2022	93.9	8.67	7.02	6.81	7.33
	10%＜空置率≤20%	5	409	67.2	8.08	6.37	6.27	7.20
	20%＜空置率≤30%	5	351	74.7	6.32	5.94	5.83	6.64
	小计	16	2782	85.1	7.75	6.48	6.33	7.08
高空置率	30%＜空置率≤70%	7	469	76.9	7.09	6.21	6.88	6.97
	70%＜空置率≤100%	3	64	86.5	6.67	7.19	6.57	5.73
	小计	10	533	77.9	6.96	6.50	6.79	6.6
总计/均值		26	3315	84.7	7.45	6.49	6.51	6.89

通过分组分析，发现随着空置率的上升，养老机构的医疗功能水平下降趋势明显，自然环境功能水平也呈下降趋势，护理、室内居住环境功能水平变化趋势则不明显。

运用SPSS 20.0对26家养老机构的空置率和四项基本功能要素水平进行相关性分析（表4.14）。其中，除医疗的Sig值＜0.05，表示医疗功能水平与空置率相关性显著外，其他三个功能要素的Sig值均＞0.05，提示其与空置率不具有明显的相关性，医疗功能水平与空置率相关系数为-0.449，呈现出中度负相关性，即医疗功能水平下降，空置率上升。

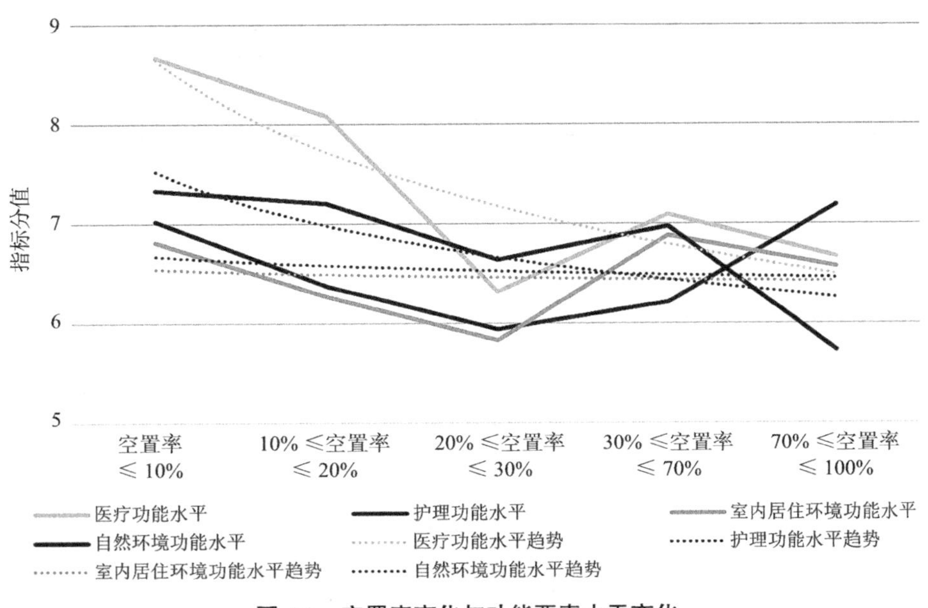

图 4.3　空置率变化与功能要素水平变化

空置率与功能要素水平的相关性分析结果　　表 4.14

			空置率	医疗功能水平	护理功能水平	室内居住功能水平	自然环境功能水平
Spearman 的 rho	空置率	相关系数	1.000	-.449*	-.166	.109	-.025
		Sig.（双侧）	.	.021	.418	.596	.903
	医疗功能水平	相关系数	-.449*	1.000	.169	.193	.223
		Sig.（双侧）	.021	.	.410	.345	.274
	护理功能水平	相关系数	-.166	.169	1.000	.251	.078
		Sig.（双侧）	.418	.410	.	.216	.704
	室内居住功能水平	相关系数	.109	.193	.251	1.000	.378
		Sig.（双侧）	.596	.345	.216	.	.057
	自然环境功能水平	相关系数	-.025	.223	.078	.378	1.000
		Sig.（双侧）	.903	.274	.704	.057	.

*. 在置信度（双测）为 0.05 时，相关性是显著的。
列表方式 N=26。

依据医疗功能水平分值，进一步对养老机构进行分组统计（表 4.15），发现医疗功能水平 8 分以上的机构中的失能老人占到所调研样本失能老人总数的 67.9%，6 分以上的机构则占到 87.4%，进一步佐证医疗功能水平对失能老人是否入住养老机构有较大影响。

医疗功能水平与入住失能老人总数的关系　　　表 4.15

主要服务失能老人机构的医疗功能水平	机构数量（个）	入住失能老人数（人）	占 26 家失能老人总数的比例（%）	占 40 家失能老人总数的比例（%）
分值≥ 8 分	9	2454	74.0	67.9
6 分≤分值 <8 分	14	706	21.3	19.5
分值 <6 分	3	155	4.7	4.3
总计	26	3315	100.0	91.7

通过上述分析，发现医疗功能水平是影响对失能老人功能需求的吸收效率的供给因素，与基于 AHP 的问卷结果显示的失能老人明显侧重医疗水平的功能需求基本吻合。

再仔细观察低空置的养老机构，发现有一个特例 A018，其医疗功能水平低，为 5.6 分，意味着其医疗功能水平未达到基本标准，但其空置率很低。那么是什么原因导致这样的结果？其中还蕴含着什么别的原因使其在医疗水平很低的情况下，仍然能较好地吸收失能老人的功能需求？我们对 A018 机构进行进一步的研究。A018 为宗教组织举办的慈善型养老机构，其宗教性质是否是提高其吸收效率的关键？2017 年 6 月，笔者前往该机构对负责人进行了访谈，并对入住老人进行了随机的贯序访谈。负责人谈及该机构的发展："我们这里最开始的时候是只服务信徒的，大概是 90 年代中期，开始向社会开放，然后入住的信徒慢慢地减少，社会老人开始增多，但是因为信徒一般不会迁出，一般是老人（信徒）去世了（才会离开），到 2010 年左右，大半的老年人还是信徒，最近几年，老的（信徒）陆陆续续地去世的较多，这里入住的社会老人才慢慢变多了。"因此，对入住老人分为信徒和非信徒进行随机访谈，了解其入住的原因，随机访谈了 12 位入住老人，宗教信仰者 4 位，其他 8 位为非该宗教信仰者，访谈结果表明，宗教信仰者入住是源于信仰的缘故，而非该宗教信仰者入住与以下原因有关：对宗教组织举办的机构有更大的信任，因为其服务人员心地多比较善良；其为慈善机构，价格比较便宜，养老金不高，可以支付得起；位置好，子女过来很方便。这表明，宗教慈善可以在一定程度上增强机构对失能老人需求的吸收能力。除去特例 A018，其他的低空置机构的医疗功能水平为 6 分及以上。

同时，参考 AHP 调查结果，护理功能是失能老人第二重视的功能要素。观察 26 家主要服务失能老人的养老机构，其护理指标在 6 分（中等水平）以上的机构有 21 家，占到 81%，低于 6 分的机构仅 5 家。在低于 6 分的机构中，A018

是宗教慈善机构，具有特异性，A019 机构为区级政府举办的公办机构，其中居住的老年人为城市特困老人（即三无老人），全部由政府出资供养，也具有一定特殊性；剩下的 3 家均为高空置机构。而低空置的养老机构，除了两个特例 A018、A019，其他机构的护理水平为 6 ～ 8.16 分，均值 6.64 分。同时，关于护理水平有一些需要说明。数据分析显示失能老人占比越高，护理功能水平的分值反而变低。这与失能老人护理比的标准较高，而自理老人护理比的标准较低有很大关系，在二者的护理功能水平的分值相同的情况下，养老机构为之付出的成本是完全不同的。在入住人数相同的情况下，失能老人占比大的机构，相较于自理老人占比大的机构，需要的护理员多得多。因此，对主要服务失能老人的养老机构而言，其要达到中等水平及以上是不易的，也说明失能老人在选择养老机构时对护理水平是有一定要求的。

对于室内居住环境、自然环境，16 家低空置养老机构并未表现出明显的共同特征，其离散程度较大，说明老年人对室内居住环境、自然环境功能水平的包容度较大。其中，居住功能水平的分值范围为 4.72 ～ 10 分，6 分以下的有 9 家，占比 56%；自然环境功能要素分值范围为 4 ～ 9.2 分。

（2）影响对失能老人的功能需求的吸收效率的供给因素及特征

通过上述分析，我们发现影响对失能老人功能需求的吸收效率的供给因素是医疗、护理功能水平，机构的医疗功能水平分值越高，吸收效率越高，空置率也就越低；而医疗功能水平分值越低，机构对失能老人功能需求的吸收效率相应变低，空置率也相应增高。失能老人对护理功能水平也有一定要求，过低的护理功能水平（低于 6 分）会使机构的吸收效率明显变差。除此之外，宗教慈善机构的性质可以在一定程度上增强机构对失能老人需求的吸收能力。

4.1.5 供给对自理老人功能需求的吸收结果

依据划分标准，在 40 家调研样本中，主要服务自理老人的养老机构有 14 家，入住自理老人 1078 人，占到 40 家机构全部入住自理老人总数的 64.2%，其吸收结果基本可以代表养老机构对自理老人功能需求的吸收结果。

（1）影响吸收效率的功能要素分析

为了明晰影响吸收效率的功能要素，对低空置率（空置率≤ 30%）和高空置率（空置率 >30%）的机构进行分组（表 4.16）：

低空置和高空置的服务自理老人机构的功能要素水平　　表 4.16

主要服务自理老人的养老机构分组	机构数量（个）	自理老人数（人）	自理老人占比（%）	医疗功能水平均值	护理功能水平均值	室内居住环境功能水平均值	自然环境功能水平均值
低空置率（空置率≤ 30%）	4	230	71.4	6.10	6.58	8.46	6.3
高空置率（空置率 >30%）	10	848	80.2	5.88	6.71	6.54	7.76
总计 / 均值	14	1078	78.2	5.94	6.67	7.09	7.34

结果显示：高空置和低空置机构的医疗、护理功能水平的均值差异较小，分别为 0.22 分和 0.13 分，室内居住环境功能水平均值差异较大，低空置机构比高空置机构高 1.92 分，而不太符合逻辑的是自然环境功能水平均值与空置率的关系，高空置机构比低空置机构高 1.46 分。

而依据 AHP 问卷结果，自理老人对于四项基本功能要素的重视度排序中，自然环境是最重要的（表 4.3）；同时，供给在吸收失能、自理老人需求时功能要素水平变化趋势显示，随着养老机构中入住自理老人占比的提高，其自然环境功能水平呈上升趋势（图 4.2）。以上均说明，对自理老人而言，自然环境是四项基本功能要素中最重要的，其水平越高，越有利于供给吸收相应需求。

进一步观察入住养老机构的人数，发现入住养老机构的自理老人数随自然环境功能水平升高明显增加，而且自然环境功能水平高的机构中入住了绝大部分的自理老人（表 4.17）。这提示着自然环境功能水平较高的养老机构的高空置现象与其规模有关。

自然环境功能水平与入住自理老人数的关系　　表 4.17

主要服务自理老人机构的自然环境功能水平	机构数量（个）	入住自理老人数（人）	占 14 家自理老人总数的比例（%）
评分≥ 8 分	7	697	64.7
6 分≤评分 <8 分	5	306	28.4
评分 <6 分	2	75	6.9
总计	14	1078	100.0

功能要素需求问卷的结果分析（见 4.1.1）显示，自理老人的功能需求呈现出个性化、多样性的特征，除了基本的功能要素，还会关注其他的功能要素，比较典型的关注点有：区位、饮食、活动、室内环境的氛围、同住的人，等等。仔

细观察低空置的主要服务自理老人的养老机构（表 4.11），其各功能要素水平其实差异较大，但都位于中心区，且均为中小规模，以上供给特征在一定程度上可满足一部分对区位要求较高的自理老人的需求，从而形成较高的吸收效率。

由上述分析可知，自理老人在总体上比较重视自然环境，但同时其需求具有多样性、个性化特征。因此，如果同质功能的机构规模过大，即便其自然环境较好，也将不利于吸收自理老人个性化、多样化的需求，从而导致高空置养老机构的出现。比如，A035、A037、A027 这三家机构，其入住自理老人人数分别为 155 人、110 人、260 人，共入住自理老人 525 人，且其价格及性价比也不存在问题（表 4.19），但其规模均大于 300 床，3 家机构规模总计 1628 床，总空置率高达 61%。因此，主要服务自理老人的同质功能的养老机构规模不宜过大，将有利于供给吸收功能需求。

同时，依据 AHP 问卷结果，自理老人认为医疗的重要性仅次于自然环境。由上面的分析可知，对于主要服务自理老人的机构而言，高空置与机构规模有直接关系，但若该类机构入住人数较多，则说明其各功能要素水平并未存在明显缺陷。因此，选择低空置和入住人数较多的主要服务自理老人的机构，来共同归纳能较好吸收自理老人医疗功能需求的供给特征。主要服务自理老人的 14 家机构共入住自理老人 1078 人，对其平均入住人数取整为 80 人，以 80 人为标准，入住自理老人 80 人以上为入住人数较多者。低空置和入住人数较多的机构一共有 8 家（表 4.11），其医疗功能水平分值的均值为 6.75 分，最低分值为 5.6 分（即养老机构本身没有医务人员，但附近有三级城市医院），明显低于低空置的主要服务失能老人的机构的医疗功能水平均值（7.75 分）及最低分值（6 分），这表明自理老人因身体条件相对较好，其可接受的医疗功能水平降低，但并不意味自理老人对机构医疗功能水平没有要求。在 14 家主要服务自理老人的机构中，医疗功能水平分值低于 5.6 分的机构仅 3 家（均为 4 分），即机构本身没有医务人员，附近也无医院，其均为高空置（平均空置率 58%），而这 3 家的自然环境功能水平为 8.13 分，护理功能水平均值 7.17 分，室内居住环境功能水平均值 6.25 分，规模也偏中小型，仅居住功能水平偏低，但自理老人对居住有一定的包容度（见后续分析），说明医疗水平低是 3 家机构高空置的重要原因。

而室内居住环境、护理功能水平方面，上述 8 家养老机构并未表现出明显的共同特征（表 4.11）。虽其室内居住环境功能水平的均值高于主要服务失能老人的机构的均值，但其离散程度较大，分值范围为 4.93～10 分，其中 6 分以下的有 3 家，说明自理老人对室内居住环境的要求高于失能老人，但有一定的包容度。护理功能水平分值范围为 4.46～9.17 分，说明自理老人对其有一定包容度。

（2）影响对自理老人功能需求的吸收效率的供给因素及特征

上述分析显示，与失能老人相比，自理老人的功能需求呈现个性化、多样化特征，除了医疗、护理、居住、自然环境等基本的功能要素，自理老人还会关注更多的其他功能要素。因此，影响对自理老人功能需求的吸收效率的供给因素是具有同质功能的机构规模，规模过大将降低吸收效率，中小规模将有利于提高吸收效率；同时，机构的医疗水平也是重要的供给因素，完全没有医疗保证（机构没有医务人员、附近也没有医院）会降低吸收效率。

4.2 对价格需求的吸收结果

在本节研究中，将先分析老年人对养老机构的价格需求特征，再基于需求特征，进一步分析养老机构价格供给在相应内容上的特征，分析该特征与机构的吸收效率之间的关系，并确定影响对价格需求的吸收效率的供给因素及特征。

4.2.1 老年人对价格的需求特征

老年人对价格的需求表现为能否付得起和愿意为什么样的价格支付。

前者取决于老年人的支付能力和价格水平之间的关系是否匹配，若匹配，则养老机构的价格供给能够吸收价格需求，因此二者间的关系分析是重要的研究内容。

后者与老年人的消费观念和习惯有关。周青青等发现质量和功效、价格、自己是否需要是城区老年人在消费时考虑最多的三项因素[206]。由于年龄与阅历的原因等，在消费时老年人比年轻人更成熟，极少会因为冲动、感情用事而消费，也不会盲目消费，其消费决策属于理性类型[207]，而且节俭也是老年人消费行为的重要特点[208]。这意味着，老年人在选择养老机构时，在满足功能需求的前提下，其会倾向于选择价格偏低的机构，即性价比高的机构，性价比是指养老机构的综合性能与价格之间的比值。

4.2.2 供给的价格水平与老年人支付能力的关系

全国老龄办于 2014 年 2 月 27 日发布的《十城市万名老年人居家养老状况调

查》显示，在被调查的10个国内主要城市的上万名老人当中，89.2%的被访者及其配偶以离（退）休金为主要收入来源。而我国离（退）休金差异较大，企业退休人员养老金较低，同时也是对退休职工提供的基本养老保障，其人均值是老年人平均生活水平的重要参考，因此选择企业退休职工平均养老金来表征老年人的支付能力。截至2016年年底，长沙市企业退休人员人均养老金接近2200元/月。

同时，依据2016年10月对长沙市市区的40家养老机构的调查数据，并结合民政部门的相关统计数据对其进行核对，可计算出自理老人入住机构的均价为1803元/月，轻度失能老人入住机构的均价为2608元/月。

将上述两者进行比对，企业退休职工平均养老金低于轻度失能老人入住养老机构的平均价格水平，提示着老年人的支付能力不足；而且，中重度失能老人入住养老机构时，由于其需要更多的护理和药物等，意味着需要更多费用，也意味着失能老人在支付养老机构费用时相对支付能力更加不足。

同时，越早退休的老年人，养老金越少，而且退休越早意味着年龄相对越大，其身体失能几率越高，但支付能力却更加不足。这就意味着入住养老机构需求愈强烈的老年人，支付能力愈加不足。

而且，在养老机构的价格分布上，绝大部分（66.5%）养老机构的轻度失能老人入住价格都高于2200元/月，仅小部分（31.7%）低于2200元/月（表4.18）。提示老年人支付能力对大部分养老机构都存在相对不足。

市区养老机构的价格分布　　表4.18

轻度失能老人入住价格（元/月）	养老机构数量（个）	养老床位数量（床）	床位数占比（%）
2200元/月及以下	11	2589	31.7
2200元/月以上	27	5429	66.5
不接受失能老人	2	147	1.8
合计	40	8165	100

因此，养老机构价格水平是影响对价格需求的吸收效率的供给因素，价格水平高于老年人的支付能力，制约了对价格需求的吸收效率。

4.2.3 养老机构的性价比模型及计算

（1）养老机构的综合性能模型

基于AHP的功能要素重要度问卷分析结果、供给对老年人功能需求的吸收结果均显示，失能老人、自理老人对养老机构的各项功能要素的需求程度及水平具有较大的差异，这就意味着同一家养老机构对于失能老人、自理老人来讲，其综合性能可能会有很大差异，会直接影响老年人对价格的预期，并直接影响供给对其价格需求的吸收。为了进一步分析养老机构的性价比的分布状态，根据“4.1.1（2）”的分析结果，以失能老人、自理老人对各功能要素的需求度为相应权重，设置养老机构的综合性能模型。

设养老机构的医疗、护理、室内居住环境、自然环境功能水平分别为 c_i、b_i、d_i、e_i（i=1，2，…，n），失能老人心中的养老机构综合性能为 As_i，失能老人对医疗、护理、室内居住环境、自然环境等的需求权重分别为 s_1、s_2、s_3、s_4，则：

$$As_i=c_i\times s_1+b_i\times s_2+d_i\times s_3+e_i\times s_4 \quad i=1, 2, \cdots, n \tag{4.13}$$

设自理老人心中的养老机构综合性能为 Az_i，自理老人对医疗、护理、室内居住环境、自然环境等的需求权重分别为 z_1、z_2、z_3、z_4，那么：

$$Az_i=c_i\times z_1+b_i\times z_2+d_i\times z_3+e_i\times z_4 \quad i=1, 2, \cdots, n \tag{4.14}$$

（2）养老机构的性价比模型及计算

在本节中，性价比是指养老机构综合性能与相应价格的比值。设在失能老人心中的养老机构性价比为 Ss_i（i=1，2，…，n），在自理老人心中的养老机构性价比为 Sz_i（i=1，2，…，n），各养老机构失能老人和自理老人的供给价格分别为 Ps_i、Pz_i，（i=1，2，…，n），则性价比模型如下：

$$Ss_i=\frac{As_i}{Ps_i}\times 1000 \quad i=1, 2, \cdots, n \tag{4.15}$$

$$Sz_i=\frac{Az_i}{Pz_i}\times 1000 \quad i=1, 2, \cdots, n \tag{4.16}$$

注：因公式中的功能要素水平为个位数，而价格为千位数，为方便性价比分值比较而乘以 1000，使性价比分值成为个位分值。

基于以上模型，结合对长沙市市区养老机构的调研数据，可得到相应的养老机构性价比计算结果（表 4.19）：

养老机构性价比计算结果　　表 4.19

机构代码	举办性质	区位	入住失能老人数（人）	入住自理老人数（人）	空置率（%）	轻度失能老人入住价格（元/月）	综合性能 As_i	性价比 Ss_i	自理老人入住价格（元/月）	综合性能 Az_i	性价比 Sz_i
A001	公办（市级）	市中心	40	80	0.0	2300	7.56	3.28	1700	8.12	4.78
A002	民营（连锁）	近郊	10	3	0.0	3100	7.12	2.30	2200	6.55	2.98
A003	公办（市级）	近郊	720	20	2.1	1650	8.45	5.12	1650	8.85	5.36
A004	民营	市中心	105	40	3.3	3000	7.71	2.57	2140	7.61	3.56
A005	公办（市级）	远郊	230	0	4.2	1870	8.32	4.45	1540	8.84	5.74
A006	民营（教会）	市中心	9	63	10.0	1850	6.29	3.40	1300	5.75	4.43
A007	民营（连锁）	近郊	23	4	10.0	4000	7.29	1.82	2670	6.64	2.49
A008	民营	市中心	185	0	10.2	2430	6.38	2.62	—	5.65	—
A009	民营	市中心	35	55	11.8	3180	6.31	1.99	2280	7.01	3.08
A010	民营	近郊	47	43	11.8	2600	7.63	2.94	2000	8.20	4.10
A011	民营	市中心	100	100	12.3	2100	8.32	3.96	1480	8.42	5.69
A012	民营（连锁）	市中心	19	1	13.0	2940	6.61	2.25	1860	6.29	3.38
A013	民营	市中心	58	56	19.7	3000	7.04	2.35	2000	7.18	3.59
A014	民营（连锁）	近郊	16	0	23.8	2700	6.61	2.45	2300	6.28	2.73
A015	民营（连锁）	市中心	8	32	24.5	2100	6.28	2.99	1750	6.21	3.55
A016	民营（连锁）	近郊	26	0	27.8	2400	5.99	2.50	—	5.90	—
A017	民营（连锁）	近郊	138	75	29.0	3180	6.79	2.13	1980	7.21	3.64
A018	民营（教会）	市中心	116	29	29.6	1700	5.17	3.04	1400	4.84	3.46
A019	公办（区级）	远郊	55	15	30.0	△	6.30	—	△	7.13	—

续表

机构代码	举办性质	区位	入住失能老人数（人）	入住自理老人数（人）	空置率（%）	轻度失能老人入住价格（元/月）	综合性能 As_i	性价比 Ss_i	自理老人入住价格（元/月）	综合性能 Az_i	性价比 Sz_i
A020	民营	市中心	52	120	30.6	2600	6.60	2.54	1980	6.31	3.19
A021	民营	市中心	3	12	31.8	2680	6.41	2.39	2280	5.93	2.60
A022	公办（街道）	市中心	0	75	35.3	—	6.89	—	1340	6.65	4.96
A023	民营	近郊	0	20	35.5	—	7.56	—	1300	7.79	5.99
A024	民营（连锁）	市中心	50	0	35.9	3000	6.83	2.28	—	6.64	—
A025	公办（市级）	市中心	934	64	0.0	2260	7.57	3.35	1600	6.96	4.35
A026	民营	市中心	33	8	37.9	2480	6.13	2.47	1880	5.55	2.95
A027	民营	远郊	40	260	40.0	3050	6.09	2.00	1750	7.02	4.01
A028	民营	市中心	16	3	40.6	2480	7.12	2.87	1900	6.41	3.38
A029	公办（区级）	远郊	30	12	47.5	1600	6.44	4.02	1400	6.96	4.97
A030	民营（连锁）	近郊	252	106	49.0	3500	7.96	2.27	2300	8.62	3.75
A031	民营	近郊	38	10	51.0	2300	5.91	2.57	1800	6.60	3.67
A032	公办（区级）	远郊	30	40	53.3	2100	5.64	2.68	1400	6.60	4.71
A033	民营	近郊	17	24	54.4	3000	5.44	1.81	2000	5.51	2.76
A034	民营（连锁）	近郊	50	2	56.7	3200	7.05	2.20	1900	7.46	3.92
A035	民营	远郊	50	170	65.0	2200	7.70	3.50	1900	8.29	4.36
A036	民营	远郊	2	17	72.1	2000	5.67	2.83	1600	6.68	4.17
A037	民营	远郊	15	110	75.0	3050	6.47	2.12	1600	7.08	4.43
A038	民营（连锁）	近郊	9	8	78.8	2380	4.89	2.05	1750	4.97	2.84
A039	民营	市中心	5	2	86.0	2500	7.78	3.11	1200	6.43	5.36
A040	民营（连锁）	近郊	50	0	91.7	4000	7.45	1.86	—	7.76	—
总计 / 均值			3616	1679	35.2	2608	6.79	2.73	1803	6.87	3.97

注：— 表示养老机构不接受该类老人入住，无参考价格，无相应性价比。

△ 表示该机构只接收特困老人，无参考价格，无相应价性比。

4.2.4 供给对不同健康状态老年人的性价比需求的吸收结果

从城市角度来看，举办者性质、城市区位对养老机构的价格、功能要素水平都有较大影响，因此，对养老机构的性价比影响较大。从举办者性质、城市区位等角度切入，发现不同性质、城市区位的养老机构性价比具有较大差异，对吸收效率有较大影响。

（1）不同性质的机构提供给失能、自理老人的性价比特征

我国由于历史及制度等原因，存在公办、民营两大类养老机构，不同的兴办、运营主体对养老机构的价格具有较大影响。还有一类是公办民营机构，一般是由政府出资兴建，交由民间力量来进行运营。公办民营机构的出现本来是为了解决民间资本投入太大带来的价格较高的问题，但在实际运营中，公办民营机构的价格大多为运营者自主定价，并未因此而降低价格 [61, 209]，因此，在本文中，将其归入民营养老机构一类。

对公办养老机构和民营养老机构进行分类统计（表 4.20），结果如下：

公办与民营养老机构的价格与性价比　　表 4.20

性质	规模（床）	入住人数（人）	空置率（%）	入住失能老人占比（%）	轻度失能老人入住价格均值（元/月）	综合性能均值 As_i	性价比均值 Ss_i	自理老人入住价格均值（元/月）	综合性能均值 Az_i	性价比均值 Sz_i
公办	2560	2345	8.4	87	1963	7.15	3.82	1519	7.51	4.98
民营	5605	2950	47.4	53.5	2732	6.71	2.52	1875	6.71	3.72

结果显示：公办养老机构供给的综合性能水平，无论是对失能老人还是自理老人，都高于民营机构的供给水平，但价格水平远低于民营机构，因此，公办与民营养老机构的性价比有较大差异。无论是对于失能老人还是自理老人，公办机构的性价比水平都明显优于民营机构，这使得公办机构对价格需求的吸收效率较高，而民营机构的吸收效率较低。

（2）不同区位的机构提供给失能、自理老人的性价比特征

从不同的城市区位分类统计公办、民营养老机构的性价比供给状态，结果如表 4.21。其中，中心区是指二环线以内的区域，近郊区是指二环线与三环线之间的区域，远郊区是指三环线以外的区域。

可以发现，在和民营养老机构进行比较的前提下，区位对于公办养老机构的性价比水平的影响不大，虽然在不同区位的公办机构的性价比有变化，但都高于

不同区位的养老机构价格与性价比　　**表 4.21**

举办性质	区位	规模（床）	入住人数（人）	空置率（%）	入住失能人数（人）	轻度失能入住价格均值（元/月）	综合性能均值 As_i	性价比均值 Ss_i	入住自理人数（人）	自理人住价格均值（元/月）	综合性能均值 Az_i	性价比均值 Sz_i
公办	中心区	1234	1193	3.3	974	2280	7.34	3.32	219	1547	7.24	4.70
	近郊	756	740	2.1	720	1650	8.45	5.12	20	1650	8.85	5.36
	远郊	570	412	27.7	345	1857	6.68	3.72	67	1447	7.38	5.14
民营	中心区	1686	1315	22.0	794	2536	6.73	2.72	521	1804	6.42	3.71
	近郊	2192	951	56.6	676	3030	6.68	2.24	275	2090	6.81	3.29
	远郊	1727	684	60.4	107	2575	6.7	2.61	577	1630	7.37	4.59

民营机构的性价比水平。

但不同区位的民营养老机构的性价比呈现出较大的差异。

对于失能老人而言，各区位的民营养老机构的综合性能水平差异不大，但中心区在综合性能水平略高于近郊的前提下（高 0.05 分），其平均价格比近郊区养老机构的平均价格低 494 元，导致近郊养老机构的价格水平高、性价比水平低；远郊的性价比略低于中心区，但高于近郊，但入住的失能老人较少，主要原因在于影响吸收失能老人功能需求的关键的医疗功能水平偏低（均值 6 分），而市区机构的医疗功能水平均值为 7.25 分，近郊机构的医疗功能水平均值为 6.73 分（表 4.11）。

对于自理老人而言，远郊的民营养老机构的综合性能最优，但价格最低，性价比最高，因此相对来讲，入住的自理老人总数最多；近郊的养老机构虽然综合性能水平稍高于市区，但其平均价格高于市区 286 元，使其性价比水平明显降低，导致入住的自理老人也比较少。

综上所述，无论对失能老人还是自理老人，近郊民营机构表现出价格水平高、性价比水平低的特征，由此造成了近郊民营养老机构的高空置状态，吸收效率较低。

（3）影响对性价比需求的吸收效率的供给因素及特征

上述分析显示，影响对性价比需求的吸收效率的供给因素主要表现在以下几方面：养老机构性质是影响吸收效率的重要因素，无论对失能老人还是自理老人而言，公办养老机构的价格和性价比水平都明显优于民营机构，导致公办养老机构对价格需求的吸收效率较高，民营机构的吸收效率较低；区位是另一影响吸收效率的供给因素，特别突出的是，无论对自理老人还是失能老人，近郊民营机构的价格水平要明显高于中心区民营机构，而性价比水平明显逊于中心区民营机构，造成了近郊民营养老机构的吸收效率低下。

4.3 对空间布局需求的吸收结果

在对养老机构调研的过程中，发现不少社区内的小型养老机构中入住的老年人并非该社区居民，提示养老机构空间服务的供需关系与通常观念有出入。

那么，老年人实际需求的空间布局类型是怎样的？养老机构实际提供的空间布局类型又是什么样的？与哪些因素相关？这成为分析对空间布局需求的吸收结果的关键。

因此，在本节的分析中，将先通过问卷分析不同健康状态的老年人对养老机构布局的需求特征，并分析不同社会空间的老年人对养老机构需求的规律，综合二者梳理出老年人对养老机构空间布局需求类型，包括老年人所需要的城市空间资源及相应的空间服务模式。然后，基于入住老人空间来源占比等指标来判断养老机构实际供给的空间服务模式，并分析养老机构的规模、区位资源等与其提供的空间服务模式之间的关系，再进一步划分空间布局类型。最后基于养老机构实际供给的空间布局类型，分析供需结构关系、不同类型的机构的吸收结果特征。

4.3.1 不同健康状态的老年人对空间布局的需求特征

（1）空间布局需求问卷设计

有不少研究表明离家近是老年人在挑选养老机构的重要条件[23]，但也有研究指出养老机构周边的环境状况也同样具有重要影响[204]，还有学者指出医疗资源是吸引老年人入住养老机构的重要资源[44]。可见，自然环境、社区、医疗等资源是老年人对养老机构空间布局需求的核心内容。

基于上述理解，结合对养老机构功能的分析，在问卷中设置了 5 个关于功能、空间布局的选项，要求老年人在不考虑价格因素的前提下选择最重要的 3 项，目的是希望老年人在多要素并存的情境下，选择最重要的因素，以尽可能地接近其实际选择的情况。选项如下：A 能否居住在熟悉的社区内；B 自然环境是否优美；C 娱乐活动是否丰富；D 医疗和护理；E 室内居住环境是否舒适。

同时，在正式问卷前初步走访了 3 家养老机构，进行了需求预问卷。在与老人的初步交流中，发现认为“医疗与护理”重要的老年人，对其需求的内容存在较大差异，有的老年人认为有医务人员进行日常健康监护就可以了，而有的老年人不仅希望有医务人员进行日常监护，还需要附近有医院可以急救，这意味着养老机构要配有医院，或者离城市医院非常近。为了进一步明晰老年人对“医疗与护理”需求的确切含义，确定其在选择养老机构时是否需要医院，设置了问题13：您希望养老机构的最低医疗水平达到什么程度？选项为A.必须要有日常监护和医院急救；B.必须要有日常监护；C.必须要有医院可以进行急救；D.医疗条件无所谓。

综合分析上述两题的问卷结果，可以判断老年人对养老机构空间布局的需求特征。

（2）重度失能老人对空间布局的需求特征

统计结果显示，重度失能老人对社区、自然环境、医疗资源的需求特征如下（表4.22、表4.23），重度失能老人有效问卷共31份。

重度失能老人对养老机构区位资源的需求特征 **表4.22**

空间资源	选择人数（人）	人数占比（%）
能否居住在熟悉的社区内	5	16.1
自然环境是否优美	21	67.7
医疗和护理	31	100.0

重度失能老人对医疗的需求特征 **表4.23**

最低医疗水平	选择人数（人）	人数占比（%）
必须要有日常监护和医院急救	31	100.0
必须要有日常监护	0	0.0
必须要有医院可以进行急救	0	0.0
医疗条件无所谓	0	0.0

综合两者来看，对于重度失能老人而言，养老机构是否具有医院资源是其最在意的空间资源，其次是自然环境资源，而养老机构与家的距离远近并不重要。

（3）中轻度失能老人对空间布局的需求特征

中轻度失能老人对社区、自然环境、医疗资源的需求特征如下（表4.24、表4.25），中轻度失能老人有效问卷47份。

中轻度失能老人对养老机构区位资源的需求特征　　表 4.24

空间资源	选择人数（人）	人数占比（%）
能否居住在熟悉的社区内	34	72.3
自然环境是否优美	22	46.8
医疗和护理水平	42	89.4

中轻度失能老人对医疗的需求特征　　表 4.25

最低医疗水平	选择人数（人）	人数占比（%）
必须要有日常监护和医院急救	12	25.5
必须要有日常监护	32	68.1
必须要有医院可以进行急救	2	4.3
医疗条件无所谓	1	2.1

综合二者来看，中轻度失能老人对养老机构医疗资源的需求程度高，但主要表现为对机构医务人员配备的需求，有 1/4 左右的中轻度失能老人有对医院的需求；4.1.4 的研究显示医疗功能水平是养老机构对失能老人需求的吸收效率的决定性因素，医疗水平高，则吸收效率高。同时，基于 AHP 对失能老人功能要素需求权重问卷结果也有类似结论（见 4.1.1 的分析），在一定程度上说明该部分中轻度失能老人对医院的需求是迫切的。因此，综合来看，中轻度失能老人最看重的养老机构空间布局特征是能否距离家较近，也有部分老人对医院资源要求较高。

（4）自理老年人对空间布局的需求特征

自理老年人对养老机构的社区、自然环境、医疗资源的需求特征如下（表 4.26、表 4.27），自理老人有效问卷 363 份。

综合二者来看，自理老人对养老机构的医疗需求主要是对机构内部医务人员配备的需求，其最看重的养老机构空间布局特征是自然环境的质量，其次是能否距离家较近。

自理老人对养老机构区位资源的需求特征　　表 4.26

空间资源	选择人数（人）	老年人人数占比（%）
能否居住在熟悉的社区内	185	51.0
自然环境是否优美	234	64.5
医疗和护理	283	78.0

自理老人对医疗的需求特征　　　表 4.27

最低医疗水平	选择人数（人）	老年人人数占比（%）
必须要有日常监护和医院急救	7	1.9
必须要有日常监护	293	80.7
必须要有医院可以进行急救	32	8.8
医疗条件无所谓	31	8.5

4.3.2 不同社会空间中的老年人需求的分布规律

不同社会属性的老年人会具有不同的养老机构需求。而帕克（Park，R.）和伯吉斯（Burgess，E.）等指出，有类似收入水平、种族背景和家庭环境的人往往会聚居在一起，从而产生不同的社会群体，居住在不同的城市空间范围中，形成不同的社会空间，社会空间是社会群体或集团占有的地理区域[210]。这提示着不同社会空间中的老年人极有可能会有需求差异。如果不同社会空间中的老年人对养老机构的需求存在差异，同时，如 4.3.1 的问卷结果，有相当一部分老年人希望入住在社区附近的养老机构，则在配置养老机构时，应使该类养老机构与不同社会空间中的老年人的需求相匹配。基于这样的理解，不同社会空间中的老年人的需求规律应予以研究。

划分社会区是区分不同社会空间的重要方式，社会区是占据一定地域，具有大致相同社会阶层地位及生活标准、方式的人口的集聚[211]，其范围一般较大。周（Zhou，S.）等借助于社会区分析法对广州市的社区进行分类，并对代表性社区进行研究，发现不同社区的老年人的就地养老状态有明显差异[43]，证明了广州市不同社会区中的老年人需求存在差异；高晓路对北京案例的研究也有类似结论[41]。这在很大程度上证明了在家庭收入、社会地位等因素的影响下，老年人对养老机构的需求存在空间差异。

那么，上述规律是否适用于长沙？而且，虽然已有研究发现不同社会区内的老年人养老需求存在明显差异，但是否在同一个社会区内的老年人的需求就是一致的呢？老年人对养老机构需求差异的空间单位的规模是多大呢？这是老年人需求的空间分布规律的核心内容；因为如果同一社会区中的老年人的需求是一致的，意味着在配置相应养老机构时，可以在同一社会区中提供同质功能、价格的养老机构供给，而如果同一社会区中的老年人的需求不一致，则说明在配置相应养老机构时，应提供差异化的养老机构供给。因此，不同社会区中的老年人的养老机构需求特征、需求差异的空间规模特征是本小节的研究重点。

（1）不同社会空间中的老年人需求特征

蒋亮等基于长沙市二手房价格等因素对长沙的社会区进行分析[175]，发现不同社会区主要在家庭收入、社会地位等方面有明显差异；主要依据上述分类结果，在长沙市市区提取代表性社区分析需求特征。

同时，为了进一步明晰需求差异的空间规模特征，假定更小的社会空间单位——社区是老年人对养老机构的需求差异的空间单位，并提取同一社会区中具有不同社区要素的社区分析其需求特征。社区是聚集在一定地域范围内的社会群体和社会组织，是根据一套规范和制度结合而成的社会实体，是一个地域社会生活共同体，其要素包括了地域、人口、组织制度、生产生活设施、共同的社会文化心理等[212]。

基于社会区划分结果，并考虑社区要素的内容，选取了6个社区样本：汀湘十里别墅区、金科园、湖南大学宿舍区、阳光100国际新城、金帆经济适用房小区、潮宗街街坊，分别代表上层、中间阶层、工薪阶层、贫困阶层所在的社会区；其中，由于中间阶层的社会区占比最大[175]，在该社会区中提取金科院、湖南大学南校区宿舍区、阳光100国际新城等3个案例，这三者的家庭收入及阶层地位是类似的，但它们在人口的聚集方式与属性、区位所拥有的自然资源等社区要素方面有明显差异：阳光100国际新城为商品房小区，金科园、湖南大学南校区住宅区为单位小区，二者具有不同的人口聚集方式，而金科园与湖南大学南校区住宅区虽同为单位小区，但其单位性质不同，人口属性有差异，且二者所拥有的自然资源有较大差异（表4.28、图4.4）。

社区样本的基本特征 **表4.28**

社区样本	社区类型	特征	有效问卷数（份）
汀湘十里	上层	别墅区	31
阳光100国际新城	中间阶层	中档商品房小区	82
金科园	中间阶层	设计院单位小区	60
湖南大学南校区住宅区	中间阶层	高校单位小区	60
金帆小区	工薪阶层	经济适用房小区	61
潮宗街街坊	贫困阶层	旧城街坊	76

注：社区类型依据参考文献[175]。

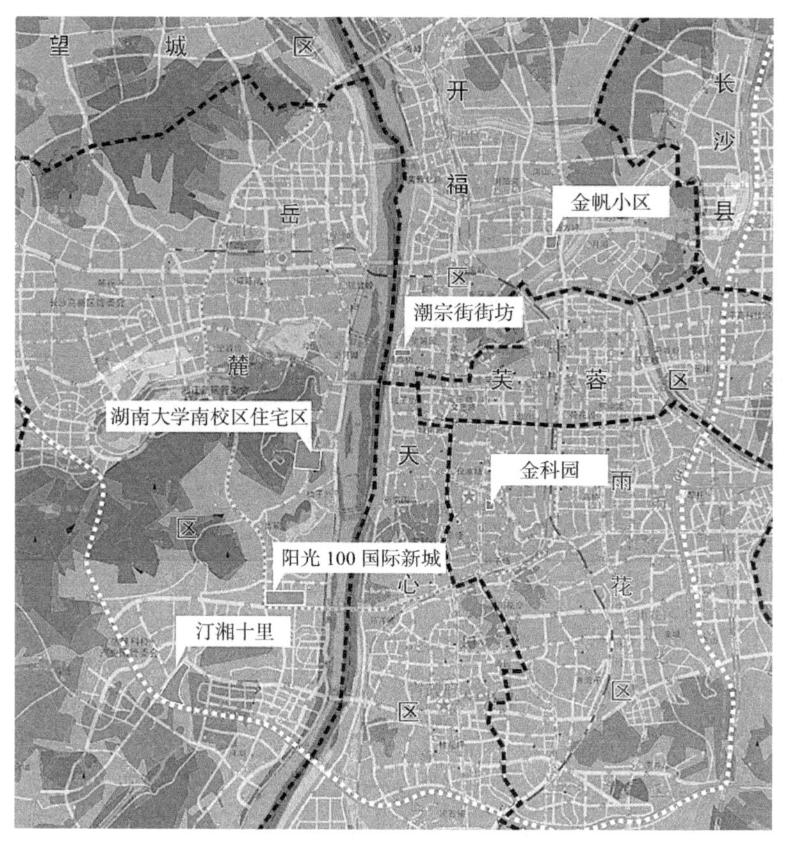

图 4.4　社区样本的空间分布

调查问卷对老年人对养老机构的功能、空间布局、价格的需求设置了相应问题，对 6 个社区共发放问卷 416 份，有效问卷 370 份。统计结果表明，六个社区的老年人在功能、价格、空间布局等方面的需求有明显差异（表 4.29），以差值大于等于 10% 为有明显差异。这表明：长沙市不同社会区中的老年人因为家庭收入与阶层差异会有不同的养老机构需求；同时，同一社会区内的不同社区间也存在明显的需求差异。

（2）金科园与阳光 100 国际新城的需求差异及成因

由统计结果可知，虽然金科园与阳光 100 国际新城社区处于同一社会区，但居于其中的老年人在自然环境、娱乐活动、医疗和护理功能方面的需求存在明显差异。以选择占比差值大于等于 10% 为有明显差异。

两个社区最主要的差别在于人口聚集方式不同，导致了居于其中的老年人的年龄结构、教育结构、职业阶层结构、收入结构等都存在较大差异（图 4.5、图 4.6），其中职业阶层参考陆学艺的十社会阶层标准划分[213]：金科园的老龄化程

不同社会空间中的老年人需求特征 **表 4.29**

社区	居住在熟悉的社区内（%）	自然环境是否优美（%）	娱乐活动是否丰富（%）	医疗和护理水平（%）	室内居住环境舒适度（%）	公办，条件较好，1500～2000元/月（%）	公办，条件中等，1000～1500元/月（%）	民办，条件较好，1900～2300元/月（%）	民办，条件中等，1300～1900元/月（%）	民办，条件一般，1200～1600元/月（%）	未选择（%）
汀湘十里	54.8	71.0	29.0	83.9	32.3	90.3	9.7	0.0	0.0	0.0	0.0
阳光 100	46.3	58.5	45.1	75.6	53.7	50.0	42.7	4.9	1.2	1.2	0.0
金科园	41.7	76.7	28.3	86.7	50.0	49.2	39.2	12.5	0.8	0.0	0.0
湖南大学南校区住宅区	75.0	70.0	31.7	70.0	13.3	70.0	20.0	10.0	0.0	0.0	0.0
金帆小区	33.3	48.1	59.0	68.9	54.1	59.0	34.4	3.3	3.3	0.0	0.0
潮宗街	55.3	69.7	31.6	81.6	51.3	26.3	64.5	0.0	0.0	0.0	9.2

注：潮宗街的老年人对养老机构价格“未选择”的原因皆为价格太高。

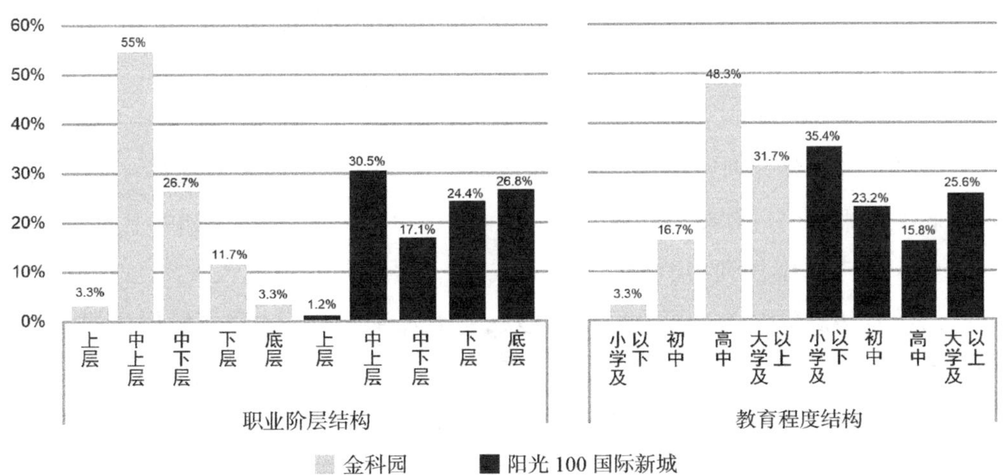

图 4.5 金科园与阳光 100 国际新城的老年人职业阶层与教育程度结构

度要比阳光 100 国际新城深，同时金科园的老年人的职业近六成为中上层、上层，仅 15% 左右为下层、底层，80% 左右是具有高中及以上教育程度，与老年人成长的时代背景结合来看，属于受教育较多的群体，66.7% 的老年人收入在 2500 元 / 月以上；而阳光 100 国际新城 50% 以上的老年人为社会下层、底层，仅约 40% 左右的老年人具有高中及以上教育程度，月收入在 2500 元 / 以上者占比不到 30%。而且居住状态（表 4.30）也有较大差别。

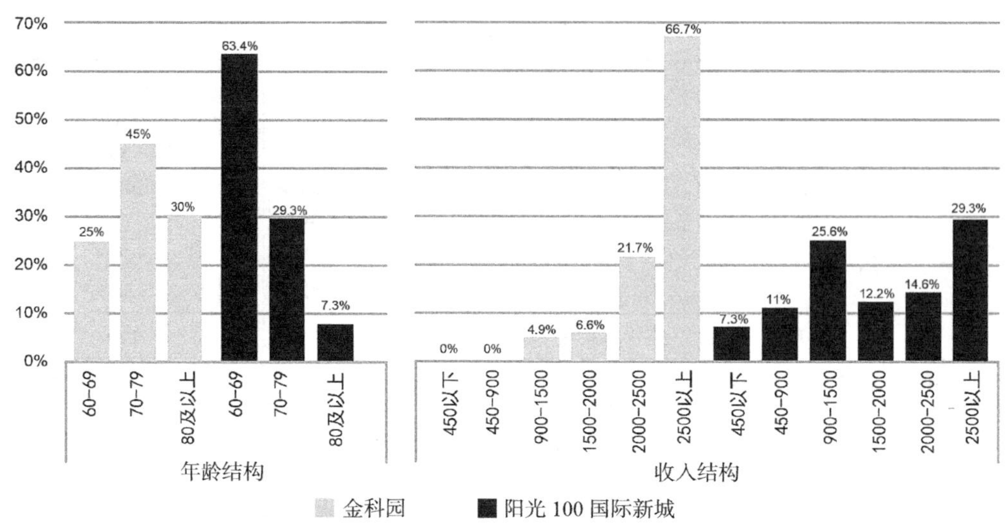

图 4.6　金科园与阳光 100 国际新城的老年人年龄与收入结构

金科园与阳光 100 国际新城的老年人居住状态　　　　表 4.30

社区	居住状态（%）			
	独立居住	和老伴居住	和子女居住	和亲戚居住
金科园	13.3	63.3	23.4	0
阳光 100 国际新城	7.3	41.5	48.8	2.4

金科园社区是计划经济时代的单位大院，现居于其中的老年人多为设计院的退休职工，本身受过较高程度的教育、具有中等的社会阶层地位和中上水平的收入，房产多为单位福利房改制后卖给老年人，居于其间的老人大多一直居住于此，后随着年龄的增长，子女搬出而形成老年人独立居住或与老伴居住的状态。但阳光 100 国际新城是 2005 年左右的新建商品房小区，结合职业结构、收入结构、居住状态等来看，可以判断有 50% 左右的老年人是因为子女购房，因与子女同住或入住子女购买的房产而迁入此社区。

那么不同的人口聚集方式导致的老年人口结构差异，是否是两个社区内老年人的需求差异的成因呢？

通过计算两个社区由于人口结构差异产生的相应养老机构需求差异值，并比对计算结果与问卷结果，可以判断不同社区老年人的需求差异与老年人口结构差异之间的关系。若社区由于人口结构差异产生的相应养老机构需求差异值较大，其与问卷结果越接近，则人口结构差异对需求差异的影响越大。

其中，两个社区因人口结构差异产生的相应养老机构需求差异值可通过如下方式计算：以年龄结构差异带来的需求差异计算为例，基于对 6 个社区的 370 份有效问卷，统计不同年龄段的老年人对养老机构各项供给内容的平均需求程度，将不同年龄段的平均需求程度与各社区相应年龄段的老年人人口占比相乘，再进行累加，可以得到各社区因年龄结构产生的、对相应养老机构供给内容的需求程度，将不同社区的需求程度数值相减，即得到因年龄结构差异产生的相应养老机构需求差异值；其他的因教育、职业、收入结构差异产生的相应养老机构需求差异值，也依照上述原理进行计算。

计算结果表明：①年龄结构的差异造成了金科园老年人对娱乐活动的需求比阳光 100 国际新城低约 4%；金科园老年人对自然环境的需求比阳光 100 国际新城高约 4%；金科园老年人对医疗与护理的需求比阳光 100 国际新城高约 7%。②职业结构的差异造成了金科园老年人对自然环境的需求比阳光 100 国际新城高约 6%；金科园老年人对活动、医疗及护理的需求比阳光 100 国际新城分别低 0.7% 和 1.3%。③教育结构的差异造成了金科园老年人对自然环境的需求比阳光 100 国际新城低约 0.8%；金科园老年人对活动的需求比阳光 100 国际新城高接近 2%；金科园的老年人对医疗及护理的需求比阳光 100 国际新城高约 1.1%。④收入结构的差异造成了金科园老年人对自然环境的需求比阳光 100 国际新城高约 8%；金科园老年人对活动需求比阳光 100 国际新城社区的低 4%；金科园老年人对医疗和护理需求比阳光 100 国际新城高约 3%。

将上述数据累加，可得到由两个社区的老年人人口结构带来的需求差异（表 4.31）。其中，单一因素造成的差异在 2% 以下，认为不明显；2%～6%，认为较明显；6% 及以上，认为明显。累加差异以 4%～10% 为较明显的差异，10% 及以上为明显差异。

由社区老年人口结构带来的需求差异与问卷结果对比　　表 4.31

需求内容	年龄结构带来的差异（%）		教育结构带来的差异（%）		职业结构带来的差异（%）		收入结构带来的差异（%）		累加差异（%）		问卷结果显示的差异（%）
自然环境	4	较明显	−1	不明显	6	较明显	8	明显	17	明显	18
娱乐活动	−4	较明显	2	不明显	−1	不明显	−4	较明显	−7	较明显	−17
医疗与护理	7	明显	1	不明显	−1	不明显	3	较明显	10	明显	11

注：表中差异程度的数值以（金科园 − 阳光 100 国际新城）来计算，并对其进行取整。

结果显示：两个社区老年人口结构差异导致的其对自然环境需求、医疗与护理需求的差异明显，且与问卷结果非常接近，说明人口结构差异对需求差异有明显的影响；由人口结构差异导致的娱乐活动需求差异较为明显，说明人口结构差异对需求差异有较明显影响。而社区人口聚集方式是老年人口结构差异的原因，因此社区人口聚集方式对于社区老年人的需求差异有重要影响。

（3）金科园与湖南大学南校区住宅区的需求差异及成因

由统计结果可知（表 4.29），金科园与湖南大学南校区住宅区的老年人的需求在是否居住在熟悉的社区内、医疗和护理、室内居住环境舒适度、公办与条件较好类别、公办与条件中等类别等方面存在明显差异。以占比值大于等于 10% 为有明显差异。

两个社区的家庭收入及社会地位类似，且同为单位小区，人口聚集模式类似，老年人口结构非常类似。但由于单位性质的差异，人口结构在教育、年龄结构方面有一定差异，湖南大学南校区住宅区的老年人具有大学及以上学历的人数多于金科园；金科园的老龄化程度甚于湖南大学（图 4.7、图 4.8）。在其所具有的区位资源中，差异较大的是两个社区拥有的自然环境，其社区内的绿化环境比较类似，但金科院周边缺乏较大的绿地，而湖南大学南校区住宅区紧邻岳麓山自然风景区。那么年龄、教育结构差异、自然环境差异是否是导致需求差异的主要原因呢？

通过计算两个社区由于人口结构差异、自然环境差异产生的相应养老机构需求差异值，并比对计算结果与问卷结果，可以判断需求差异与老年人口结构差

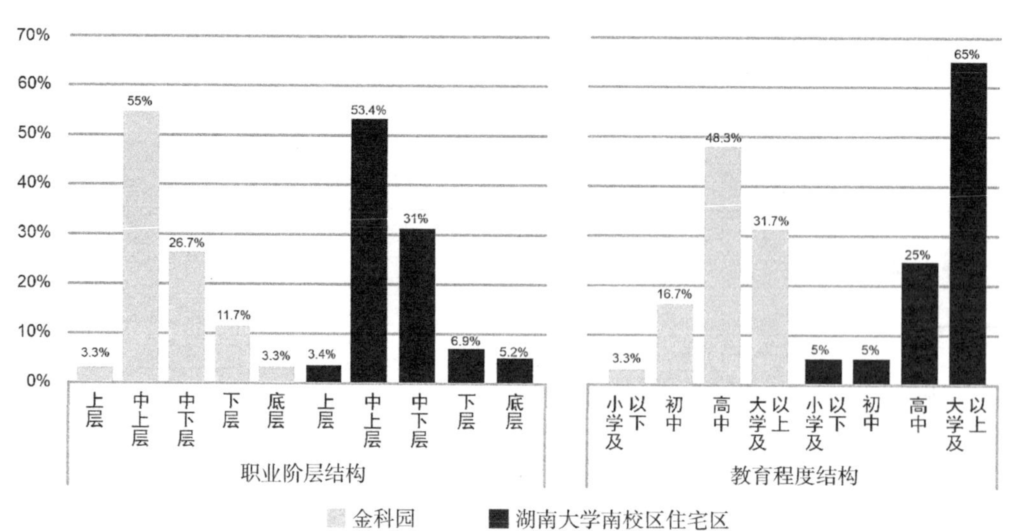

图 4.7　金科园与湖南大学南校区住宅区老年人职业阶层与教育程度结构

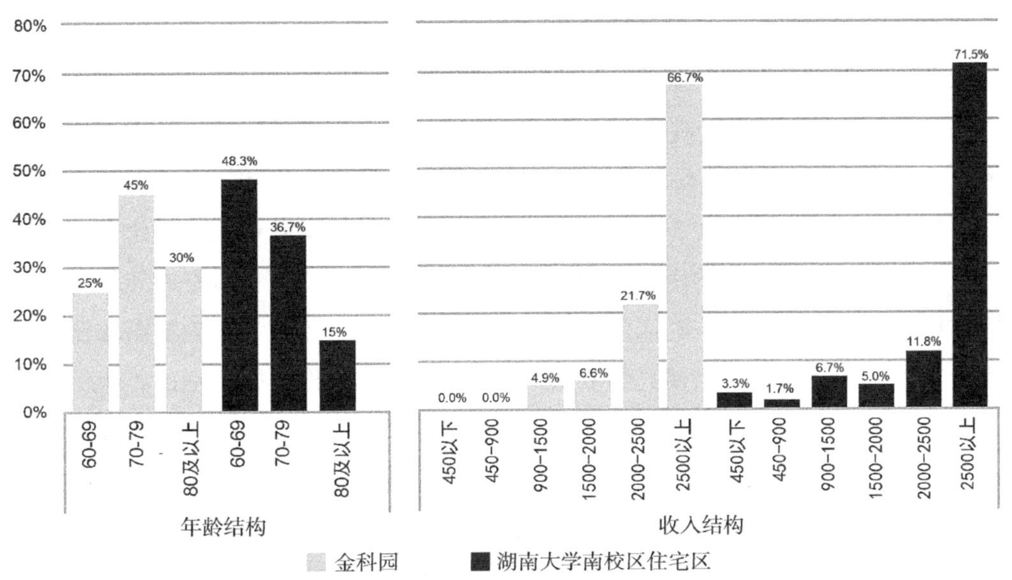

图 4.8　金科园与湖南大学南校区住宅区老年人的年龄与收入结构

异、自然环境差异之间的关系。若社区由于人口结构差异、自然环境差异产生的相应养老机构需求差异值较大，其与问卷结果越接近，则人口结构、自然环境差异对需求差异的影响越大。

其中，两个社区由于人口结构差异产生的相应养老机构需求差异值可通过如下方式计算：以年龄结构差异带来的需求差异计算为例，基于对 6 个社区的 370 份有效问卷，统计不同年龄段的老年人对养老机构各项供给内容的平均需求程度，将不同年龄段的平均需求程度与各社区相应年龄段的老年人人口占比相乘，再进行累加，可以得到各社区因年龄结构产生的、对相应养老机构供给内容的需求程度，将不同社区的需求程度数值相减，即得到由年龄结构差异产生的相应养老机构需求差异值；其他的因教育结构差异产生的相应养老机构需求差异值，也依照上述原理进行计算。并对周边具有不同自然环境资源的社区老年人的需求特征进行统计分析；社区周边是指在其步行 10 分钟的距离内的范围区域（半径为 500 米），依据 4.2.2（5）中对自然环境的分类，分为大规模生态型城市绿地、大中规模城市绿地、小规模城市绿地 3 类，将着重分析具有 3 种自然环境类型的社区老年人对居住在熟悉的社区内、室内居住环境等的需求程度，因为对其他供给内容的需求主要与老年人口的属性有关，与其所在社区周边的自然资源的关联不大。

计算结果表明：①年龄结构差异造成了金科园老年人对于居住在熟悉的社区

内的需求比湖南大学南校区住宅区低 2.4%；对室内居住环境的需求比湖南大学南校区住宅区的老人高约 0.2%；对于医疗和护理的需求比湖南大学南校区住宅区的老人要高约 3.9%；对公办、条件较好的养老机构需求比湖南大学南校区住宅区的老人要高 2.3%；对公办、条件中等类别的养老机构的需求比湖南大学南校区住宅区的老人要低 1.5%。②教育结构造成了金科园老年人对居住在熟悉的社区内的需求比湖南大学南校区住宅区的老人要低约 1.2%；对室内居住环境的需求比湖南大学南校区住宅区的老人高约 3.6%；对于医疗和护理的需求比湖南大学南校区住宅区的老人要高约 0.2%；对于公办、条件较好类别的养老机构的需求比湖南大学南校区住宅区的老人要低约 11%；对于公办、条件中等类别的养老机构的需求比湖南大学南校区住宅区的老人要高约 11%。③社区附近的自然环境差异使金科园老年人对居住在社区内的需求比湖南大学南校区住宅区的老年人低 30.9%；对室内居住环境的需求比湖南大学南校区住宅区的老年人要高 31.2%。

将上述数据累加，可得到由两个社区的老年人人口结构、自然环境差异带来的需求差异（表 4.32）。其中，单一因素造成的差异在 2% 以下，认为不明显；2%～6%，认为较明显；6% 以上，认为明显。累加差异以 4%～10% 为较明显的差异，10% 及以上为明显差异。

因人口结构和自然环境差异产生的需求差异与问卷结果对比　　表 4.32

需求内容	年龄结构带来的差异（%）		教育结构带来的差异（%）		附近自然资源带来的差异（%）		累加差异（%）		问卷结果显示的差异（%）
居住在熟悉的社区内	−2	较明显	−1	不明显	−31	明显	−34	明显	−33
室内居住环境	0	不明显	4	较明显	31	明显	35	明显	37
医疗与护理	4	较明显	0	不明显			4	较明显	17
公办、条件较好类型	2	较明显	−11	明显			−9	较明显	−20
公办、条件中等类型	−2	不明显	11	明显			9	较明显	19

注：表中差异程度的数值以（金科园 − 湖南大学南校区宿舍区）来计算，并对其进行取整。

从累加差异来看，5 项需求差异与影响因素之间存在关联。其中，居住小区周边的自然环境资源对老年人的居住在熟悉的社区内、室内环境需求的差异造成了明显的影响；社区人口结构差异对在医疗和护理、养老机构的性质—条件类别等方面的需求差异造成较为明显的影响。

（4）需求差异的空间分布规律：以社区为单位

由以上分析可以发现，不同社会区中老年人的养老机构需求存在明显差异，再次证明在家庭收入和社会阶层地位等因素的影响下，老年人对养老机构的需求存在空间差异。同时也可以发现，在同一社会区内，不同的社区人口聚集方式与职业类型、区位所拥有的自然资源等社区要素的差异，也会导致社区之间存在较明显或明显的需求差异。

“单位”“商品小区”是我国计划经济时代和市场经济时代两种代表性的社区，具有不同的人口聚集模式，由此产生的社区老年人口结构差异现象在我国城市中较为普遍，因此而导致的社区间的需求差异广泛存在。

即便是同种人口聚集方式下产生的社区，社区老年人的职业类型也会对老年人的养老机构需求产生影响，如上文中的金科园和湖南大学南校区住宅区，实务型和研究型的职业对从业者是否接受高等教育的要求不同，进而导致老年人的教育程度有差异，使老年人口的教育结构有较大差别，进而对需求产生影响。

同时，社区附近的自然环境等物质资源也会对老年人的需求造成重要影响，而城市中自然环境等资源的分布是非均匀的，对需求差异造成的影响也较为广泛。而且已有研究成果也提示，社区周边的医疗资源、社区内社会资本等因素的差异也会造成老年人的需求差异[26, 44, 214]。

上述社区要素差异会共同作用使老年人需求的空间分布在同一社会区内呈现出复杂的非均匀性。因此，社区是能较好地反映老年人需求差异的空间单位。

同时，社区要素会随时间而发生变化。这表现为自然老化，如人口老化、设施老化等；同时也会受到城市发展的影响和制约，在我国目前转型的背景下，城市空间结构调整或重构都会导致老年人口的流动、区位性质及自然环境质量的变化等。因此，社区老年人的需求还会表现出动态变化的差异性。

综上所述，老年人需求差异在空间上的分布是以社区为基本单位的，且具有动态性特征。这提示着在提供相应的养老机构供给时，应以社区为基本单位，充分考虑不同社区的老年人的需求特征，使养老机构供给与相应社区的老年人需求相匹配。

4.3.3 空间布局需求类型与相应空间服务模式

综合不同健康状态的老年人的需求特征、不同社会空间中的老年人需求的分布规律，可将老年人对养老机构的空间布局需求分为 3 种基本类型，对应 3 种空间服务模式（表 4.33），它们在服务半径、服务人群等方面有明显差异。

基于需求的养老机构空间服务模式　　表 4.33

序号	空间布局需求类型	需求主体	机构的空间特征	服务半径	服务人群	空间服务模式
1	医院型	重度失能老人、部分中轻度失能老人	有医院	市域	以失能老人为主，兼顾自理老人	通用服务
2	社区型	中轻度失能老人及自理老人	在社区内或附近	社区	社区内老年人	区域服务
3	自然环境型	自理老人	自然环境优良	市域	自理老人为主	针对服务

（1）医院型需求与通用服务模式

医院型需求的主体以重度失能老人、部分轻中度失能老年人为主，最重视养老机构是否拥有医院资源，是否具备较为专业的医疗功能是其很关注的。同时，养老机构是否距离家很近不是很重要。

能匹配医院型需求的养老机构空间服务模式是：提供通用服务，通过提供专业的医疗服务，满足城市范围内重度、中轻度失能老人的功能需求，同时其也可适用于自理老人的基本需求。总的来讲，就是能为市域范围内各种身体健康状态的老年人提供普遍适用的服务。

（2）社区型需求与区域服务模式

社区型需求的主体以中轻度失能老人、自理老人为主，最重视养老机构是否拥有社区资源，养老机构是否在其居住的社区内或附近是其很关注的问题。同时，由于不同社区内的老年人对养老机构的需求存在差异，意味着不同社区内的养老机构应具备一定的差异性，与其所在社区的需求相匹配。因此，能匹配社区型需求的养老机构空间服务模式是：提供区域服务，即其提供的服务应匹配该社区老年人的需求。

（3）自然环境型需求与针对服务模式

自然环境型需求的主体以自理老人为主，养老机构是否拥有较好的自然环境是其很关注的。能匹配自然环境型需求的养老机构空间服务模式是：提供针对服务，即其提供的服务能满足市域范围内自理老年人的需求。

4.3.4 供给的空间布局类型

在上述 3 种空间服务模式中，若依据服务半径，可分为区域服务和非区域服务，通用服务和针对服务都属于非区域服务，这种从服务半径的角度来区分的空间服务模式，在本书中将之定义为空间范围服务模式。同时，在非区域服务模式中，依据服务人群的不同，又可进一步分为通用服务和针对服务，这种从服务人群的角度来区分的空间服务模式，在本书中将其定义为空间人群服务模式。

养老机构空间布局供给包括确定区位与规模。目前，从城市规划的角度，通常认为，养老机构规模决定其有不同的服务半径，进而决定其空间范围服务模式。

（1）机构规模与空间范围服务模式

由于本研究中的样本建于2016年及之前，对这段时间内建立的养老机构影响较大的相关规范、文件是《城镇老年人设施规划规范》《养老机构设立许可办法》等，其将养老机构分为3种规模级别，分别对应不同服务半径（表4.34），形成不同的空间范围服务模式。

养老机构规模与其服务半径 **表4.34**

序号	机构的规模级别	规模	服务半径	空间范围服务模式
1	市级（大型）	150床及以上	全市	非区域服务
2	居住区级（中型）	30～149床	居住区（服务半径800～1000米）	区域服务
3	社区级（小型）	10～29床	社区（服务半径400～500米）	区域服务

养老机构实际的空间范围服务模式可以由入住老人的空间来源占比来判断：若附近老人占总入住量之比达到50%及以上，说明其主要为附近的老年人提供服务，因此，其为区域服务模式；若附近老人占总入住量之比低于50%，说明其并不是主要为附近的老年人提供服务，为非区域服务模式。附近的范围参考居住区级养老机构的服务半径（1000米）。养老机构问卷中设置了问题及选项：养老机构中入住的附近老人A：占比达到50%及以上；B：占比小于50%。依据养老机构的问卷结果，判断养老机构实际的空间范围服务模式（表4.35）。

由表4.35，发现养老机构实际的空间范围服务模式与规模的关联似乎并不紧密，进一步运用分类变量相关性分析来研究养老机构规模与空间范围服务模式之间的关联。机构规模与空间范围服务模式交叉表如下（表4.36）：

通过SPSS 20.0分析机构规模与空间范围服务模式是否具有相关性，由于表格中有2个单元格的期望频次小于5，采用Fisher精确检验，计算结果显示：P=0.067。因为P>0.05，机构规模与空间范围服务模式没有相关性。

养老机构空间布局特征与空间服务模式　　表 4.35

规模	序号	机构代号	区位资源			失能老人占比（%）	附近老人占比	区域服务模式	非区域服务模式	
			医院资源	社区资源	自然资源				通用服务模式	针对服务模式
市级（大型）	1	A025	√	√		93.6	B		√	
	2	A003	√	√	√	97.3	B		√	
	3	A030	√		√	70.4	B		√	
	4	A035	√		√	22.7	B		√	
	5	A040	√		√	100.0	B			√
	6	A027			√	13.3	B			√
	7	A037			√	12.0	B			√
	8	A017	√	√	√	64.8	B		√	
	9	A020	√	√		30.2	B			√
	10	A005	√		√	100.0	B		√	
	11	A011	√	√	√	50.0	B		√	
	12	A008	√	√		100.0	B		√	
	13	A018	√	√		80.0	B		√	
	14	A004	√	√	√	72.4	B		√	
	15	A032			√	42.9	B			√
居住区级（中型）	1	A013	√	√	√	50.9	B		√	
	2	A034	√	√	√	96.2	B		√	
	3	A001	√	√	√	33.3	B			√
	4	A022	√	√		0.0	A	√		
	5	A010	√	√	√	52.2	B		√	
	6	A009	√	√		38.9	B			√
	7	A019			√	78.6	B		√	
	8	A031		√	√	79.2	A	√		
	9	A033		√		41.5	A	√		
	10	A029	√			71.4	B		√	
	11	A038		√		52.9	A	√		
	12	A006	√	√		12.5	B			√
	13	A024	√	√		100.0	B		√	
	14	A036			√	10.5	B			√
	15	A026	√	√		80.5	B		√	

续表

规模	序号	机构代号	区位资源			失能老人占比（%）	附近老人占比	区域服务模式	非区域服务模式	
			医院资源	社区资源	自然资源				通用服务模式	针对服务模式
居住区级（中型）	16	A015	√	√		20.0	A	√		
	17	A039	√	√		71.4	B		√	
	18	A016		√		100.0	A	√		
	19	A028	√	√		84.2	B		√	
	20	A023			√	0.0	B			√
	21	A007	√	√		85.2	B		√	
社区级（小型）	1	A014	√	√		100.0	B		√	
	2	A012	√	√		95.0	B		√	
	3	A002	√	√		76.9	B		√	
	4	A021	√	√		20.0	B			√

机构规模与空间范围服务模式的交叉表　　表 4.36

		机构规模		总计
		大型	中小型	
空间范围服务模式	非区域服务模式	15	19	34
	区域服务模式	0	6	6
总计		15	25	40

（2）机构区位资源与空间范围服务模式

由上述分析可知，养老机构规模与空间范围服务模式没有相关性。那么养老机构所在区位的资源与其空间范围服务模式是否有相关性呢？

运用分类变量相关性分析研究养老机构的医院、社区、自然环境等区位资源与空间范围服务模式之间的相关性，交叉表如下（表 4.37～表 4.39）：

机构医院资源与空间范围服务模式交叉表　　表 4.37

		医院资源		总计
		无	有	
空间范围服务模式	非区域服务模式	6	28	34
	区域服务模式	4	2	6
总计		10	30	40

通过 SPSS 20.0 分析医院资源与空间范围服务模式是否具有相关性，表格中有 2 个单元格的期望频次小于 5，采用 Fisher 精确检验，P=0.026。因为 P＜0.05，且 Cramer' V=0.404，说明机构医院资源与空间范围服务模式存在中等强度的相关性。

机构社区资源与空间范围服务模式交叉表　　表 4.38

		社区资源		总计
		无	有	
空间范围服务模式	非区域服务模式	11	23	34
	区域服务模式	0	6	6
总计		11	29	40

通过 SPSS 20.0 分析社区资源与空间范围服务模式是否具有相关性，表格中有 2 个单元格的期望频次小于 5，采用 Fisher 精确检验其独立性，P=0.162。因为 P＞0.05，说明机构社区资源与空间范围服务模式不存在相关性。

机构自然环境资源与空间范围服务模式交叉表　　表 4.39

		自然环境资源		总计
		无	有	
空间范围服务模式	非区域服务模式	16	18	34
	区域服务模式	5	1	6
总计		21	19	40

通过 SPSS 20.0 分析自然环境资源与空间范围服务模式是否具有相关性，表格中有 2 个单元格的期望频次小于 5，故采用 Fisher 精确检验，P=0.186。因为 P＞0.05，说明机构自然环境资源与空间范围服务模式不存在相关性。

（3）机构规模、区位资源与空间人群服务模式

如上所述，从城市规划的角度，目前养老机构空间布局供给主要从服务半径角度，考虑其空间范围服务模式。但对比需求来看，在非区域服务模式下，还存在空间人群服务模式，即通用服务模式、针对服务模式。那么，机构规模、区位资源与空间人群服务模式之间是否存在相关性？

养老机构实际供给的空间人群服务模式可以由入住失能老人占比来判断：非区域服务模式下的养老机构，若失能老人占比在 50% 及以上，说明其主要服务于全市域内的失能老年人，其为通用服务模式；若失能老人占比在 50% 以下，说明其主要服务全市域内的自理老人，其为针对服务模式（表 4.35）。

运用分类变量相关性分析研究养老机构的规模及医院、社区、自然环境资源与空间人群服务模式之间的关系，交叉表如下（表 4.40～表 4.43）：

机构规模与空间人群服务模式交叉表　　表 4.40

		机构规模		总计
		大型	中小型	
空间人群服务模式	通用服务模式	10	13	23
	针对服务模式	5	6	11
合计		15	19	34

通过 SPSS 20.0 对机构规模与空间人群服务模式进行相关性分析，由于样本数少于 40，采用 Fisher 精确检验，P=1.000。因为 P＞0.05，说明机构规模与空间人群服务模式不存在相关性。

机构医院资源与空间人群服务模式交叉表　　表 4.41

		医院资源		总计
		无	有	
空间人群服务模式	通用服务模式	1	22	23
	针对服务模式	5	6	11
合计		6	28	34

通过 SPSS 20.0 对机构医院资源与空间人群服务模式进行相关性分析，由于样本数少于 40，采用 Fisher 精确检验，P=0.008。因为 P＜0.05，Cramer' V=0.504，说明机构医院资源与空间人群服务模式存在较强的相关性。

机构社区资源与空间人群服务模式交叉表　　表 4.42

		社区资源		总计
		无	有	
空间人群服务模式	通用服务	5	18	23
	针对服务	6	5	11
合计		11	23	34

通过 SPSS 20.0 对机构的社区资源与空间人群服务模式进行相关性分析，由于样本数少于 40，采用 Fisher 精确检验，P=0.114。因为 P＞0.05，说明机构社区资源与空间人群服务模式不存在相关性。

机构自然环境资源与空间人群服务模式交叉表 **表 4.43**

		自然环境资源		总计
		无	有	
空间人群服务模式	通用服务	12	11	23
	针对服务	4	7	11
合计		16	18	34

通过 SPSS 20.0 对机构的自然环境资源与空间人群服务模式进行相关性分析，由于样本数少于 40，采用 Fisher 精确检验，$P=0.477$。因为 $P>0.05$，说明机构的自然环境资源与空间人群服务模式不存在相关性。

（4）机构规模、区位资源与其空间服务模式的关系

由上述分析可知，机构的规模、社区资源、自然环境资源与其空间范围服务模式、空间人群服务模式之间均无相关性。而机构是否拥有医院资源与其空间范围服务模式具有中等强度相关性，意味着若养老机构拥有医院资源，其服务半径极有可能是全市域范围，提供非区域服务；同时，机构是否拥有医院资源与其空间人群服务模式也有较强相关性，意味着若养老机构拥有医院资源，其极有可能服务市域内老人并以失能老人为主。这提示着，从城市规划角度出发，在提供养老机构空间布局供给时，应关注医院资源和养老机构之间的合理关系。

（5）供给的空间布局类型划分

综上所述，依据养老机构中入住老人的空间来源占比、失能老人占比等，判断其空间服务模式，结合其拥有的医院资源，将其分为通用型机构 1、2、3，区域服务型机构 1、2，针对型机构 1、2（表 4.44、图 4.9）：

养老机构供给的空间布局类型 **表 4.44**

养老机构类型	序号	机构代号	规模（床）	空置率（%）	备注
通用型机构 1	1	A025	998	0	自带医院
	2	A003	756	2.1	
	3	A030	702	49.0	
	4	A040	600	91.7	
	5	A005	240	4.2	
	6	A011	228	12.3	
	7	A004	150	3.3	
	8	A010	102	11.8	

续表

养老机构类型	序号	机构代号	规模（床）	空置率（%）	备注
通用型机构 1	9	A028	32	40.6	自带医院
	小计		3808		
通用型机构 2	1	A017	300	29.0	有城市医院资源
	2	A018	206	29.6	
	3	A008	206	10.2	
	4	A013	142	19.7	
	5	A034	120	56.7	
	6	A029	80	47.5	
	7	A024	78	35.9	
	8	A026	66	37.9	
	9	A039	50	86.0	
	10	A007	30	10.0	
	11	A012	23	13.0	
	12	A014	21	23.8	
	13	A002	13	0.0	
	小计		1335		
通用型机构 3	1	A019	100	30.0	无医院资源
	小计		100		
区域服务型机构 1	1	A022	116	35.3	有医院资源
	2	A015	53	24.5	
	小计		169		
区域服务型机构 2	1	A033	90	54.4	无医院资源
	2	A038	80	78.8	
	3	A031	98	51.0	
	4	A016	36	27.8	
	小计		304		
针对型机构 1	1	A027	500	40.0	无医院资源
	2	A037	500	75.0	
	3	A032	150	53.3	
	4	A036	68	72.1	
	5	A023	31	35.5	
	小计		1249		

续表

养老机构类型	序号	机构代号	规模（床）	空置率（%）	备注
针对型机构 2	1	A035	628	65.0	有医院资源
	2	A001	120	0.0	
	3	A020	248	30.6	
	4	A009	102	11.8	
	5	A006	80	10.0	
	6	A021	22	31.8	
	小计		1200		

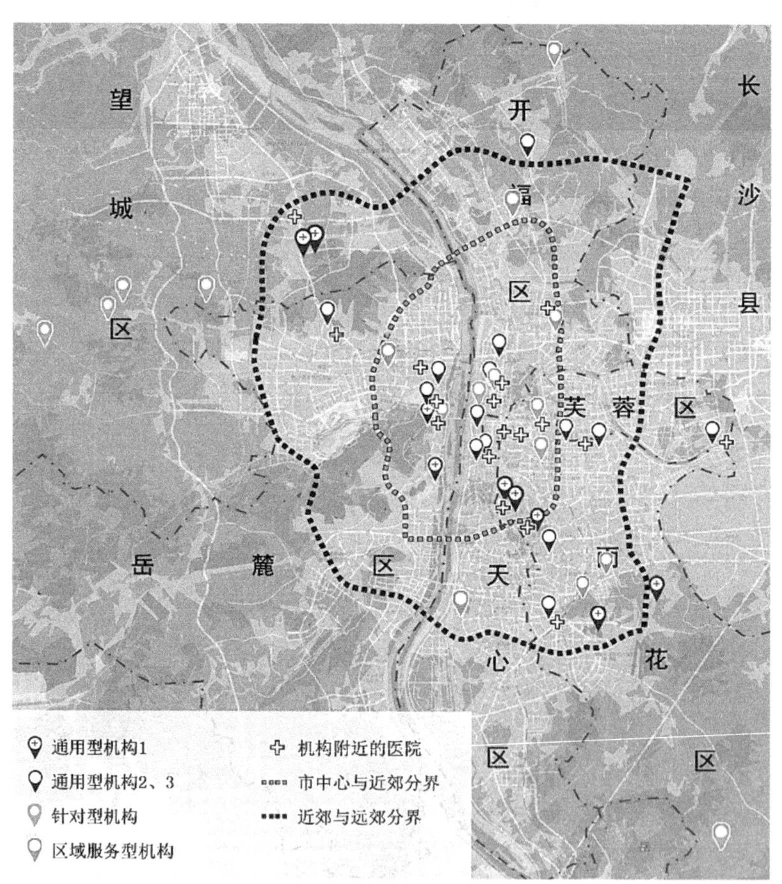

图 4.9　市区不同空间布局类型的养老机构分布

①通用型机构

提供通用服务，从规模来看，各种规模均有，共 23 家；从其所在区位拥有的（城市）资源来看，共同点是几乎都拥有医院，依据其拥有医院资源的方式可分为三类。

通用型机构 1：自带医院，9 家；中小型机构 A010、A028 由医院转型而来。

通用型机构 2：附近（距离 2.5 公里以内）有二级及以上城市医院，共 13 家；其中，同时拥有社区资源的中小型机构有 9 家（约占 70%）。

通用型机构 3：无城市医院，仅 1 家，为区政府收养三无老人的公办机构。

②区域服务型机构

主要提供区域服务，均为中小规模，共 6 家。均靠近城市社区，拥有社区资源。依据其拥有的医院资源情况，将其分为两类。

区域服务型机构 1：仅有两家附近有二级及以上城市医院（占该类型的 33.3%），其中，A022 为公办的社区配套养老机构，A015 为公私合作面向社区服务的机构。

区域服务型机构 2：均无医院资源。

③针对型机构

主要提供针对服务，从规模来看，各种规模均有，共 11 家。依据机构拥有的医院资源情况，将其分为两类。

针对型机构 1：各种规模均有，共 5 家，其中 2 家规模在 300 床以上；均无医院资源，均位于远郊，有自然环境资源。

针对型机构 2：各种规模均有，共 6 家，中小型机构 4 家；均有二级及以上城市医院资源。

进一步分析上述空间布局类型划分结果，发现：①养老机构一旦拥有医院资源，在很大程度上意味着其将是通用型机构，而不受其规模的制约，其拥有的其他资源的影响也较小。比如，在 17 个同时拥有医院和社区资源的中小型机构中，有 11 家机构（均为民营）提供通用服务（占比达 64.7%）；这是因为在市场化背景下，医院资源使养老机构具备了拥有尽可能大的服务对象范围的潜力，民营机构的运营者当然会充分利用该资源优势提升自己的效益。仅有两家提供区域服务（占 11.8%），均具有公办或公私合营的性质。这也意味着社区内的养老机构并不一定提供区域服务。②针对型机构中有 6 家拥有医院资源，也可以选择为失能老人提供服务，失能老人因为身体原因而入住养老机构的需求更加强烈，但对 A035 机构、A001 机构的负责人的访谈均表明该养老机构的目标人群主要是自理老人，主要原因是失能老人的照护及管理需要更高的专业性，反映出目前养老机构相关从业人员的专业能力制约了对城市医院资源的利用效率。

4.3.5 空间布局类型的供需结构关系

由上述分析可知，供给的空间布局类型与需求类型关系如下（图 4.10）：

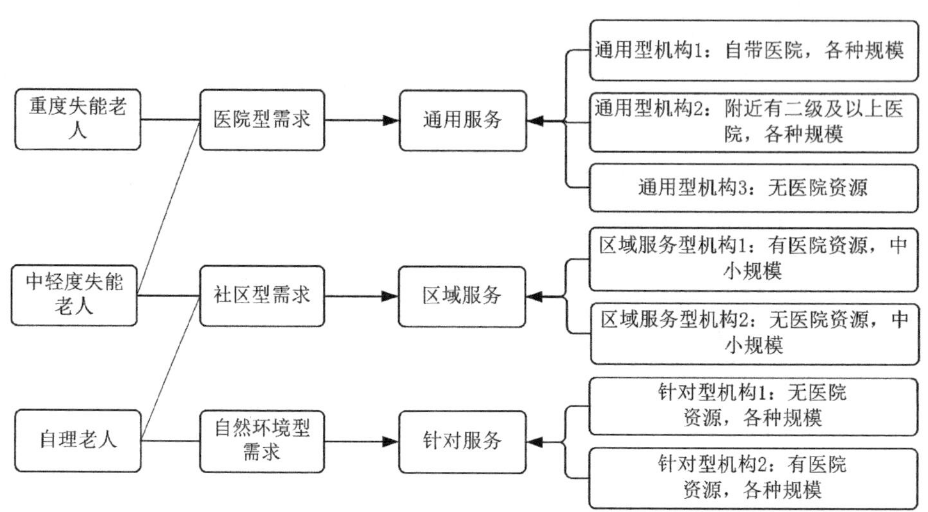

图 4.10 养老机构空间布局类型与需求类型的关系

基于上述关系，可以进行供需结构对比。养老机构空间布局类型供给情况如下（表 4.45）。

不同空间布局类型的养老机构供给量 表 4.45

空间布局类型	通用型机构 1	通用型机构 2	通用型机构 3	小计	区域服务型机构 1	区域服务型机构 2	小计	针对型机构 1	针对型机构 2	小计
床位数（床）	3808	1335	100	5243	169	304	473	1249	1200	2449

因为失能老人在入住养老机构时有刚性需求，所以对失能老人的空间布局需求量进行估算。由不同身体健康状态的老年人的需求调查问卷统计结果可知：75% 左右的中轻度失能老年人认为居住在熟悉的社区内非常重要；100% 的重度失能老年人、25% 左右的中轻度失能老年人认为医院资源重要。基于此，可以大致估算医院型需求和社区型需求的规模。

《2015 年度长沙市老龄事业发展统计公报》显示，长沙市的重度失能老人为 2.87 万，中轻度失能老人 17 万。《老年养护院建设标准（2011）》将为失能老人的服务提供比定为50%，即可供入住的床位数与失能老年人口数的比例，参考该标准，即便考虑重度失能老年人的入住相对需求更高，将其服务比提高至 70%，将中轻度失能老人的服务比降低至30%，计算显示：社区型需求总量 / 医院型需求总量大于1。但相应的供给结构显示：区域服务型机构总量 / 通用型机构总量约为0.1。提示区域服务型机构供给总量太小，存在结构性缺乏的问题，是制约吸收效率的重要供给因素。

4.3.6 区域服务型机构对需求的吸收结果

通用型机构和针对型机构的服务对象来自全市市域，老年人入住该类机构时，其对离家的距离并不敏感，最在意的是其是否具有医院或较好的自然环境，这些要素也属于养老机构功能的重要组成部分，这意味着入住该类机构的老年人是对市域范围内的养老机构进行比较选择，若养老机构的功能、价格能符合其需求，老年人就会入住该机构。因此，通用型机构、针对型机构对需求的吸收结果特征即为对功能、价格需求的吸收结果（见4.1、4.2节分析）。

但区域服务型机构不同，入住该类机构的老年人对于养老机构离家的距离有较高要求，只有养老机构的功能、价格供给与社区内的老年人的需求相匹配时，老年人才会入住。因此，将对区域服务型机构样本的价格、功能水平与社区老年人的支付能力、对功能的预期的匹配程度进行分析。

由对不同社会空间中的老年人对养老机构需求特征可知，老年人在空间分布上是非均匀的，不同社区内的老年人收入、观念等存在差异。通常来讲，个人（或家庭）收入较高的老年人，支付能力更强，对功能水平要求也相对更高。

相关研究证明住房市场证据可以代为描绘社会空间图景[215]，蒋亮等通过二手房价格等指标已对长沙市进行了社会空间分析[175]。基于养老机构附近（服务半径1000米左右）住宅小区的二手房交易价格，来判断其间居民的家庭所处的社会阶层，估计其收入水平及其对养老机构功能水平的预期，再与相应的区域服务型养老机构的价格、功能水平进行比较，从而判断供给与需求的匹配程度。其中，二手房价格数据主要来自安居客、房天下、0731房产网、链家网等网站2016年11月的历史数据。

区域服务型机构样本有6家，为A022、A031、A033、A038、A015、A016，其中A038、A031、A033空置率高，A016、A015空置率较低，A022空置率稍高。

A038位于L安置小区内，是公私合营的养老机构，价格偏低。但该安置小区内居民以前为农民，受到观念制约，入住意愿低；同时，距离其稍远些的住宅小区均为中高档小区（如堤亚纳湾等，均价 10000～12000 元 / 平方米），提示居住于其间的人群以中上阶层为主，但该机构的医疗、自然环境等功能水平低，存在明显缺陷，护理水平也没有达标，其功能平均分仅 5.16 分，与中上阶层居民较高的功能水平需求存在较大差距；该案例中包含着两种供需错位，使养老机构供给无法有效吸收相应需求。类似的问题也存在于 A031、A033 中。A031 位于 T 别墅小区内，毗邻 T 国家森林公园，其所在别墅小区住宅均价 12000 元 / 平方米，参考蒋亮等的成果 [175] 及长沙市的房价水平，属于高档住宅区，是社会上层居住区域，其服务半径 1 公里左右的区域多为中高档小区（湘府十城、华盛世纪新城、五矿万镜水岸、托斯卡纳等），说明其附近小区居民多为中上阶层，其支付能力相对较强，该机构的价格不高（自理 1800 元 / 月，失能 2300 元 / 月），但护理、居住等功能指标分值表明其没有达标，与对功能有较高要求的该机构周边的居民需求存在一定差距。A033 附近小区（长房半岛蓝湾、美洲故事、南屏锦源）也为中高档住宅，提示里面居住着社会中上层，但其医疗功能存在缺陷，居住水平偏低，功能平均分仅 5.95 分，与中上阶层居民较高的功能水平需求有一定差距。

相较而言，A016 所在的黑石渡社区内有 13 个企事业单位，处于停产、改制、破产状况，居民多为企业退休职工，收入不高，对功能水平的要求也相应会低一点，从功能来讲，其医疗、护理、环境均达标，仅居住水平偏低；同时，其为3P合作，价格也比较低（轻度失能2400元/月，略高于企业退休金平均水平），再加之其规模较小，使其吸收需求的效率较高。A015 所在社区为经适房小区，其附近小区的二手房价格在 6500～7800 元 / 平方米左右，提示着居住的人群主要为工薪阶层，从功能来讲，其功能平均分为 6.86 分，仅居住功能水平偏低，医疗、护理、环境功能均为中等及较好水平，其为公私合营，价格也较低（自理 1750 元 / 月，失能 2100 元 / 月），同时规模小，这些共同促使供给较好地吸收了相应需求。A022 是公办养老机构，建立初衷就是为了配套社区的养老服务，因此其价格实惠（1340 元 / 月），其周边住宅小区高中低档均有，均价为 7500 元 / 平方米左右，提示中、低档小区偏多，其各项功能均为中等及以上，功能平均分为 6.63 分，但由于只接收自理老人，在一定程度上制约了其吸收效率，加之规模偏大，共同使其对需求吸收效率偏低。

由上述分析可知，区域服务型机构供给与需求匹配度越高，其吸收效率越高。从需求来看，每个社区的老年人入住养老机构的意愿及需求内容存在差异。

从供给来看，政府和民营机构之间进行合作，有助于降低养老机构供给的价格水平，增强中低收入社区内老年人的有效购买能力，促进供给吸收相应需求；同时，对于中高阶层社区而言，低质低价的养老机构与其需求相距较大，并不利于供给吸收需求；区域服务型机构在兴办时需要将这些特征加以统筹考虑。综上所述，区域服务型机构供给与需求的匹配度是影响吸收效率的供给因素之一，匹配度越高，其吸收效率越好，反之亦然。

4.4 本章小结

（1）对功能需求的吸收结果

失能老人和自理老人需求的养老机构的基本功能要素都为医疗、护理、自然环境、室内居住环境；相对来讲，失能老人的个性化需求少，自理老人的需求呈现出个性化、多样性的特征，除了基本的功能要素之外，自理老人还会关注其他的功能要素。而且，失能老人和自理老人心中各基本功能要素的重要程度排序存在差异，在失能老人心中，重要程度由强到弱依次为：医疗、护理、室内居住环境、自然环境，在自理老人心中则为：自然环境、医疗、室内居住环境、护理。

基于相关规范、标准，针对医疗、护理、自然环境、室内居住环境等功能要素，通过分级、加分、设立数学模型等方法对其水平进行量化，以便于进行分析、比较。量化结果显示养老机构的功能要素的水平及组合是非匀质的，具有复杂性。

对养老机构的分组统计结果显示，随着失能老人占比下降，医疗功能水平呈明显的下降趋势，护理、室内居住环境、自然环境功能水平呈现上升趋势。说明主要吸收失能老年人需求的机构与主要吸收自理老年人需求的机构的功能要素水平有较明显的差异。

进一步对养老机构分组，并通过相关性分析、综合归纳等方法，发现影响对失能老人功能需求的吸收效率的供给因素是医疗、护理功能水平，机构的医疗功能水平分值越高，其能吸收的需求量越高，空置率也就越低；而医疗功能水平分值越低，机构对失能老人功能需求的吸收效果相应变差，空置率也相应增高。失能老人对护理功能水平也有一定要求，过低的护理功能水平（低于 6 分）会使机构的吸收效率明显变差。除此之外，宗教慈善机构的性质可以在一定程度上增强机构对失能老人需求的吸收能力。

影响对自理老人功能需求的吸收效率的供给因素是具有同质功能的机构规模，规模过大将降低吸收效率，中小规模将有利于提高吸收效率；同时，机构的医疗功能水平也是重要的供给因素，完全没有医疗保证会降低吸收效率。

（2）对价格需求的吸收结果

老年人对价格的需求表现为能够付得起和性价比高的养老机构。

根据养老机构的价格水平和老年人支付能力的比较显示，价格水平高于老年人支付能力，制约了对价格需求的吸收效率。

基于养老机构各功能要素的量化分值，结合失能、自理老人心中各功能要素的重要程度来进行权重赋值，设立养老机构的综合性能模型、性价比模型并进行计算。

对养老机构供给的性价比与空置率的关系进行分析，发现无论是对失能老人还是自理老人，养老机构性质是影响吸收效率的重要供给因素，公办养老机构供给的性价比水平较高，吸收效率较好，民营养老机构的性价比水平偏低，吸收效率较低；区位是另一影响吸收效率的供给因素，特别突出的是，无论对自理还是失能老人，近郊民营机构的价格水平要明显高于市中心区民营机构的价格水平，而性价比水平明显逊于市中心区民营机构，造成了近郊民营养老机构的吸收效率低下。

（3）对空间布局需求的吸收结果

对于空间布局，重度失能老人最需求的是养老机构具有医院资源；中轻度失能老人最需求的是养老机构距离家比较近，也有部分老人对机构附近有医院有较高需求；自理老人最需求的是养老机构周边自然环境比较好，其次是能否距离家较近。不同社会区中的老年人对养老机构的功能、价格、空间布局的需求呈现出明显差异；同一社会区中不同社区的老年人对养老机构的需求也呈现出明显差异，老年人口的聚集方式、老年人的职业、社区附近的自然资源、医疗资源、社会资本等社区要素会使不同社区的老年人的养老机构需求呈现差异。因此，以社区为需求差异的空间单位比较合适。由此，可以归纳出空间布局的三种需求类型：医院型需求、社区型需求、自然环境型需求，与之相匹配的分别是通用、区域、针对服务模式。

通过分类变量相关性分析，发现养老机构规模、社区资源、自然环境资源与其空间范围服务模式、空间人群服务模式均没有相关性。养老机构的医院资源与其空间范围服务模式有中等程度的相关性，与其空间人群服务模式有较强程度的相关性。依据养老机构实际提供的空间服务模式以及养老机构是否拥有医疗资源，将其分为通用型机构 1、2、3，区域服务型机构 1、2，针对型机构 1、2。

通过养老机构空间布局供需结构比较，发现区域服务型机构供给量太小，是制约吸收效率的重要供给因素；区域服务型机构供给与需求的匹配度是影响吸收效率的另一供给因素，匹配度越高，其吸收效率越好，反之亦然。

5

第五章
影响吸收结果的城市系统因素

吸收结果是城市社会、经济、空间子系统相互关联、共同应对需求的结果。其中，政府管理和基层治理是社会子系统内相关的基本要素，决定了养老机构配置时的组织与管理方式；经济发展水平、经济增长方式是经济子系统内相关的基本要素，很大程度上决定了流向养老机构的经济资源数量与质量；城市规划、管理和城市形态是空间子系统内相关的基本要素，决定了养老机构的空间分布及结构。这些要素通过交织作用与影响在城市系统内产生了多个层级的因素。

城市系统内的因素可分为 3 个层级：反映城市空间与形态等物质层面特征的因素，反映城市行为等非物质层面特征的慢驰豫变量类因素和快弛豫变量类因素。其中慢驰豫变量类因素主要反映系统的基本特征，如城市发展阶段、运行方式、政治制度、民风民俗、持续发展能力、历史文化传统等方面的特征，快驰豫变量类因素则是其他的反映城市行为等非物质层面特征的因素，由慢驰豫变量类因素所决定[216]。

依据这样的理解，将城市系统内的因素从现象到内在机制分为三个层级：物质层面的现象因素、影响现象的直接因素、导致直接因素形成的根本因素。物质层面的现象因素是吸收结果，即影响吸收效率的供给因素；根本因素是对城市社会、经济、空间子系统内的政府管理、基层治理、经济发展水平、经济增长方式、城市规划与管理、城市形态等要素的特征的反映或与之紧密关联；而在根本因素的交织作用下，会形成影响吸收结果的直接因素。因此，影响吸收结果的城市系统因素指直接因素和根本因素。

依据上述对城市系统因素层次关系的界定，通过如下路线展开研究：首先分析养老机构的功能、价格、空间布局的供给模式，寻找可能影响吸收结果的环节，对与该环节有关的各方主体进行深度访谈，结合文献查阅，初步确定影响吸收结果的直接因素；通过灰色关联分析方法对初步确定的直接影响因素进行检验，确定影响吸收结果的直接因素；最后综合分析城市系统内相关的基本要素的特征，明晰社会、经济、空间子系统内的根本因素及其对直接因素的影响路径。由此可以较为完整地确定影响吸收结果的城市系统因素及其关联。

在分析影响吸收结果的直接因素时，深度访谈对象包括代表性养老机构的举办者（或管理者）、民政部门管理者、城市规划部门管理者等。选择代表性养老机构时，充分考虑举办者性质、价格、规模、功能、举办年代、空置率等多维标准，使其能充分反映吸收结果的特征。共访谈了11家养老机构（或连锁品牌机构）的举办者或管理者、4位民政部门管理者、1位城市规划部门管理者。

5.1 影响对功能需求的吸收结果的直接因素

吸收结果的形成是由相关参与者借助一定工具、通过一定路径完成的，这些就是导致吸收结果的直接因素。相关政策、规范、标准等会规定养老机构的供给模式，在供给模式中找到可能影响吸收结果的参与者及行为，再结合对相关参与者的深度访谈等，分析其行为的路径，来确定直接因素。

5.1.1 养老机构功能的供给模式

（1）与功能相关的标准、规范及政策

养老机构功能涉及类型、要素、水平及供给过程等方面。相关标准与规范、政策等为养老机构功能供给提供了技术与实施依据。

与养老机构的功能类型、要素相关的国家规范及标准主要包括：《老年人社会福利机构基本规范 MZ 008-2001》《城镇老年人设施规划规范 GB 50437—2007》《老年养护院建设标准建标 144-2010》《养老设施建筑设计规范 GB 50867—2013》。在此基础上，有些地方又结合自身的实际情况，细化并出台了地方性的规范、标准等。可以发现，对于养老机构的名称仍缺乏统一的规定，但总的来讲，按其服务人群的不同，城市养老机构主要分成两类：养护院和一般养老院。养护院专门服务失能老年人，一般养老院服务于自理老年人和失能老年人。主要功能要素包括居住、医疗、护理、娱乐活动等。

与养老机构的居住、医疗、护理等功能要素水平相关的规范与标准主要包括：《老年人建筑设计规范建标 JGJ 122-99》《老年人居住建筑设计标准 GB/T 50340》《城市居住区规划设计规范 GB 50180》《城镇老年人设施规划规范 G 2007》《老年养护院建设标准建标 144-2010》《护理院基本标准（2011 版）》《养老设施建筑设计规范 2014》《养老机构管理办法（2013）》《长沙市养老机构管理办法（试行）（2015）》《老年人社会福利机构基本规范》《长沙市民办养老福利机构管理暂行办法（2012）》。这些规范从人均建筑面积、护理比、医务人员配备等方面对养老机构功能水平进行了规定。但同时可以发现不同规范的标准不尽相同，并未统一。

功能供给的实现要经过一定的过程，它包括了举办者有意向举办养老机构、获得相应许可批准、进行运营、接受政府监督等的过程。与此过程相关的政策文件主要包括《民办非企业单位登记管理暂行条例》《社会福利机构管理暂行办法》《养老机构设立许可办法》。其中，《民办非企业单位登记管理暂行条例》《社会福利机构管理暂行办法》主要应用于2013年以前，2013年以后《养老机构设立许可办法》开始实施。

（2）功能的供给模式

举办人有了举办养老机构的意向，会初步考虑机构的功能定位。

而获得相应许可批准是其后的关键一步。1998年起，依据《民办非企业单位登记管理暂行条例》，养老机构的设置采用双重监管的许可制度，即养老机构举办者根据《社会福利机构管理暂行办法》的规定，到相应民政部门审查，获得《社会福利机构设置批准证书》后，再到登记机关办理登记手续。登记机关也是相应的民政部门。2013年后，民政部出台了《养老机构设立许可办法》，依据该规定，若养老机构已建立、登记，并达到行政许可要求，就需要重新申请设立许可。若机构还达不到设立的相应要求，则应当在规定期限内完成整改，并申请设立许可。2014年之后，各地的相关许可办法陆续出台。与行政许可相关的上述政策对机构功能并无严格规定。而养护院（护理院）需要获得卫生和民政主管部门的双重许可。

获得行政许可之后，养老机构的运营者便可择日开始运营。在运营过程中，养老机构要接受来自民政部门的监督。《民办非企业单位登记管理暂行条例》《养老机构管理办法》及相关的地方性文件中都对监督内容进行了界定。与功能相关的规范、标准是养老机构运营、政府监督的技术依据。

（3）影响功能供给的参与者及行为

可以发现，在养老机构的功能供给过程中，参与者主要是举办者、政府相关部门。影响养老机构功能供给的行为包括：举办者在意向阶段时的功能定位、其对养老机构的运营、政府部门在运营中对功能的监督等。

5.1.2 对功能需求的吸收结果的形成路径

对功能需求的吸收结果主要是：养老机构的医疗、护理等功能水平是影响吸收效率的关键因素，主要服务失能老人的养老机构医疗功能水平越高，吸收效率越好，护理水平也有重要的影响，主要服务自理老人的养老机构的具备一定的医疗水平，才会有较高的吸收效率；主要服务于自理老人的同质功能的养老机构的规模过大，会导致吸收效率低，中小型规模的吸收效率较高。

那么在举办者定位及运营、政府部门监督过程中，是什么因素导致养老机构形成了不同的功能水平和规模呢？

选择了在该方面做得比较好的代表性案例P连锁品牌机构（包含A014、A016、A024等机构），以及在该方面仍存在欠缺的A038机构、A036机构、A035机构，对其相关负责人或举办人进行访谈，着重了解其对功能的定位、运营过程中功能的变化情况、政府监督的情况。同时，对某区民政局的主管城镇养老机构的领导就监督等问题进行了访谈。

对于养老机构发展的定位问题，P连锁品牌机构的相关负责人这样说："（我们）从2008年就开始关注养老这一块，但一直没有确定下来具体做什么，2010年左右才初步确定我们的主要市场对象，也就是服务人群，是失能、失智老人。这两年的时间，我们做了很多研究，在全国、包括长沙在内，做了几千份问卷，来研究老年人缺什么，我们能做些什么。所以，我们今天做的一切都是经过深思熟虑的，也基本在按预想一步一步的走。"关于其对于机构规模的理解，该机构相关负责人说："你看到的比较小的机构都是以前的，现在我们心中更理想的机构规模是50～80床的样子，这个数据是我们的运营团队，通过需求调研、成本核算得来的，它是一种比较能保证较好实现利润预期的规模。"可见，无论是对养老机构定位还是规模定位，P连锁品牌机构通过团队运营都表现出了较高的专业性，这直接决定了其后来的运营过程比较顺利，保证了较好的功能水平和较理想的吸收效率。

而对于养老机构定位的理解，A036机构的举办人则有明显的不同："当时是按大规模搞的，食堂、餐厅都是按规模大的搞的，想得比较简单，开养老院就是收些老人进来。所以我这里半自理老人也可以住，失能老人也有，自理老人是大多数，当时并没有想太多这个（定位）。"由于定位不清晰，就无法预先提供符合老年人需求的服务，导致入住人数少。同时，A036的举办人对其运营状况做了如此描述："我的（公寓）有30几间房，总共只有60多个床位，但入住最多就27～28个人，运营非常困难。你算一下费用就知道，食堂里面用的（物资）、4个人的工资（厨房师傅、卫生保洁、护理员、传达室工作人员）就要1万多（一个月)，（再加别的开支）每年要35万左右……（所以）配医生不起，配个医生，只住这几个人。”而问及举办人的职业背景时，其原来是从事运输业的，运营基本由其一人决定，养老机构举办人专业水平不高。在后续被访谈的中小型典型案例中，发现这种情况比较普遍。而且，根据浙江省发改委社会处统计显示，浙江省90%以上的民办养老机构创办人为小微企业主、普通民众、下岗职工等，缺少相应的管理经验。[217]

A038机构对于定位问题的情况稍有不同，其为连锁化服务公司，虽有相应的运营团队，但其负责人说：“公司当时选在这里，是作为试点，是想带动城乡接合部的老年人（相关消费）。但是，到目前为止，老年人的观念还没有改变，而且我们现在发现非常难改变，入住的比较少。”这反映出处于养老机构发展的早期阶段，举办者对于老年人的需求的规律理解有限，仍在摸索。而且因为专业素养的相对缺乏，使该养老机构的入住人数非常少，运营较为艰难，进而制约甚至降低了其功能水平，导致其未配备医务人员。

国际经验表明，养老机构并非越大越好，300床是一个规模阈值。在长沙市市级规模养老机构中，超过300床的设施中，除了公办机构，均表现出高空置特征，且大多在远郊地区。位于远郊的A035机构也存在这样的问题（500床以上），其主要是为自理老人服务，对于如此大规模的兴建，其负责人表示：“以前是没有这么大的，后来扩建过，因为任何事情都有规模效应，规模越大，经济效益越明显。”而实际上，对于自理老年人而言，其对养老机构功能需求的个性化更加明显，同质功能的养老机构规模过大，并不符合自理老人的需求规律，因此也就产生不了规模效益。这也说明了运营者的专业素养存在不足，导致吸收效率较低。

政府相关部门的监督不力也是造成养老机构功能水平低下的原因之一。按照《民办非企业单位登记管理暂行条例》的规定，对养老机构的监督主要是年审制。在第三十三条规定：“民办非企业单位应当于每年3月31日前向业务主管单位报送上一年度的工作报告，经业务主管单位初审同意后，于5月31日前报送登记管理机关，接受年度检查。工作报告内容包括：本民办非企业单位遵守法律法规和国家政策的情况、依照本条例履行登记手续的情况、按照章程开展活动的情况、人员和机构变动的情况以及财务管理的情况。”通过与代表性案例的负责人的访谈，发现每年的年审主要体现为系列考核表格的填写，一般是相关管理部门把考核表格通过邮件等方式发送至负责人，养老机构自查，填完后上报，这使得监督几乎流于形式，对养老机构的监督作用并没有落到实处。对此，虽然在2013年由民政部制定的《养老机构管理办法》第二十九条已经提到："民政部门应当建立养老机构评估制度，定期对养老机构的人员、设施、服务、管理、信誉等情况进行综合评价。养老机构评估工作可以委托第三方实施，评估结果应当向社会公布。"但在实践中，在对某区的民政部门负责人访谈时，她谈到了目前第三方评估仍局限于财务方面，在养老机构的功能水平方面的监督仍主要是依靠年审制，这也受制于相关的评估指标体系缺乏系统性。在2015年《长沙市养老机构管理办法（试行）》的第三十六条中提到："市民政部门建立统一的养老机构信息服务平台，为养老机构和社会公众免费提供政策咨询、信息查询和投诉、举报受理等服务。"但处于初始阶段的信息服务平台存在更新不及时等问题，其监督作用仍十分有限。

由以上分析可知，养老机构功能水平、规模差异的形成路径如下（图5.1）：

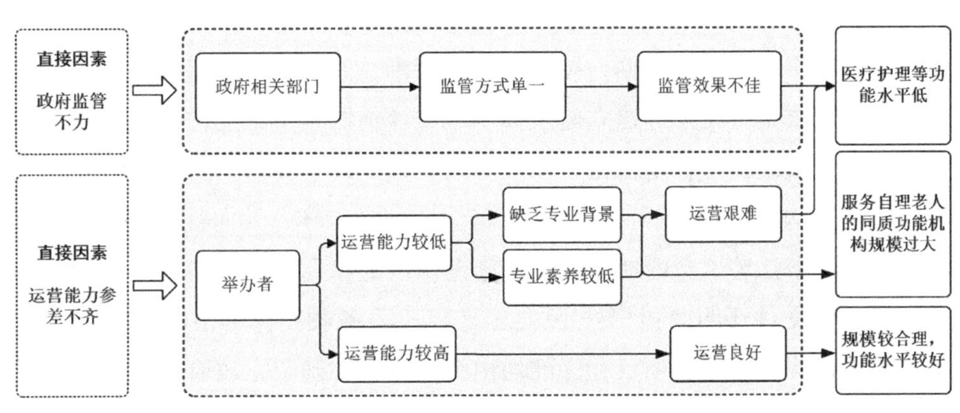

图5.1　机构功能水平与规模差异的形成路径

5.1.3 直接因素：运营能力参差不齐、政府监管不力

由以上形成路径可知，目前养老机构的部分运营者因为缺乏相应专业背景、专业素养较低等原因，对老年人群需求的认知有限，从而有将养老机构运营简单化的倾向，并进而导致运营艰难，在收支难以平衡的现实困境中，通过降低服务水平来实现运营持续成了其现实选择；而同时，政府对其服务的监管方式相对比较单一，不能及时对其已下降的服务水平进行有效监督，使某些养老机构功能水平低的现象持续存在。与此同时，也可以发现，已开始出现一批运营能力较强的运营者，通过团队的力量，在对养老机构的定位、规模、经营等方面均会先做

很多调研，摸清老年人需求，进行科学定位与合理安排，使其运营能取得较好效果，供给出较合理的机构规模并保持较好的功能水平。

综上所述，养老机构在功能水平、同质功能的机构规模等方面的差异，其实是运营者的运营能力参差不齐、政府监管不力的结果。因此，这两点是影响对功能需求吸收结果的直接因素（图 5.1）。

5.2 影响对价格需求的吸收结果的直接因素

5.2.1 养老机构价格的供给模式

（1）与价格供给相关的政策

2015 年，由国家发展改革委和民政部共同发文《关于规范养老机构服务收费管理，促进养老服务业健康发展的指导意见》，明确了公办养老机构的定价原则："制定、调整政府投资兴办的养老机构服务收费标准，应以扣除政府投入、社会捐赠后的实际服务成本为依据，按照非营利原则，并考虑群众承受能力、市场供求状况等因素核定。在推进建立健全养老服务评估制度基础上，逐步实现按照护理服务等级分级定价。各地价格、民政部门要按照以上要求，对本地区政府投资兴办的养老机构服务收费项目、标准进行统一梳理审核，并向社会公布。"北京、上海、福建、浙江等出台的地方政策也都遵循以上原则，基本实行政府定价。

同时，该文件还明确指出："民办养老机构服务收费标准由市场形成。民办营利性养老机构服务收费项目和标准均由经营者自主确定，政府有关部门不得进行不当干预；民办非营利性养老机构服务收费标准由经营者合理确定，政府有关部门可结合对非营利机构监管需要，对财务收支状况、收费项目和调价频次进行必要监督。"在对长沙市某区民政部门的相关事务负责人访谈时，她也谈到："民营（养老机构）这一块的价格基本是放开的，由市场来定。"

总的来讲，我国养老机构经历了从公办到公办、民营共存的历史发展过程，形成了政府定价和市场定价两种方式 [218]。

（2）公办养老机构价格的供给模式

在长沙市公办养老机构中，依据主办单位级别，选择了市级公办机构 A025、区级及以下的公办机构 A022，对其负责人进行访谈，以了解其价格供给模式。

在对 A025 的价格进行分析时，发现其在 2010 年、2016 年的收费标准（轻度失能老人）均高于相应年份的市企业退休养老金水平，对此现象，其相关负责人谈到："当时（2010 年），我们也去广州等一些城市考察过，也都高于当地老人的平均收入水平，所以，不光只是考虑老年人的退休养老金的问题，还要考虑成本问题。现在（2016 年）也略高于（老年人的退休养老金水平），因为现在人工、物资等价格都在上涨。"说明成本是其价格供给的关键因素。对于其价格的确定，A025 的负责人指出："由我们提出价格的参考意见，市物价局审核后才能确定。"这说明其有价格相应参考范围，受到政府的制约，不是自主定价。

对 A022 的负责人的访谈，表明其价格供给模式与 A025 基本类似："现在的价格非常低，老人入住后，费用主要包括水电费，是按实际使用的情况交，伙食费是交来的钱全部用于老人的伙食，还有床位费和护理费，用于剩下的开支，包括维修费、工作人员的工资支付等，没有盈利，而且考虑到（社区）老年人没有什么钱，价格一直没有提上去。"表明其基本也是基于成本定价，只是与 A025 不同的是，其在考虑价格时更偏向于中低收入的老人。

除了成本，2012 年、2015 年公布的《长沙市关于扶持养老福利机构发展的实施意见》指出会给予养老机构一定的运营补贴，但在访谈中各养老机构的负责人均表示补贴力度相对较小，对价格的影响并不大。

因此，在公办养老机构价格的供给中，政府是主要参与者，并且基于成本补偿原则确定价格。

（3）民营养老机构价格的供给模式

虽然民营养老机构价格由市场决定，但价格供给模式也不尽相同，可分为两类：慈善型、非慈善型。

目前，慈善型民营养老机构主要是由各类宗教组织兴办运营的，如 A018 机构的负责人所说："我们的房产是教会的。教会无偿提供房产给我们经营，内部管理是教会，业务管理是民政。我们收的老人是中低收入老人，教会主要讲爱心和奉献。我们的价格主要包括护理费、伙食费、床位费、综合管理费。其中，护理费用全部交给护工，相当于我们只做个见证，他们的工资有差不多 4000 元左右，是完全透明的，伙食费全部用于吃饭，床位费、综合服务费都交到教会，再返还回来，用来维修、发放管理人员和其他服务人员的工资等。""基本上全国教会的模式都是这样的，盈利点基本上是没有的，是慈善事业。"说明其也基本遵循成本补偿原则，定价之后，需要向市物价局报备。

非慈善型养老机构的价格供给模式不一样。通过对 P 连锁品牌、A038、A035、A013、A036、A031 等多家机构的负责人的访谈，发现除了成本，其还会有获取利润的需求。市民政局的统计结果显示，截至2016年年底，长沙所有的民营养老机构均为非营利性组织，非营利性组织并不是指该组织不能获取利润，而是在财务管理上不能将利润用于分红，但可以用于企业的继续发展壮大等方面。因此，民营非慈善型养老机构多有利润预期，P连锁品牌机构相关负责人谈到："作为市场化运行的企业，与做慈善事业不同，既然企业化运行，并不谋求暴利，但至少不能亏本。而且企业若是要发展，需要有一定利润的。比较理想的状态是能够达到5%～10%的微利。"而若是营利性的养老机构，它的利润预期会更高。在其定价之后，在向市物价局报备即可。因此，非慈善型养老机构价格的供给中，举办者是主要参与者，其价格受到成本和利润预期的影响。

同时，2012年公布的《长沙市关于扶持养老福利机构发展的实施意见》指出会给予养老机构一定的运营补贴，但其补贴力度相对较小，对价格的影响较小。除此之外，对于民营养老机构，长沙市先后于2012年、2015年颁布《长沙市养老福利机构扶持资金管理实施细则》《长沙市养老机构财政扶持资金管理实施细则》，对新建、新扩改建的设施给予一定的建设补贴，但在相应年份之前的机构不予补助，而且只有在入住率等条件达标之后才予以补贴，使真正能享受到补贴的机构数量非常有限，对价格供给的影响也非常有限。

因此，在慈善型养老机构价格供给中，教会等慈善组织是主要参与者，基本遵循成本补偿原则；在非慈善型养老机构价格供给中，私人部门的举办者是主要参与者，遵循成本＋利润的定价原则。

（4）影响价格供给的参与者及行为

可以发现，在养老机构的价格供给过程中，参与者包括政府、慈善组织、私人部门的举办者，影响养老机构价格供给的行为主要有成本计算、利润预期等。

5.2.2 对价格需求的吸收结果的形成路径

对价格需求的吸收结果主要是：养老机构的价格水平高于老年人支付能力，导致吸收效率较低；养老机构的性质是影响吸收效率的重要因素，无论对于自理还是失能老人，公办机构价格水平较低，性价比水平较高，吸收效率较高，民营机构价格水平较高，性价水平比较低，吸收效率较低；民营养老机构的区位是影响吸收效率的重要因素，无论对于自理老人还是失能老人，近郊民营机构价格水平高，性价比水平低，吸收效率低，中心区民营机构价格水平低，性价比水平高，吸收效率高。

那么在政府、慈善组织、私人部门的举办者进行成本计算、利润预期，进而供给价格的过程中，养老机构的价格水平高于老年人支付能力是如何形成的呢？养老机构价格与性价比的差异是怎样形成的呢？

（1）养老机构价格水平高于老年人支付能力的形成路径

2016 年长沙市企业退休职工平均养老金为 2200 元 / 月，处于较低水平。这是因为现在的老年人大多出生于新中国成立前，其大部分工作时间是在计划经济时代，当时的分配制度具有高就业、低工资、高福利、低分配的特点，工作时的工资收入很少；而在经济体制转型中，政府在确定企业退休职工的养老金时参考了其工作时的工资水平。且由于社会养老保险制度建立较晚等原因，虽养老金在不断上涨，但上涨幅度非常有限，使其变化与经济发展并不同步，导致其保值率不断下降 [219]，持续呈现较低水平。

若仔细观察轻度失能老年人入住价格低于 2200 元 / 月的养老机构，共有 11 家（表 5.1）。其中公办机构 4 家，民营慈善型机构 2 家，民营非慈善型机构 5 家。在 5 家民营非慈善型机构中，与社区合作的民营机构 1 家（在租房方面有优惠），1 家由医院转型而来使其成本相对大量减少，1 家正在开业优惠期间（2016 年 6 月开业）；剩余的两家，一家以自理老人服务为目标，失能老人几无入住，而另一家的功能存在缺陷，导致其价格较低。

低价养老机构统计表 **表 5.1**

序号	养老机构代码	性质	备注
1	A003	公办	
2	A005	公办	
3	A029	公办	
4	A032	公办	
5	A018	民营慈善型	
6	A006	民营慈善型	
7	A015	民营非慈善型	与社区合作
8	A036	民营非慈善型	
9	A035	民营非慈善型	
10	A011	民营非慈善型	原为医院
11	A039	民营非慈善型	开业优惠期间

可以发现，在较低价格的养老机构中，公办、民营慈善型机构占54.5%，与其成本相对较少、不求利润有关。而同时，慈善型民营机构A018的负责人在接受访谈时也谈到："我们的一般工作人员（有保险的）每月工资非常低的，只有1000多块。如果我们的收费不提高的话，我们的硬件设施、工作人员的待遇确实很难改变。运转是很困难的。""但确实，住在我们这里的几个孤寡老人的工资是我们代管的，只有2000元左右，贵的根本住不起，所以也就没有涨价。"表明即便是基于除去租房、建设费用等成本，养老机构要提供与中低收入老年人支付能力相匹配的价格，仍是比较困难的。

而与公办、慈善型民营机构相比，非慈善型民营机构的成本还包括租房、建设费用等。在此前提下，要提供同一水平的价格，几乎不可能。A035机构属于新建养老机构，对于其成本，其负责人谈到："两期养老院一共投入1个亿，基本靠自己投资。政府也给予了资助，前后一共150万，包括建设补贴、营运补贴。而一个床位的建设成本至少要达到10万。"而对于如何面对目前高空置的运营状况，他谈到："（我自己）还有别的企业，可以提供资金（上的补给）。"这反映了新建养老机构的成本水平。而另外一家租房建的A013机构，相关负责人谈到成本时说："我们租赁的是区政府的房子，每月租金5万，后来是其中一个老板加建了，但也要交租金，导致租金更高，租金涨到接近20万左右/月。电费3万多/月，我们使用的中央空调，一年有6个月左右使用中央空调。还有伙食、维修等费用和人工费用。虽然我们有近150个床位，而且入住一直比较高，但算下来，收支仅能维持。要我们再降低价格，真的是做不到。"其轻度失能老人的价格为3000元/月左右。这说明随着经济快速发展而变化的民营机构成本是比较高的，是决定其价格较高的原因。而若民营机构还要追求微利目标，甚至是高利润的话，则会进一步抬高民营机构的价格水平。这些共同导致了养老机构价格水平高于老年人支付能力的形成（图5.2）。

（2）不同性质机构的性价比差异的形成路径

公办机构的价格基于成本补偿原则。对于成本构成，市级公办机构A025的负责人做了如下描述："房屋建设费用来自市财政，不用自己掏钱。"区级及以下的公办机构A022的负责人也谈到："当时建的时候是考虑为小区配套，是由政府出钱建的楼，现在每年街道还要贴钱交物业管理费、更新设备，因为设备已经很旧了。"对于运营中的成本，A025的负责人说："主要有人工费用、行政管理费用、维修费用等，伙食费都用在老年人的饮食上，尽量提供好一些的食物，现在

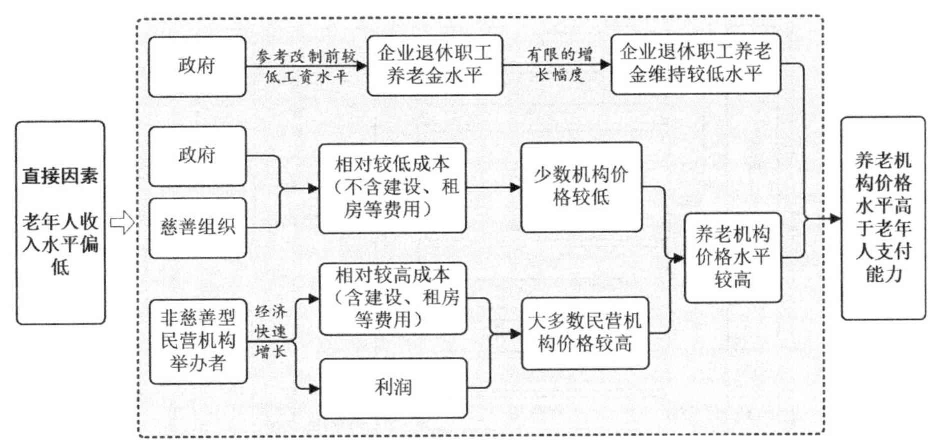

图 5.2　养老机构价格水平高于老年人支付能力的形成路径

运营的状况基本是持平，目标也是基本持平。”其中，人工费主要是付给护理人员的费用，包括工资、五险一金等；行政管理费用是行政管理开支，包括行政管理人员工资等，不包括有事业单位编制、由政府承担其工资费用的人员；设备维修、更新等费用也多由 A025 自己承担。因此，总的来讲，对于 A025，政府财政承担了大楼建设费用、有事业编制的工作人员的工资与福利，决定其定价的成本主要包括护理人员费用、行政管理费用、伙食费用、维修费用。

由于慈善型民营机构数量很少，本部分主要讨论占民营机构绝大部分的非慈善型民营机构的价格。非慈善型民营机构的价格由成本和利润预期决定。相比之下，民营养老机构的成本要高出许多，不仅包括了人工费用（护理员等所有工作人员的费用）、行政管理费用、伙食费用、维修费用，还包括了建设费（或房屋租金）等。而对于建设费这一块，正如前文 A035 的负责人所说：“（若是新建的养老院）一个床位的成本至少要达到 10 万。”对于租用房屋的情况，P 连锁品牌机构的相关负责人说：“比较理想的状态是租金、装修等这一块的费用占到年度收入的 10%～15%，但实际上，在养老机构没有住满的情况下，尤其是开业的时候，是远远高于这个比例的。”可见，建设（或租房）费用在其成本中占有较大比重，对于民营养老机构的价格的影响非常大。而若是营利性民营养老机构，还有土地出让费等费用。这些使民营机构的成本比公办机构的高很多。除此之外，民营机构还有利润预期，进一步加大了公办、民营机构之间价格的距离，导致了不同性质机构的价格与性价比差异的形成（图 5.3）。

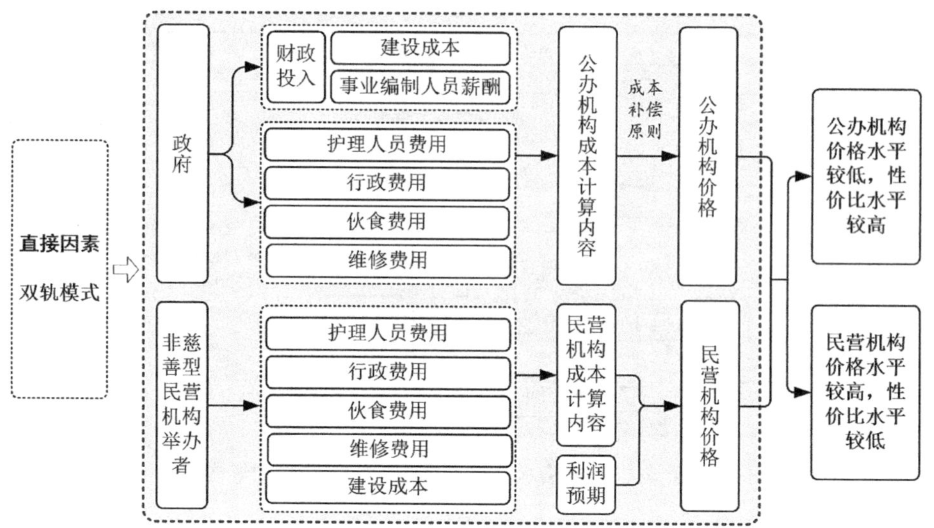

图 5.3　不同性质机构的性价比差异的形成路径

（3）不同区位的民营机构的性价比差异的形成路径

仔细观察养老机构的区位与建设年代的关系，发现中心区的养老机构建立于2010年以前的占比较大，比近郊的高10%；近郊养老机构中建立时间晚的占比较大，比市区高10%（表5.2）。这意味着较早建立的养老机构分布在中心区的更多。

中心区与近郊养老机构建设时间比较　　表 5.2

区位	2010年前建立机构占同区位机构的比例（%）	2011～2016年建立机构占同区位机构的比例（%）	机构数量（个）
市中心区	26.7	73.3	18
近郊区	16.7	83.3	13

对于养老机构的区位选择，位于中心区的A018机构的负责人说："我们最开始的时候是在另一处房产（也在中心区），后来才迁到此地，也是因为这里有房产，比原来的大一些。"A025机构的负责人也说："（我们的）选址是有一定的历史原因的，新中国成立前也有搞救济的，就在这附近，成为一个渊源。"可见，因历史原因、拥有中心区房产是一部分养老机构选址在市中心区的原因。同时，仔细观察民营机构，多为租房，与其投资金额较小有关，而要找到合适的房子并不容易；在对P连锁品牌机构的相关负责人进行访谈时，其表示找到一个合适的

房子非常困难，包括要有合适的规模、便于改造、租金合适、老人要比较多、有相关的医院等配套等。而相对来讲，市区在这些方面同时匹配的几率会更大。而且，A013 机构的相关负责人还谈到了养老机构位于中心区与探望时间成本的关系："我们的位置在城（中心）区，探望起来比较方便。我们这里有位老人，原来住在郊区的养老院，随着年龄的增长，身体有了些变化，他的家人希望能住得近一些，就转到我们这里了，她女儿探望就方便多了，以前一周去一次，路上要很多时间，现在一周可以探望 4 次，非常方便，也很轻松。"这表明市中心区符合一部分老年人希望养老机构距离家近的需求，也满足儿女们节约探视时间的需求。因此，租房建养老机构时，从合适房源的可得性、老年人口多、探视方便、有医院配套等方面综合来考虑，相对来讲，中心区的优势要大于近郊。这些因素，使得较早的养老机构更多地聚集在中心区。

而随着经济快速发展，物价在不断上涨，以长沙市居民消费价格指数（CPI）为参考（表 5.3）：

长沙市居民消费价格指数　　表 5.3

	2015 年	2014 年	2013 年	2012 年	2011 年	2010 年	2005 年	2000 年
城市居民消费价格指数（2000 年为 100）	141.6	140.1	136.4	132.7	129.7	123	105.3	100

由表 5.3 可知，2000～2015 年间，总的物价水平在持续上涨。这带来了两个影响机构价格的后果。一是房租快速增加，当中心区房租费用超出民营机构可以承担的成本范围时，其被迫往房租相对较低的近郊发展。正如 P 连锁品牌机构的相关负责人谈到的："现在的房屋租金比以前贵了很多了，我们选点时除了要有合适的房子、医院、老年人多等之外，最重要的还要进行成本核算，中心区（虽然）老年人多，各种配套也好，但房租价格真的承受不起，所以很多时候也只能放弃。"这使得较晚建立的民营养老机构更多地在近郊区。二是不同时间建立的养老机构的成本会有较明显差异，在观察养老机构的价格时，发现 P 连锁品牌下的某机构的价格较明显地低于其他机构，对此，其负责人表示："那是因为它建设的年代比较早。当时成本比较低一点，而其后也不太好大幅度涨价，所以价格低。"A022 机构、A018 机构的负责人在访谈中也表示了大致相同的意思："现在的价格确实是非常低，这和原来的价格标准太低有很大的关系，如果说要涨价，老人们是不同意的。"较早建立的养老机构价格较低，而一旦定下，要大

幅度上涨非常困难。这也决定了较早建立的机构，其价格会比较低，并一直相对较低（表 5.4）。

不同时间建立的市区民营养老机构价格水平　　表 5.4

不同时间建立的民营机构	2010 年以前	2010 年	2011 年	2012 年	2013 年	2014 年	2015 年
2016 年时轻度失能老人入住均价（元 / 月）	2460	2600	2300	2650	2800	3333	3325

综上所述，较早建立的养老机构多建在中心区，价格持续较低，较晚建立的养老机构位于近郊的较多，价格较高，不同区位的养老机构的价格呈现较大差异。

同时，仔细观察可发现，近郊养老机构的性价比比中心区低，与其医疗功能水平较低有关，突出的表现在所拥有的优质医疗资源较少。中心区的不少养老机构的附近均有三级医院（甚至三甲医院）。基于湖南省卫生厅、长沙市卫生局官网上的信息，并在湖南省卫生厅的相关管理部门进行核对，截至 2017 年 4 月，长沙市共建成三级医院 18 家，绝大部分都在中心区（图 5.4）。其中，三级甲等医院 11 家，加上分院共有 14 个点，仅 2 家分院在近郊。

图 5.4　长沙市三级医院空间分布图

其中近半数三甲医院建于新中国成立前。比如湘雅医院，始建于 1906 年，最初由受雅礼协会派遣的美国医学博士爱德华·胡美创立，位于长沙小西门的西牌楼，后几经变迁，1915 年在长沙北门外的现址建设新医院，又几经变迁，新中国成立后由政府接管，形成现在的格局和规模。又如湖南省人民医院，始于中华医学会创始人颜福庆博士于 1912 年创建的中国红十字会湖南分会医院，几经变迁，1958 年成为湖南省人民医院。

这些由留洋归国专家等较早建立的医疗机构，延续发展下来，新中国成立后由政府接管，并发展壮大，成为三级甲等医院，其建立的年代较早，建立之时就在中心区或较靠近中心区，随着时间推移，现在均处于市中心区范围内。新中国成立后，政府、企业等也多依循人口密度等建设大型医院，进一步造成了优质医疗资源聚集在中心区，而近郊相对缺乏，使近郊养老机构的性价比偏低（图 5.5）。

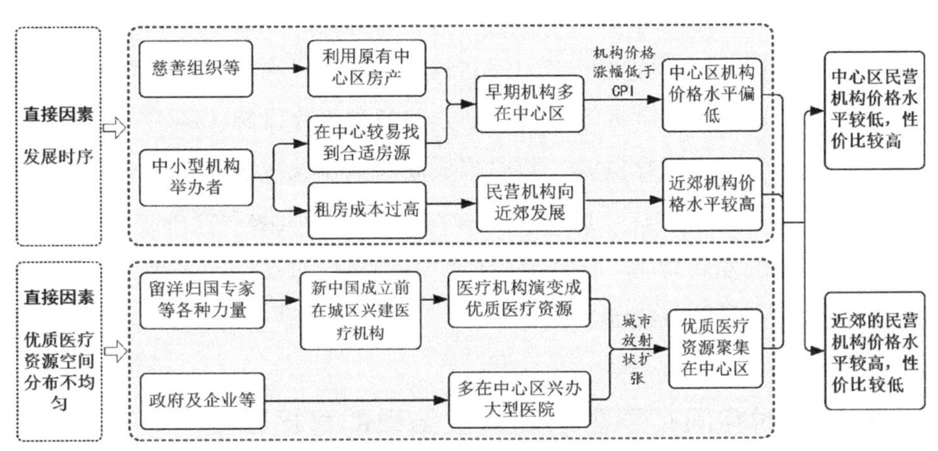

图 5.5　不同区位的机构的性价比差异的形成路径

5.2.3 直接因素：老年人收入水平偏低、双轨模式、发展时序、优质医疗资源空间分布不均匀

基于对价格需求吸收结果的形成路径的分析，可初步做出如下判断：

在经济体制转型时，政府依据当时企业的低水平工资，确定了企业退休养老金的水平，且增长幅度有限，使企业退休职工的平均养老金水平较低。而同时，随着经济的快速发展，物价在不断上涨，导致养老机构成本不断上涨，使其价格比较高，若机构还有利润追求，则价格更高，与老年人收入水平之间有较大差距。老年人收入水平偏低是导致养老机构价格水平高于老年人支付能力的直接因素（图 5.2）

公办养老机构由政府财政投入兴建，在确定价格时，其计算的成本仅包括人工费用（不包含有事业编制的人员薪酬等）、行政管理费用、伙食费用、维修费用等；而绝大多数民营机构由私人部门投资，在确定价格时，其计入的成本包括人工费用、行政管理费用、伙食费用、维修费用、建设费（或租房费），且建设费（或租房费）所占比例较大，这使得两者的成本计算范围有较大差距。除此之外，民营机构还会有利润预期，进一步导致了公办、民营养老机构价格水平有较大差异。公办、民营机构兴办的双轨模式是导致不同性质的机构价格差异的直接因素（图 5.3）。

因为历史原因、房源可得性、物价水平低等原因，中小型机构举办者、慈善组织等在早期建立的养老机构多在城市中心区，而受当时物价水平影响，价格较低，同时由于其涨价相对较难，因此一直维持较低的价格水平；而受到物价不断上涨因素的影响，当中心区租房等成本超出养老机构能承受范围时，导致养老机构向近郊发展，因此近郊养老机构中建立较晚的占比更高且价格较高。同时，在新中国成立前，留洋归国学者等在城区举办的各种医疗设施，随着时间发展，逐渐成为三级医院等优质医疗资源，新中国成立后大型医院多选择建立在人口密度高的中心区，使近郊区的优质医疗资源相对缺乏，优质医疗资源聚集在中心区。因此，养老机构的发展时序、优质医疗资源的空间分布不均匀等是导致不同区位的机构的性价比差异的直接因素（图 5.5）。

5.3 影响对空间布局需求的吸收结果的直接因素

5.3.1 养老机构空间布局的供给模式

（1）与空间布局相关的标准、规范及政策

养老机构空间布局包括选址。在《老年人建筑设计规范 JGJ 122—99》《城镇老年人设施规划规范 G 2007》《老年养护院建设标准》等规范中均有对养老机构的选址的要求，主要表现为选址的原则表述：自然环境较好、交通方便、良好基础设施条件、安全、安静、无污染等。

养老机构空间布局涉及规模和服务半径。相关的规范、政策等包括《城市公共设施规划规范》《城镇老年人设施规划规范》《老年养护院建设标准》《城市居住区规划设计规范》《养老机构设立许可办法》等。但规范之间的内容不尽相同，如《城市公共设施规划规范》仅对人均用地指标进行了规定。目前使用比较广泛的规范、政策依据主要是《城镇老年人设施规划规范》《养老机构设立许可办法》等。按规模来确定其服务半径，养老机构可分为三级：市级不应小于150床，服务全市；居住区级30～149床，主要服务于居住区；社区级10～30床，主要服务于社区。在2013年的《国务院关于加快发展养老服务业的若干意见》中指出："鼓励个人举办家庭化、小型化的养老机构，社会力量举办规模化、连锁化的养老机构。"

养老机构空间布局受城市用地性质等因素的制约。相关规范主要包括《城市用地分类与规划建设用地标准》《城市居住区规划设计规范》《土地利用现状分类》等。可使用的土地类型为公共管理与公共服务用地（A）的社会福利用地（A5）、居住用地（R）的服务设施用地。在2014年国土资源部的《养老服务设施用地指导意见》中指出："二、医卫慈善用地，可布局和安排养老服务设施用地，其他用地中只能配套建设养老服务设施用房并分摊相应的土地面积。""六、实行养老服务设施用地分类管理。新建城区和居住（小）区按规定配建养老服务设施，依据规划用途可以划分为不同宗地的，应当先行分割成不同宗地，再按宗供应；不能分宗的，应当明确养老服务设施用地、社区其他用途土地的面积比例和供应方式。新建养老服务机构项目用地涉及新增建设用地，符合土地利用总体规划和城乡规划的，应当在土地利用年度计划指标中优先予以安排。""八、鼓励盘活存量用地用于养老服务设施建设。企事业单位、个人对城镇现有空闲的厂房、学校、社区用房等进行改造和利用，兴办养老服务机构，经规划批准临时改变建筑使用功能从事非营利性养老服务且连续经营一年以上的，五年内可不增收土地年租金或土地收益差价，土地使用性质也可暂不作变更。"这明确了租房建设养老机构在城市土地利用上的合法性，并鼓励存量建设养老机构的方式，也是目前实践中的主要方式。

（2）空间布局供给模式

城市养老机构有新建、租房两种方式。其中，租房是目前实践中的主要方式。

新建养老机构被相关土地利用规划等所制约。因为我国养老设施专项规划的起步比较晚，较早制订该类规划的城市有上海、北京、深圳等，均在2015年左右，长沙市《养老服务设施布局规划（2010～2020）》2016年才公示，对本研究时段内的养老机构发展几无影响。因此，在本研究时间区间内，对城市养老机构空间布局发生影响的主要规划是《城市总体规划》和《控制性详细规划》中的《土地利用规划》，尤其是后者，其对可用土地的位置、面积、边界、性质、环境容量等都进行了规定，是养老机构选址及规模确定的依据。基于《土地利用规划》，举办人的选址和确定规模是决定设施的空间规划供给的决定性因素。但总的来讲，新建养老机构非常少，多集中在远郊。A035机构是为数不多的新建养老机构之一，位于远郊。对A035机构的负责人的访谈表明具体的选址、规模是由创办人自己决定。对于选址出发点，A035机构的负责人谈到："(我)选在这里是有种家乡情结，我们这里比较穷，我想把这里从贫穷变成不贫穷的地方，要把自己的家乡建设好。"同时，举办人会综合考虑区位资源，A035机构的负责人在谈及选址时考虑的因素时，说："老年人一般最注重的就是要环境好，山清水秀，适合居住。还有，附近的自然资源情况好不好，比如，非常重要的是水资源，如果没有自来水，就要看地下水行不行，就需要钻井取地下水去检测，看看地下水是不是含有有毒物质，是否能饮用。"选址后是相应的审批过程，主要包括立项、用地审批、规划审批等阶段，由此养老机构的空间区位基本确定。在访谈中，A035机构的负责人也谈到了审批过程的艰难："从立项到土地审批到房子报建到消防等审批，没有个3～5年办不下来，立项一年时间就非常不错了，按正常过程拿地，要涉及几乎所有政府部门，土地的审批手续是非常难的。虽然现在政策都是支持养老的，但在落实上有待改进。"综上所述，新建养老机构空间布局在《城市总体规划》《城市控制性详细规划》的制约下，主要受到举办人在选址、规模等方面的意愿的影响。

租房开办养老机构，不涉及城市土地审批、规划审批等过程。从建设成本、基础设施配套等方面来看，以及结合早期中小型投资者较多的背景来看，是更优的一种选择，因此广泛存在。2014年，《养老服务设施用地指导意见》指出，若使用空闲的厂房、学校、社区用房等进行改造和利用来兴办养老服务机构，可在5年内不增收土地年租金或土地收益差价，土地使用性质也可暂不作变更。这为该类型养老机构的发展提供了政策依据。租房建设养老机构时，举办者对房屋的选择成为关键。通过对不同区位、不同规模的养老机构的负责人的访谈，发现因为目的、专业化程度、对养老需求的理解等方面存在较大的差异而导致其选择房屋的标准不尽相同。如P连锁品牌机构在选择养老机构的位置时认为合适的房屋、居住人口密度、老人数量、配套(如医院)、经济发展水平、志愿者等非常重要，对上面的因素再进行综合考量，达到相应要求才可以；而对于规模，其对成本核算的结果显示50～80人的规模是比较理想的；又如A038机构的选址在城郊接合部的L安置小区中，其原因在于为了带动城乡接合部老年人对养老机构需求以及尝试与社区合作的可能性，同时为社区居民服务。A013 机构的相关负责人则谈到了自然环境、医院、交通便利等在选址方面的决定性作用，其服务人群是面向全市的各种身体健康状态的老年人。在租房完成后，养老机构举办者还需要办理行政许可证等，城市养老机构的空间区位基本确定。

（3）影响空间布局供给的参与者及行为

总的来讲，长沙市新建养老机构占比小，租房建设是主要方式。对于租用房屋建设养老机构而言，举办人对区位、规模及空间服务模式的意向是决定空间布局供给的关键所在。

5.3.2 对空间布局需求的吸收结果的形成路径

对空间布局需求的吸收结果主要是：区域服务型机构供给远小于需求，抑制了吸收效率；区域服务型机构供给与区域需求的匹配度是影响吸收效率的重要因素，匹配度高，则吸收效率高，匹配度低，则吸收效率低。

那么在不同的举办者依据自己对养老机构区位、规模及空间服务模式的意向进行房屋选择的过程中，是如何导致了区域服务型机构的供给量远小于需求的呢？是如何使区域服务型机构供给与区域需求的匹配度产生了差异呢？

（1）区域服务型机构供给量小于需求的形成路径

目前，兜底是政府提供养老机构服务时的主要目标之一。市级政府兴建大型养老机构，用于收养全市域范围内的特困老人，空余床位为城镇一般社会老人提供养老服务；区级政府修建大中型养老机构，主要为本区的特困老人服务，空余床位主要服务于本区的一般社会老人。在长沙市仅有一家街道级养老机构 A022，其建立初衷是为了配合其所在小区进行“文明社区”评比，有一定的特殊背景。因此，区域服务型机构目前基本由私人部门来建设运营。

2013 年《国务院关于加快发展养老服务业的若干意见》中指出：“鼓励个人举办家庭化、小型化的养老机构，社会力量举办规模化、连锁化的养老机构。”这与 2015 年中国老龄科学研究中心发布的《中国养老机构发展研究报告》的研究结论基本一致：“小型化、专业化、社区化、连锁化将成为养老机构发展主要态势。”在此背景下，长沙市出现了一些小型化的连锁养老机构，虽然进入社区的小型养老机构呈快速增多的趋势，但真正提供区域服务的机构却不多。

选择了 P 连锁品牌机构对其负责人进行访谈。对于其机构的服务人群，P 连锁机构的定位是：“（我们主要服务的）是有能力、有孝心，能请得起保姆，但又苦于保姆不能提供专业照护服务的层次的家庭，我们的服务费用基本是请一个住家型的保姆的费用，在长沙大约在3500～4500元/月。”“实际入住的老年人多需要子女资助。”“这个价格（的幅度）受到成本、医疗等资源、利润、城市经济发展水平等多因素的影响，综合考量后确定。”表明其目标人群不是针对某个社区的。参考长沙市企业退休养老金、人均消费支出水平，其服务对象是全市的中高收入老年人和家庭。这个价格区间是通过评估资源条件、计算成本、预期利润等得出的。

另一连锁品牌机构W的两个社区点的情况也可以反映其对服务人群与社区关系的理解。如A007机构和A002机构，从安居客、房天下等不同的二手房交易平台，可发现两个小区在2016年11月时的二手房均价为8500元/月和6500元/月左右，绿化率为48%和30%，物业费分别为1.2元/平米·月和0.5元/平方米·月，表明两个小区的入住人群是不同的阶层，但其轻度失能老人的入住价格却分别对应为3100元/月和4000元/月，与其所在小区居民的支付能力是错位的，表明其并不是以其所在社区的老年人为服务目标的。

因此，对于入住机构的老年人的空间来源，P连锁品牌相关负责人这样描述：“现在机构点还比较少，入住老年人来自各个区域都有。比较早的比如F社区的点，护理条件还可以，距离医院特别近，非常抢手。”对于W连锁品牌的A002机构内入住的老年人，其负责人也说：“我们这里住的老人有相当一部分不是社区内的，在外面的，听说好就来了。因为环境、护理都还可以，离医院又很近，居住的氛围很温馨。”

同时，P连锁品牌和W连锁品牌机构在管理与运营时都表现出标准化特征，包括价格、功能分区、装潢设计、拓展调研、建筑设计、场地选择、服务礼仪等方面。如在护理方面，由于其主要服务于失能失智及高龄老人，P连锁品牌机构非常注重护理和医疗水平，在机构站长、执业医师、护师护士的选拔，养老护理员、护工的专业培训，营养师、康复师、按摩师、社工等人员配备方面均有较为严格的标准。如在选位方面，认为首要因素是“合适房屋”，表现为大小、适合改造、符合规范，能合法经营，在此基础上综合考虑医院配套、老人数量、志愿者等问题，进行评分计算，综合考量后确定其区位。

由此可知，在市场化背景下，小型连锁化机构会遵循企业化运营路径，依据其所拥有的资源、机构条件等，通过成本计算，设定能保证其企业化运营的价格，确定合适的目标服务人群，并推行一系列标准化管理，实现其运营。因此，其并不具备针对社区服务的属性。当然，随着机构点数量增加，若其机构点正好位于中高收入人群社区，也会出现供给、需求相耦合的状态，从而偶尔表现出某机构点提供区域服务的结果，但并不是一种稳定的吸收老年人就近养老需求的供给机制；且其发展机制决定了其不可能满足中低收入人群就近养老的需求，而中低收入人群占据了相当大一部分城市老年人口。

在中小型养老机构中，还有少数养老机构在进行区域服务模式的探索，尤其是为中低收入人群提供区域服务。公私合营是降低价格供给的方式之一。2006年《关于加快发展养老服务业的意见》中首次明确提出："积极支持以公建民营、民办公助、政府补贴、购买服务等多种方式兴办养老服务业。"

选择K连锁品牌下的A038机构负责人进行访谈，该机构试图通过与政府合作来降低成本，为城郊接合部的社区提供较低价格的养老服务，其具体方式为："（我们）使用的是社区的房子，在付租金时减免了30%，因此，如果是社区居民入住，我们要在正常价格的基础上减免35%左右，以降低入住价格，希望以此来带动城郊接合部低收入人群的养老消费。"但在实际运营过程中，其空置率非常高。

虽然，一方面是由于该机构所在的小区内的老年人原来多为农民，受传统思想影响较大，本身入住意愿相对较低（见5.1.2中的分析），但另一方面，该连锁品牌公司是运营中的主要动力源，社区作用仅表现在租金部分减免方面，作用较为单一，也是重要的原因。该机构的负责人谈到了运营该机构的一些实际困难："希望政府的支持力度还能大一点，一个是资金方面，现在的租金减免有一定的帮助，但还是很有限，因为（我们）要低价服务，所以运营起来很困难。另外，如果政府有更多的政策上的支持或者是社区有更多的组织管理上的帮助，比如，推动社区内的老年人对养老服务的认知和参与度，那就会好很多，现在主要依靠我们，无论从成本、精力等各个方面，都是很困难的。"其运营过程中反映出的困难，在其他的公私合营的区域服务型机构中也有反映，如P连锁品牌的A016机构等。由于运营困难，K连锁品牌的A038机构的负责人在谈及公司未来的发展计划时，这样描述："未来公司运营思路会有一些变化，更倾向于走市场化（方式）。预计明后年我们会大规模发展小型化连锁，大概价位在3600～4500元/月。"

由此可见，依靠民营机构、通过市场化的方式解决区域型服务机构的建构是不实际的。至少有两点是民营机构难以逾越的困难。

其一是确切地了解每个社区的养老机构需求。因为社区之间存在养老机构需求差异，意味着若要为社区老年人提供服务，民营机构需要对社区进行较深入的调查，要投入财力、人力等，这意味着成本的增加。在市场化背景下，民营机构当然会选择标准化运营模式，因为这样可以减少成本，无疑是一种更经济的优选。而若是民营机构自己不进行调查，又要了解社区的需求，有两种方式可以基本解决，由社区管理者提供基础的人口及需求信息，或建立相应制度召开居民大会或居民代表会议，通过实际沟通了解其需求，但这两者都需要政府来提供相应的政策或制度予以支持。其二是资金问题，尤其是为中低收入社区提供低价格养老机构服务时，仅仅依靠社区用房租金的少量减免，民营机构的运营是非常艰难的。除了上述两点，如果能有更多的资源，如专业规划设计者、社会工作者等，能共同参与进来，一方面可以推动提高区域服务型机构的服务质量，另一方面也可以进一步节约民营机构成本，为中低收入社区提供更高质量的服务（图 5.6）。

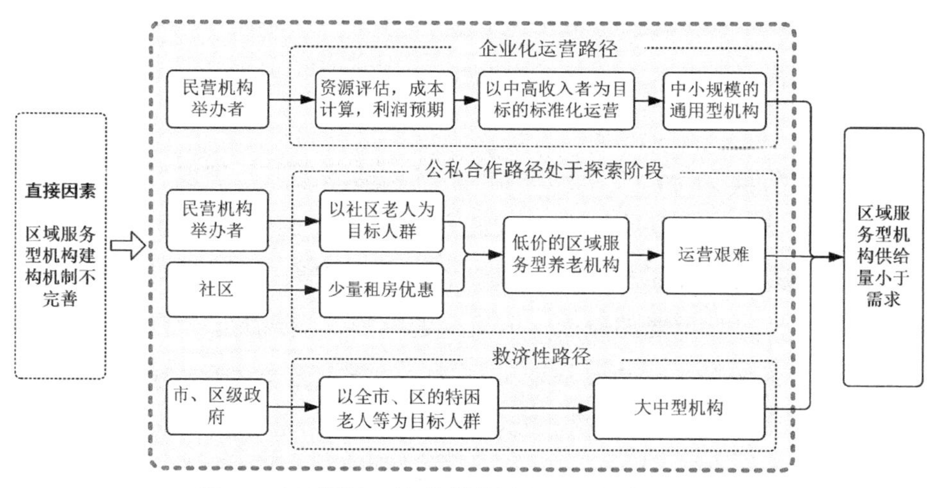

图 5.6　区域服务型机构供给量小于需求的形成路径

（2）区域服务型机构与需求的匹配度差异的形成路径（图 5.7）

A038 机构是希望能为社区老人提供养老机构服务的区域型机构典型案例，但入住率较低，关键原因之一在于其对老年人的需求规律的理解有限，其所选的社区位于城乡接合部，多为农民，入住意愿较低。又如 A031 机构，其负责人对于养老机构的服务对象并没有相应认知，表示："当时只是觉得做这个（养老机构）合适，并没有考虑太多为什么人服务。"均表明其专业素养有限，使其养老机构供给与需求之间出现错位。而 P 连锁品牌下的 A016 机构，在服务供给与社区需求匹配方面做得比较好，入住率较高，与其前期做了较大量的调研有关，其负责人这样描述：“因为（当时）公司需要对老年人的需求进行调研，以确定机构未来的方向，在H社区这个点，我们做了很多问卷，后来在这里布了点。由于之前对老年人的需求进行过问卷，对老年人需求比较了解，可以有针对性地展开工作，这是有利因素之一。但如果每个社区都这样去做，成本还是很大的。”可以发现，P连锁品牌明确地意识到了老年人需求的复杂性并主动去研究，增加了A016机构的供给与需求的匹配度。

同时，正如上文中分析的，区域服务型机构提供的是差异性服务，需要居民参与、社区组织等方面的支持，而社区、居民的参与度都非常有限，也是某些区域服务型机构供给与相应需求的匹配度较低的原因（图5.7）。

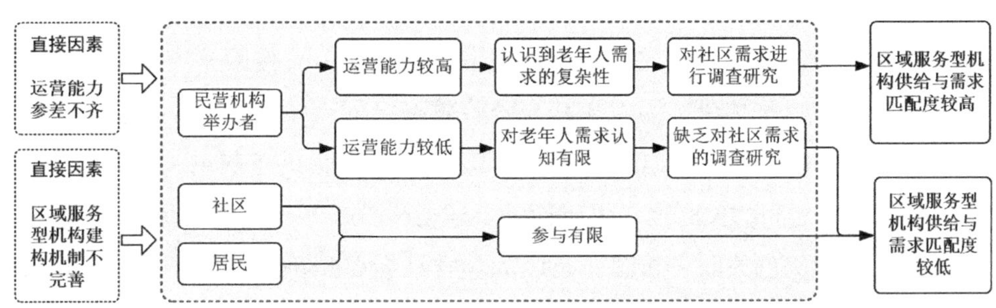

图5.7 区域服务型机构供给与需求匹配度差异的形成路径

5.3.3 直接因素：区域服务型机构建构机制不完善、运营能力参差不齐

由以上形成路径分析可知，政府建构大中型养老机构，主要为全市或区内的特困老人服务，在可能的情况下兼顾一般社会老人的需求，中小型的区域服务型机构主要为民营机构。而在市场化条件下，由私人部门举办的民营养老机构一般会遵循企业化运营路径，依据其资源、条件等，经由成本、利润预期等计算，进行标准化运营，其服务人群多为中高收入者，不具备提供区域服务的特点。同时，借助于公私合营方式来降低成本，为社区提供服务的民营养老机构，因为缺乏政府的组织、经济等更多层面的支持，社区居民的参与度低，运营艰难。以上因素共同导致了区域服务型机构供给量小于需求。区域服务型机构建构机制不完善是重要的直接因素（图5.6）。

养老机构运营者对老年人养老需求的了解程度，对其提供的服务与区域需求匹配度有较大影响；同时，政府、社区居民的有限参与，限制了养老需求的充分表达，阻碍了供给与需求之间的匹配。因此，运营者能力参差不齐、区域服务型机构建构机制不完善是导致区域服务型机构与需求的匹配度差异的直接因素（图 5.7）。

5.4 对直接因素的检验

前文主要基于 2016 年的养老机构样本的信息，运用文献法、深度访谈法等对影响吸收结果的直接因素进行了定性分析。借助 2011～2016 年相关时间序列数据，通过灰色关联度分析来对其进行检验。

由前面的初步分析结果可知，直接因素包括运营能力参差不齐、政府监管不力、双轨模式、发展时序、老年人收入水平偏低、优质医疗资源空间分布不均匀、区域服务型机构建构机制不完善。按照逻辑，上述 7 个直接因素决定了城市系统对差异化需求的吸收结果，因此，其与吸收效率之间有紧密的关联。将 7 个直接因素指标化，并基于其在 2011～2016 年的历史数据，借助于灰色关联分析法，分析其与吸收效率之间的关联度，可以检验上述初步分析的直接因素是否正确。

之所以选择灰色关联分析法，是因为包含社会、经济、空间子系统的城市系统是一个灰色系统，既包含已知信息，又包含未知和非确定信息，系统要素间的关联性很复杂。灰色关联分析的原理是比较反映因素变化特征的数据序列集合，属于几何处理范畴，特别适合动态过程分析，且不需要太多数据，应用在社会—经济—空间系统的研究中有其独到之处。

5.4.1 直接因素指标化

将运营能力参差不齐、政府监管不力、双轨模式、发展时序、老年人收入水平偏低、优质医疗资源空间分布不均匀、区域服务型机构建构机制不完善等因素指标化。

运营能力参差不齐主要指养老机构的运营者具备的专业能力水平高低不一，差异较大；以运营能力水平均值为其指标。选择香港《安老院实务守则（2013 年）》对主管者（或团队）的能力要求作为应具备的运营能力的标准，因为香港入住机构的老年人比例高达 6.8%，高于西方发达国家（5% 左右），其养老机构的规模大多为中小型，运营较好；其与目前长沙市中小型机构占到多数的情况比较类似，因此是可借鉴的对象。香港《安老院实务守则 2013 年》中 9.2.2 条对于主管职责进行了规定，作为主管人（或团体），其应具备行政管理、人力资源管理、策划运营、健康管理的综合能力。因此，将养老机构运营能力定义为行政管理、人力资源管理、策划运营、健康管理等 4 项能力，每项为 0.25，累加后得到每家机构的运营能力水平；将每家养老机构的运营能力水平累加，再求出平均值，即为运营能力水平均值的数值。

政府监管不力主要指政府的监管方式单一等，以致对设施功能水平不能起到有效监督；以政府监管力度为其指标。参考香港的《安老院条例》，其有效监管主要包括常规和突击巡查、信息平台、投诉制度等；日本则逐步建立起第三方评估，对其养老护理机构设置、管理进行有效监管。基于我国国情，建立起包含年审制、抽查制度、信息平台、第三方评价制度的监管制度是比较合适的[220]。将政府监管定义为年审制、抽查制度、信息平台、第三方评价制度等四项内容，每项内容为 0.25，予以累加可得到政府监管力度指标的数值。

双轨模式主要指公办、民营养老机构遵循两套不同的发展模式，公办机构由政府财政投入、遵循成本原则供给价格；民营机构由私人部门投资，遵循成本 + 利润原则供给价格；以（公办机构均价 / 民营机构均价）作为该直接因素的指标。

老年人收入水平偏低主要指老年人的实际支付能力低于养老机构价格水平；以（平均价格 – 企业平均退休养老金）作为该直接因素的指标。

发展时序主要指养老机构在城市中心区、近郊的发展时间呈现较明显的先后顺序；以（中心区民营机构数 / 近郊民营机构数）作为该直接因素的指标。

区域服务型机构建构机制不完善主要指目前区域服务型机构的发展机制使真正服务特定区域内老年人的机构偏少；以（区域服务型机构数 / 中小型机构数）作为该直接因素的指标。

优质医疗资源空间分布不均匀主要指优质医疗资源在城市的中心区和郊区分布不均衡；以（中心区三级医院数 / 近郊三级医院数）作为该直接因素的指标。

5.4.2 灰色关联度分析

直接因素为运营能力参差不齐、政府监管不力、双轨模式、老年人收入水平偏低、发展时序、区域服务型机构建构机制不完善、优质医疗资源空间分布不均匀，设其相应指标分别为 x_1，x_2，x_3，x_4，x_5，x_6，x_7，设空置率为 x_0。

其中涉及的养老机构的空置率、历年价格、运营团队构成、主管人员职业背景、机构的建立时间、规模、入住人数等信息通过前往养老机构获取第一手数据。x_4 涉及的历年企业退休平均养老金值来自长沙市人力资源和社会保障局。x_7

涉及的长沙市三级医院信息来自湖南省卫生厅官网和长沙市卫计委官网。x_6 涉及的空间服务类型分类主要基于养老机构问卷的相关结果而产生。由此可得 2011 年 –2016 年 x_0–x_7 的原始数据（表 5.5）：

直接因素相应指标及空置率的原始数据（2011 ～ 2016）　　表 5.5

直接因素	指标	2011 年	2012 年	2013 年	2014 年	2015 年	2016 年
运营能力参差不齐	运营能力水平均值（x_1）	0.81	0.79	0.78	0.81	0.83	0.86
政府监管不力	政府监督力度（x_2）	0.25	0.25	0.25	0.25	0.5	0.5
双轨模式	公办与民营机构均价之比（x_3）	1.04	0.95	0.83	0.75	0.73	0.72
老年人收入水平偏低	机构平均价格与企业平均退休养老金之差（元 / 月）（x_4）	255	205	237	276	233	421
发展时序	中心区与近郊民营机构数之比（x_5）	1.33	2	1.43	1.5	1.27	1.25
区域服务型机构建构机制不完善	区域服务型机构数占中小型机构数的比重（x_6）	0.30	0.30	0.29	0.28	0.26	0.24
优质医疗资源空间分布不均匀	中心区与近郊区三级医院数之比（x_7）	5.33	3.2	3.2	3.2	2.67	2.67
吸收效率	空置率（x_0）	0.33	0.35	0.35	0.40	0.36	0.35

利用原始数据建立数据矩阵：

$$\left(x_0',x_1',\cdots x_n'\right)=\begin{bmatrix} x_0'(1) & x_1'(1) & \cdots & x_n'(1) \\ x_0'(2) & x_1'(2) & \cdots & x_n'(2) \\ \cdots & \cdots & \cdots & \cdots \\ x_0'(m) & x_1'(m) & \cdots & x_n'(m) \end{bmatrix} \quad n=1，2，\cdots，7 \quad m=1，2，\cdots，6 \tag{5.1}$$

对上述变量的原始数据采用均值法进行无量纲化处理，即

$$x_i(k)=\frac{x_i'(k)}{\frac{1}{m}\sum_{k=1}^{m}x_i'(k)} \quad i=0，1，2，\cdots，7 \quad k=1，2，\cdots，6 \quad m=6 \tag{5.2}$$

逐个计算比较序列（x_0）与各参考序列（x_i，i=1，2，…，n）之间的绝对值，即

$$|x_0(k)-x_i(k)| \quad i=1，2，\cdots，7 \quad k=1，2，\cdots，6 \tag{5.3}$$

从新生成的绝对值数据矩阵中，找到最大值和最小值，即确定

$$\max\max|x_0(k)-x_i(k)| \text{ 与 } \min\min|x_0(k)-x_i(k)| \tag{5.4}$$

计算比较序列（x_0）与各参考序列（x_i，i=1，2，…，n）的关联系数：

$$\varepsilon_i(k)=\frac{\min\min|x_0(k)-x_i(k)|+\rho\max\max|x_0(k)-x_i(k)|}{|x_0(k)-x_i(k)|+\rho\max\max|x_0(k)-x_i(k)|} \quad \begin{matrix} i=1，2，\cdots，7 \\ k=1，2，\cdots，6 \end{matrix} \tag{5.5}$$

注：式 5.4 中 ρ 为分辨系数，在（0，1）内取值，若 ρ 越小，关联系数间差异越大，区分能力越强，一般情况下 ρ=0.5。

计算比较序列（x_0）与各参考序列（x_i，i=1，2，…，n）的关联度：

$$r_i=\frac{1}{m}\sum_{k=1}^{m}\varepsilon_i(k) \quad i=1，2，\cdots，7 \quad k=1，2，\cdots，6 \quad m=6 \tag{5.6}$$

若关联度 r_i 的值大于 0.5，则说明关联度较大，r_i 的值越大，关联度越大。

关联度 r_i 的计算结果如下（表 5.6）：

直接因素与空置率的关联度分析结果　　表 5.6

指标	x_1	x_2	x_3	x_4	x_5	x_6	x_7
与 x_0 的关联度 r_i	0.882	0.519	0.705	0.693	0.774	0.773	0.679

结果显示，关联度均在 0.5 以上，说明各直接因素与空置率之间的关联程度高，各直接因素对吸收效率有明显的影响；证明初步分析的直接因素基本正确。

5.5 导致直接因素形成的社会子系统内的根本因素

政府的社会保障管理、基层治理是社会子系统内与养老机构配置相关的两个基本要素，影响着相关的组织与管理方式。社会保障管理具有责任界限不明晰的特征，基层治理具有社区组织偏行政性、社会组织具依赖性的特征，它们是城市系统的基本特征，推动着政府监管不力、双轨模式、区域服务型机构建构机制不完善、老年人收入水平偏低等直接因素的形成，是系统内产生影响的根本因素。

5.5.1 政府的社会保障管理责任界限不明晰

政府的社会保障管理特征与社会保障制度关系密切。通常认为，社会制度有四个基本成分：理念、规范、组织和设施，其中最重要的就是理念与规范[221]。理念会决定制度的价值取向，并指导一系列法律、政策等形成，建构起相应规范，从而确定政府社会保障管理的具体模式。因此，社会保障制度理念及相关法律对政府社会保障管理特征有重要影响。

（1）社会保障管理责任界限不明晰的形成

①社会保障制度理念的历史演变（表 5.7）

在现代社会保障制度建立之前，受到传统文化观念的影响，形成非正式社会

我国社会保障制度理念的历史演变　　表 5.7

	阶段	制度类别	社会保障制度理念
1	新中国成立前	非正式制度	家本责任
2	新中国成立后—改革前（1949 ～ 1977）	正式制度	偏于公平：社会主义制度下“平均主义”福利制度
3	改革转型期（1978 ～ 2016）	正式制度	偏于效率：市场经济背景下经济制度的配套制度

保障制度，包括价值观念、伦理规范、道德观念、文化传统、风俗习惯、行为准则等。正式制度是人们有意识创造的一系列政策法规，包括目标约束类、惩治、度量衡等规则以及市场经济条件下具有中介性质的制度规定。

理念是有关事物的性质、宗旨、结构、功能和价值等方面的观念和信念[222]。政府对社会保障制度的理念选择，集中表现为对公平与效率的价值取向的某种认定。倾向于社会公平还是经济效率以及其倾斜程度，在同一国家的不同时期以及不同国家之间存在较大差别[223]。

“家本责任”是我国古代社会保障非正式制度的传统理念。在古代农业经济的背景下，我国逐渐建立起基于血缘关系的宗法制，宗族和家庭在族人、家庭成员的基本生活保障方面发挥了重要的作用。尤其在儒家“孝道”文化影响下，家庭养老观念深入人心。

新中国成立后我国基于“公平”理念建构了社会保障制度。1951 年，《中华人民共和国劳动保险条例》出台，标志着我国面向城镇劳动者的社会保障制度开始建立。在计划经济体制背景下，国家统包统配，进行平均的劳动成果分配，是一种基于低工资、低水平福利制度的平均主义制度体系[224]。有学者评论：“虽然社会主义国家没有使用‘福利国家’来形容他们的福利制度，实际上，他们走的全民福利型模式更为彻底”[225]。福利国家是以实现公平分配为目标的社会保障制度模式。

改革后我国侧重于“效率”理念建构了社会保障制度。我国经济体制从计划经济向市场经济的转轨引起了社会保障体制改革。由于文化传统与价值取向，以及仍然处于快速工业化进程之中，政府对社会福利制度改革表现出经济增长优先与低福利政策的取向，社会保障制度被当作经济体制改革的配套工程和支持系统，表现出侧重效率的理念特征。即使在工业化过程中推进社会保障制度建设，也往往侧重于效率取向，社会保障制度改革的目标模式的优先次序是经济—政治目标、社会（民生）目标[226]。在中国共产党第十五次代表大会报告和中国共产党第十六次代表大会报告中，社会保障都是在“经济建设和经济体制改革”部分提及的。

②相关法律对政府社会保障管理责任界限的划定

基于“偏于效率”的理念，我国形成一系列的法律、法规等，建构起相应的规范。《中华人民共和国老年人权益保障法》于1996年颁布，对政府、社会、家庭的养老责任界限进行了划定。以2015年版本为例来分析。

“偏重效率”理念与孝道文化传统结合起来，反映在该法律中。在养老服务对象的范围方面，国家负责兜底保障城市特困老人（以前称为“三无”老人），其他的城市老人由家庭负责，并且至少承担三个基本角色：经济供养者、生活照料者和精神慰藉者。

但同时由于时代变迁、工业化社会以及独生子女政策等原因，养老服务已呈社会化趋势；同时，人们面临风险及变故的几率要远远高于传统社会，因此，以家庭为养老服务责任人在很多现实情况下无法实现，在这种情况下，政府作为社会保障的主体责任者，应该承担起相应责任[227]。

而对于该部分责任，该法律界定不全面、不明晰。其一，从保障对象范围来看，该法在第三十条、三十一条、三十七条等处提到了对“困难老人”的照护和酌情补助，目前包括三无老人、低保、低收入老人、重度残疾老人等弱势群体，但有相当一部分“困难”老人群体没有被明确提及。比如有些老人每月经济收入略微高于低保标准或者是中低收入水平，但是因为患病、家庭困难等原因，经济状况甚至连低保老年人的水平都达不到，却无法享受其迫切需要的养老服务，这部分“隐形”的困难老人成了社会保障中的盲区，他们应该被划入保障对象范围。其二，从责任程度来看，在“社会保障”“社会服务”等章节中，对政府责任的程度进行界定时，多处使用了“逐步”“适时”等词语，并肯定了养老保障内容与经济发展水平之间的关联。这种留有弹性空间的内容界定，与我国经济发展水平与状态相关，但也在一定程度上产生了不明晰性，使政府的责任程度出现模糊性，无法进行追责。

（2）社会保障管理责任界限不明晰对直接因素的影响

由于对政府的社会保障对象范围、程度等界定不明晰，导致其在财政、协调与组织、监督等方面出现缺位现象；计划经济体制的遗留影响，又导致越位现象，这些因素共同导致老年人收入水平偏低、区域服务型机构建构机制不完善、双轨模式、政府监管不力等直接因素的形成。

①在社会保障方面财政投入少，对老年人收入水平、区域服务型设施建构机制的完善程度造成影响

“财政社会保障水平”是衡量政府财政责任的主要指标，即财政社会保障支出占财政支出的比重，财政社会保障支出包括就业与社会保障、医疗保障、住房保障支出[228]。2016年，长沙市财政支出1041.43亿，其中：就业和社会保障支出82.9亿，医疗卫生55.5亿，住房保障支出26.57亿；可计算出2016年长沙的财政社会保障水平为15.8%。2016年国家财政支出为187755.21亿，其中：就业和社会保障支出21591.45亿，医疗卫生13158.77亿，住房保障支出6776.21亿，可计算出2016年全国的财政社会保障水平为22.1%，这与西方发达国家的水平相比，是较低水平[229-231]。而长沙的财政社会保障水平低于全国的平均水平，说明政府在社会保障方面的投入少，承担的财政责任少。

长沙市从2010年开始陆续开展了居家养老服务补贴、基本养老服务补贴、高龄津贴，补贴标准为50～300元不等，金额较高的补贴类别对补贴对象有较严格的要求，总的来讲补贴力度较小，对提高老年人的收入水平意义不大；同时，从2012年开始对民营机构提供建设补贴和运营补贴，虽不断上涨，但相较于养老机构的建设与运营成本，补贴力度不大，对于降低入住价格、提高老年人收入的相对水平作用也不大。同时，政府目前对于区域服务型养老机构几无补贴，现有的社区与机构合作的案例中，主要以社区降低少量租金的方式来为养老机构节约成本，相应要求是养老机构向社区提供较低价格的服务，使为中低收入社区服务的养老机构的运营压力很大，抑制了该类型养老机构的发展。

②组织与协调责任界限不明晰对于区域服务型机构建构机制的完善程度、双轨模式均有影响

责任缺位对区域服务型机构建构机制的完善程度造成了较大影响。建构为社区服务的养老机构，需要协调各方关系、配置相应社会资源。中低收入社区难以吸引社会资源流入，需要政府承担起组织与协调责任，提供系列的支持政策。长沙市政府目前仍缺乏系统的政策供给，使区域服务型机构建构机制难以完善。

责任的越位直接导致了双轨模式的出现。计划经济时代，养老机构由国家举办，并派出工作人员进行管理。而进入市场经济之后，政府成为养老机构的监督者，但公办机构仍沿用以前的管理模式，使政府兼具组织、监督、运营等多重身份，同民营机构进行市场竞争，不利于民营机构发展壮大。

③监督责任缺位导致了政府监督不力

由于相关法律对政府的监督责任所起到的作用、对于未能充分履职的行为等没有明晰的界定，所以无法进行追责。这使得政府在履行监督责任时，监督力度不够。

5.5.2 社区组织偏行政性与社会组织具依赖性

（1）社区组织偏行政性的形成

社区作为一种社会单元出现，始于20世纪80年代，用于承接单位制解体之后的基层政治建设、行政管理、服务保障等功能。社区全称为社区居民委员会，是基层群众性自治组织，与市或区政府的派出机关街道办事处关系紧密。2016年，长沙市共有居民委员会724个，街道办事处94个。但在实际管理中，居委会类似于执行街道办事处下达任务的一个附属机构。以岳麓街道阳光社区为例，其共有8名工作人员，分为两个部分：社区居委会、社区支委会（党支部），其中社区居委会有5人，支委会有3人，支委会书记由街道办事处派出（也有直接任命的）；社区居委会成员是参加街道办事处的相关考试并通过，再以候选人身份参加居民大会选举选出的，仅有1人为阳光社区的居民；社区的日常工作主要是将政府的各项政策、任务在基层落地，为社区居民提供包括计划生育、民政治理、城管等基层服务；居委会本身并无财政权，不能自主支配资源。从其建构过程、组织方式、工作任务等方面综合来看，社区类似于执行街道办事处下达任务、为社区居民提供公共服务的一个基层附属机构，表现出行政化特征，自主性较弱。

（2）社会组织具依赖性的形成

社会组织包括社会团体、民办非企业、基金会等。从历史发展来看，我国社会组织的发展经历了政治动员、结社造反、经济建设、社会服务等四个功能阶段，前三个阶段，主要遵循“自上而下”的原则路径，受到党和政府主导逻辑的极大影响，与其相关政治需求紧密关联，独立、自治的社会组织是极为少见的[190]。20世纪90年代以后，社会组织开始呈现非政治性、非营利性、民间性、自治性和志愿性等特征，但社会组织的增长主要表现为民办非企和基金会等经济类、服务类组织的增长，偏于意识形态类的组织偏少[187]，而参与社区治理的社会组织以教育类、服务类的民办非企业单位为主，公益类和志愿服务类的社区社会组织较少[191]。

这与英国的社会团体有较大的不同。18 世纪时，城市化、内战等使英国形成社团传统[232]，工业革命带来的城市问题、盖迪斯（Geddes，P.）的公民学理论以及现代城市规划学科建立等因素使英国经历了市民社团运动。市民社团是关注城市发展及与市民舒适、健康和幸福相关的问题，具有较高的城市规划与保护的专业素养，通过调研、教育、督促政府、参与遗产保护等方式积极介入城市发展的志愿者团体[233]。在他们自主的努力下，推动英国公众参与的城市规划制度的建立，完善了其既有的相关制度，遵循发展的“内生性”规则，即“人们在交往的进程中在群众内部随着经验的增长而逐渐形成和演化出来的一系列规则”，表现出“能促性”特征；相较而言，我国的社会组织遵循发展的“外设性”规则，即“由统治共同体的政治权力机构认定设计出来并靠政治行为自上而下强加于社会付诸实施的一系列规则”[187]，具有依赖性。

（3）社区组织偏行政性、社会组织具依赖性对直接因素的影响

社区组织偏行政性、社会组织的依赖性制约了区域服务型机构的建构机制的完善进程。区域服务型养老机构服务于特定社区，其建构机制的完善要求社区内老年人、社区管理者、相关资源供给者等之间获得融洽与协调，与社区基层治理关联。社区作为自治管理者，社会组织作为资源供给者，若具备一定的自主性，可以自下而上地推动区域服务型机构的建构机制不断完善。但受制于其各自的特性，在长沙的区域服务型机构案例中，介入其中的社区、社会组织都未对该机制的完善做出实质性的推进。

5.6 导致直接因素形成的经济子系统内的根本因素

经济发展水平和经济增长方式是经济子系统内与养老机构配置相关的两个基本要素，决定了流入的经济资源数量与质量；基于长沙市经济发展水平，与之关联紧密的社会保障支出水平偏低，且在经济增长方式方面，新兴的养老产业发展程度尚浅，是现阶段经济子系统的基本特征之一，导致了老年人收入水平偏低、运营能力参差不齐等直接因素，是系统内发生影响的根本因素。

5.6.1 社会保障支出水平偏低

（1）社会保障支出水平的现状

社会保障支出水平是社会保障支出总额占国内生产总值的比重，反映了可用

于养老等生活保障的经济资源的相对规模，是一定时期内一地区的成员享受的社会保障待遇的高低程度的指征。其中，社会保障支出包括社会保险支出和财政社会保障支出[234]。

经济发展水平是社会保障支出的基础与保证。经济发展水平低，会限制社会保障支出总量。一般来讲，经济发展水平越高，人均 GDP 越高，人均社会保障支出也应该越高[235]。但在一定的经济发展水平下，社会保障支出水平不是越高越好，其与经济发展水平之间的关系应适度。如果过高，会导致经济发展后劲不足和缺乏资本储蓄支撑；但若过低，则会大大降低公众对发展的信心和社会安全感，不利于经济发展[228]。

2016 年，长沙市社会保险基金支出 106 亿，财政社会保障支出 164.97 亿，长沙市 GDP 为 9356.91 亿；可计算出长沙的社会保障支出水平为 2.9%。2016 年，全国财政社会保障支出 41526.43 亿，社会保险基金支出 53562.7 亿，全国 GDP 为 744127.2 亿；可计算出全国的社会保障支出水平为 12.8%。

与此同时，2016 年长沙市人均 GDP 为 124122 元，接近发达国家的水平，但与发达国家相比较，社会保障支出水平低得多[235]。即便与全国的平均水平比，也是偏低的，全国的人均 GDP 为 53980 元，但在社会保障支出水平上比长沙高了近 10 个百分点。殷金朋等基于 2013 年数据的研究结果也显示包括湖南在内的中部地区的人均社会保障支出最少，社会保障支出水平低。多项不同尺度的社会保障水平测度研究都显示目前比较合适的水平在 10%～30%[236, 237]，因此，综合来看，长沙市人均 GDP 已接近发达国家水平，其社会保障支出水平明显偏低。

（2）社会保障支出水平偏低对直接因素的影响

社会保障支出水平偏低，会导致老年人的收入水平相对偏低。

一般来讲，作为城乡居民收入的一部分，社会保障支出对城市居民消费有明显的促进作用，社会保障支出水平过低，会降低人们的消费能力，抑制居民的消费水平[238]。而社会保障支出水平对老年人消费能力有更明显、直接的影响；城市老年人约 90% 依靠退休金养老[239]，社会保障支出中的养老保险基金很大程度上决定了城市企业退休职工的养老金数量，如果社会保障支出水平低，意味着老年人能够分配到的国民生产总值分额少，相较于城市经济发展水平，老年人的收入水平将会偏低，抑制其实际消费能力与水平。

5.6.2 养老产业发展程度尚浅

（1）养老产业发展现状分析

在经济增长方式方面，养老产业是极具经济价值和开发潜力的新兴产业，养老服务是其核心内容之一，因此养老机构配置受到整个养老产业发展程度的制约和影响。

依据产业规模、运营创新、产业结构等特征，可以判断养老产业发展程度。

从产业规模来看，以养老机构为例，长沙市在20世纪80年代末开始有民营资本介入，2005年左右民营资本介入力度加大，兴建了一批大规模的民营养老机构，如鸿天康逸敬老山庄、长沙市康乃馨老年呵护中心、雨花区社会福利中心、望城区安华山庄老年公寓等，但功能相对较为单一，多为位于环境好的郊区、服务自理老人的养老机构，2011年以后民营养老机构迅速增长，但相较于市场需求，总体规模仍然十分有限；截至2015年，全市60岁以上的老年人口达125.01万，但养老床位仅2.9万张，若按4%的老年人口来估算需求，则存在2万的缺口。

从运营创新来看，长沙市养老机构正处于比较活跃的阶段。至2016年，一些有运营模式特色的本土品牌逐渐形成，如康乃馨和吉祥在努力摸索“1 + N”模式，即发展大型养老机构，以其医疗实力为依托，同时在社区内建构小型养老机构等；康怡和红枫康乐则在对医养融合的养老机构模式进行尝试；普亲则基本确定了为失能、失智老人提供专业化服务的目标，并采用小型化和连锁化的经营模式。相较于2010年养老机构运营模式较为单一的状态，短短6年时间，在运营方式的创新上长沙养老机构确实做了不少探索。

从产业内部结构来看，还不健全。对应于老年人群的需要层次，养老产业可以分为核心产业、相关产业、衍生产业，只有三者相互补充，才能建构经济效益与社会效益之间的良性互动，形成一个较为健全的产业结构。比如，养老机构是核心产业，信息化技术是相关产业，政府若能利用信息化技术建构信息平台，那么养老机构在对老人健康进行管理时，就可以方便地调取和使用其健康档案，将会在很大程度上提高养老机构的运营效果，从而促进养老机构的发展；但目前在长沙市该类信息化平台还只在社区层面有试点，如天心区先锋街道的南城社区居家养老服务中心“互联网+”智慧养老服务平台示范点。但同时，产业内部的组成部分正在不断地充实之中，比如安华山庄老年公寓已成立自己的子公司，致力于智能监测仪器等老年人用品的研发，并已初步进行使用，建立了安华山庄内部的老年人身体健康预警救护系统，给入住老年人佩戴身体监测腕表，将老年人的身体健康实时信息联网至信息平台，如果老年人的身体出现异常，就会发出警示信号，以便及时地进行干预，提高了入住老年人心理安全感和管理效率。

因此，从规模、创新活跃度、产业内部结构健全程度等方面，可以判断长沙市养老产业发展程度尚浅，处于发展初期阶段。

（2）养老产业发展程度尚浅对直接因素的影响

养老产业发展程度尚浅对运营者的运营能力有较大的影响。

由于处于养老产业发展的初级阶段，相应规范、标准并不健全，导致进入该领域的准入门槛较低。比如在早期的政策文件《民办非企业单位登记管理暂行条例（1998）》《社会福利机构管理暂行办法（1999）》中，对举办者提出的要求是“（一）经业务主管单位审查同意；（二）有规范的名称、必要的组织机构；（三）有与其业务活动相适应的从业人员；（四）有与其业务活动相适应的合法财产；（五）有必要的场所。”对举办人、管理人的专业性、学历、具备的能力都没有具体的要求。这导致早期进入养老机构领域的运营者多为非专业人士，长沙的不少养老机构的运营者是下岗职工、建筑商、汽修厂老板、运输从业人员等。

同时，由于处于产业发展初期，有关养老运营的教育体系还未完全建立。以老年服务与管理专业为例，湖南省开设有该专业的学校不多，目前开设的学校以高职类院校为主，主要包括长沙民政职业技术学院、长沙医学院、湖南都市职业学院、湖南保险职业学院、长沙师范学院、湘潭远大科技职业技术学校，且开设的年限较短，除了长沙民政职业技术学院是在1999年开设的该专业之外，其余几所院校均是在2015年左右才开始开设，而且目前的专业学历均为大专，在人才培养数量、质量和层次上均存在着有待完善的地方。这对于目前养老机构运营者的运营能力有较大的制约。

5.7 导致直接因素形成的空间子系统内的根本因素

城市规划与管理和城市形态是空间子系统内与养老机构配置相关的两个基本要素，决定了养老机构的空间分布和结构；城市规划与管理逐渐形成了偏物质性空间规划传统，加之单核心城市空间结构特征，共同推动了区域服务型机构建构机制不完善、优质医疗资源空间分布不均匀、发展时序等直接因素的形成，是系统内发生影响的根本因素。

5.7.1 偏物质性空间规划传统

（1）偏物质性空间规划传统的形成

我国城市规划与管理具有偏物质性空间规划传统，是我国自上而下的城市规划制度、特定的历史发展过程等共同作用的结果。从古代开始，在泛道德文化及以刑法为主、缺失民法体系的背景下，我国古代城市营建受到礼制文化的影响，一切依礼而行，等级森严，把臣民及各种功能都纳入既定的礼制规则框架中。[185]由此，传统道德伦理等非正式制度，为我国自上而下的城市规划制度的演进提供了逻辑起点。在此背景下，市民的参与意识、自我意识都比较弱。近代虽有机会接触外来制度的影响，但因缺乏内在发展逻辑，制度发展并无很大进展。新中国成立后，随着计划经济建立，一整套行政控制经济的模式随即建立，进一步强化了政府主导的自上而下的城市规划制度特征；而其继承的苏联城市规划模式更多的被定位于技术工程领域，表现出技术理性的特点；同时，平均主义的分配机制使当时的人们之间的差异主要体现在政治身份上，而不是社会属性上，这些都导致了偏物质性的空间规划传统形成。改革开放后，由计划经济转向市场经济，又过度强调经济效率，进一步表现出其偏于物质性空间规划的特征。偏物质性空间规划更关注城市物质空间的特性，关注空间规模和距离等物质性标准，规划内容为城市人口和用地规模的界定、确定功能分区、美化城市形象等，因此表现出较强的刚性特征，不重视公众的参与性；更关注宏观层面物质空间与城市经济效益之间的关联，但对于复杂的社会问题、社会效益等较为忽略。

（2）偏物质性空间规划传统对直接因素的影响

偏物质性空间规划传统对区域服务型机构建构机制的完善程度有较大影响。

由于偏物质性空间规划传统的影响，规划者倾向于将对象简单化为同质个体，忽视其复杂的社会属性特征，关注总数量，并套用千人指标等规划指标，进行养老机构空间布局及规模安排。长沙市《养老服务设施布局规划（2010～2020）》于2016年公示，其主要依据就是长沙市老年人口的预测总量、每千人指标、空间分布均匀性等；其规划的1000床以上的大型养老机构有13个，总规模达20020床，民营养老机构占70%，结合国际经验和长沙市样本分析结果，养老机构规模不宜过大，如此大量的大规模机构建成后的入住效率是令人担忧的。原因有三点：其一，随着经济发展、社会结构变化等，人们的需求呈现多元化。比如部分失能老人可能会愿意离开家去到较远的养老机构，但其对医院功能水平要求较高，也有相当一部分老年人需要住在离家很近的社区养老机构内，而上述规划对相关配套并未明确说明，也未对机构服务人群进行明确界定，除了规模等数据指标，诸如机构功能属性、配套等方面的特征也应被充分考虑，并不是在某地点规划充足的养老床位数，老年人就会入住。其二，收入也是制约老年人入住的原因。2016 年长沙市企业退休金均值为 2200 元 / 月，还有城市贫困人口，朱晓等以城乡各省平均低保线作为标准、基于 2014 年中国老年社会追踪调查数据（简称 CLASS），发现城市老年贫困人口比例达 16.77%[240]；按前面的研究结论，民营机构价格一般相对较高，如果规划的养老床位 70% 为民营机构，在没有明确的相关补贴、补助政策的前提下，老年人相应支付能力是影响其入住的制约因素。其三，该类型的规划未对微观的社区养老需求及变化提供规划应对策略。长沙市已出现空间分异现象，由此产生了需求的非匀质化空间分布特征。按照第四章的分析，社区是老年人养老需求分布的基本单位，对于希望入住在社区内养老机构的老年人来讲，养老机构的供给特征应符合该社区的老年人需求，这就需要社区居民、组织者等切实参与，并通过一个渐进的实施过程实现规划；偏物质性空间规划传统只提供了反映床位数量、位置的空间布点结果，从该规划方法的原理来看，其缺乏对社会属性及其变化进行管理的内在机制。因此，偏物质性空间规划传统是制约区域服务型机构建构机制的完善程度的重要原因；这使得力图针对社区提供服务的民营机构需要付出成本来进行相关的调查、问卷、交流讨论等工作，一方面在专业性上受到限制，另一方面将大大增加其运营成本，进而导致该类型机构的数量非常少。

偏物质性空间规划传统对医疗资源空间分布有一定影响。由于偏于物质性，并注重经济效益，导致规划工作对不断发展的社会需求缺乏足够的关注，从而不能及时对社会需求的变化做出应对，而导致规划滞后。随着老龄化社会的到来，尤其是失能老人的增加，对医院资源（尤其是三级医院等优质医疗资源）的需求与日俱增，但由于历史、空间发展规律等原因，优质医疗资源集中于中心城区，其已影响到近郊养老机构在性价比方面的特性，制约了近郊养老机构的发展。2016 年 11 月，《长沙市区域卫生规划（2016～2020）》发布，提到了“重点支持三级综合医院和三级以上老年病及康复专科医院在三类地区规划建设。（三类地区是指城区二环以外城郊接合部）”几乎同时，才开始对医院布局进行城市规划调整。表现出规划滞后性，未能发挥城市规划的提前引导作用。

5.7.2 单核心城市空间结构

（1）城市空间结构演变及特征

城市空间结构特征是城市形态的关键特征之一，长沙市的城市空间结构具有单核心特征。

长沙从建立至今已有2000多年历史。据考古发掘资料，战国长沙楚城位置，大约西自今太平街，东至今黄兴路，南至坡子街，北至今五一西路附近。之后几经兴废，至民国初年，虽城市范围扩大了不少，主要街市仍集中在西半城，沿湘江东岸呈带状发展。近代城市范围有所扩大，城市中心区虽由西半城向东扩展了一部分，但受到湘江、古城墙等因素的限制，空间结构仍基本保持了明清时代的特征。新中国成立后，新京广线外迁、新火车站修建等原因使长沙市不断向东扩展、发展，但总的来讲，长沙市空间结构仍以五一广场为城市中心区，是简单的单核模式[241]。1990年，城市总体规划指出在城市空间发展过程中，其核心区仍将是旧城区，同时向东西伸展马泉、天望两翼，并发展南面坪塘、北面捞霞的两组团，形成了“一主体、两翼、两组团”的空间格局。2000～2020年的长沙市总体规划修编提出要构筑一主、二次、四组团的城市空间结构。《长沙市城市总体规划（2003～2020）（2014年修订）》提出构筑“一轴两带多中心、一主两次五组团”的城市空间结构，“一轴”为湘江发展轴，“两带”是北部和南部发展廊带，多中心为一个城市主中心、两个城市副中心、五个组团中心。至2015年，长沙形成了“一核八心多组团”结构，“一核”是以五一广场为主的发展核心，“八心”为长沙市政府、湘府中路、高新区麓谷、星沙开元中路、金霞片区、万家丽广场、圭塘片区、大学城8个发展中心。其中，五一广场作为长沙的传统中心，在1990～2015年一直对其周围地区具有强大的辐射影响作用，在半径10km的范围之内均有明显影响，其影响程度明显高于其他8个中心的影响[242]。

（2）单核心城市空间结构对直接因素的影响

单核心城市空间结构对养老机构发展时序、优质医疗资源空间分布有较大影响。

由于长沙市一直是单核心城市空间结构，即便到2015年，开始呈现“一核八心多组团”结构，五一广场传统中心仍具有最高影响力，人口密度分布等均能反映出该种空间结构的特点（图5.8）。

由于城市强核心的存在，吸引各类空间经济要素向心聚集，因为聚集会使城

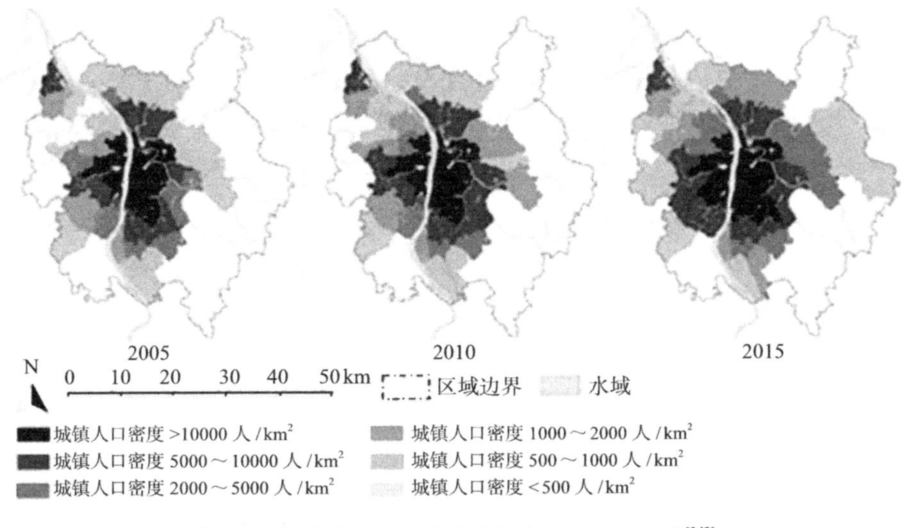

图 5.8 长沙城镇人口密度变迁（2005～2015）[242]

市中各行业、企业降低费用，对养老机构而言，选择在城市中心区可以有效利用城市的优质医院资源等，而且人口也相对更多，都是有利于经营的方面。但另一方面，随着时间的推移，按照供需平衡原理，越来越多的企业进入城市中心区，会使地价等费用上涨，从而形成排异，那些收益较低的产业就会因为无法承受过高的成本而由中心区向外迁移。养老机构属于微利行业，后进入的养老机构在发现中心区的租房等成本无法承担时，就会向近郊区域迁出。这就导致了长沙市市区养老机构发展时序因素的出现。

城市单核心空间结构造成的集聚效应也影响到优质医疗资源的空间分布。由于五一广场一直是长沙市的中心，人口密度较大，新中国成立前建立的医院多在城市中心区，后演变为三级（甚至是三甲）医院；新中国成立后新开设的三级医院也多考虑安排在人口密度大的区域，少数开设在当时郊区的医院，后随着城市放射式的快速扩张，也成为城市中心区。再加之偏物质性空间规划传统对于新的社会需求和变化关注不够，对医院的规划表现出滞后，共同造成了医院资源空间分布不均匀。

5.8 本章小结

（1）影响对功能需求吸收结果的直接因素

养老机构的部分运营者因为缺乏相应专业背景、专业素养较低等原因，使其有将养老机构运营简单化的倾向，并进而导致其运营艰难，在收支难以平衡的现实困境中，其通过降低功能水平来维持运营，而同时，政府对于养老机构的监管方式单一，不能及时地对其已下降的功能水平进行有效监督，使某些养老机构功能水平低的现象持续存在。与此同时，也发现运营能力较强的运营者，借助团队力量，通过大量需求调研与研究，确定其供给的服务内容，促使其在运营中保有较好的功能水平及合理的机构规模。因此，运营者的运营能力参差不齐、政府监管不力是影响对功能需求吸收结果的直接原因。

（2）影响对价格需求吸收结果的直接因素

在经济体制转型背景下，原有的企业工资水平低、有限的增长幅度等原因叠加，使企业退休职工的平均养老金水平一直较低。而随着经济快速发展，养老机构成本不断上涨，使其价格较高，若养老机构还有利润追求，则价格更高，两者之间的差距造成了养老机构价格水平偏高。老年人收入水平偏低是导致养老机构价格水平高于老年人支付能力的直接因素。

公办养老机构由政府财政投入兴建，而绝大多数非慈善型民营机构由私人部门投资，在确定价格时，公办机构计算的成本不包含建设费（或租房费）等，而非慈善型民营机构将建设费（或租房费）等计入成本，且其所占比例较大，使得两者的成本有较大差距；民营机构还会有利润预期，进一步导致公办、民营机构价格和性价比的差异。双轨模式是影响对价格需求的吸收结果的直接因素之一。

因历史、房源可得性、物价水平低等原因，较早建立的养老机构大多数位于市中心区，价格持续较低；物价不断上涨，当中心区租房等成本超出养老机构的承受范围时，养老机构在较晚时期向近郊发展，其价格水平较高；同时，由于历史等原因，三级医院等优质医疗资源聚集在城市中心区，而近郊相对缺乏，导致中心区、近郊区的机构的性价比水平差异较大，因此，发展时序、优质医疗资源空间分布不均匀是影响对价格需求的吸收结果的直接因素。

（3）影响对空间布局需求吸收结果的直接因素

政府建构大中型养老机构，主要为全市或区内的特困老人服务，兼顾为部分一般社会老人服务。而在市场化条件下，由私人部门举办的民营养老机构一般会遵循标准化的企业运营路径，为中高收入者服务，不具备提供区域服务的特点。同时，借助公私合营方式降低成本、为社区提供服务的民营养老机构运营艰难，难以大量发展，因为其缺乏政府在组织、经济等更多层面的扶持、社区居民的参与度也较低。上述因素共同导致了区域服务型机构供给量小于需求，因此，区域服务型机构建构机制的不完善是直接影响因素之一。

养老机构运营者对老年人养老需求的了解程度，对其服务与区域需求的匹配度有较大影响。同时，政府、社区居民的有限参与，限制了养老需求的充分表达，阻碍了供给与需求之间的匹配。因此，运营者能力参差不齐、区域服务型机构建构机制不完善是影响区域服务型机构供给与需求的匹配度的直接因素。

（4）对直接因素的检验

运用灰色关联法分析吸收效率与初步确定的直接因素的关系，结果显示关联程度高，证明运营能力参差不齐、政府监管不力、双轨模式、发展时序、老年人收入水平偏低、优质医疗资源空间分布不均匀、区域服务型机构建构机制不完善是影响吸收效率的直接因素。

（5）导致直接因素形成的城市系统内的根本因素

在社会子系统内，政府的社会保障管理、基层治理是两个相关的基本要素。受到“家本责任”传统观念和“偏于效率”理念的影响，我国相关法律对政府社会保障管理责任界限划分不明晰，导致其在财政、协调与组织、监督等方面出现缺位现象，而计划经济体制的遗留影响又导致越位现象。以上因素共同导致了老年人收入水平偏低、区域服务型机构建构机制不完善、双轨模式、政府监管不力等直接因素的形成。同时，基层治理具有社区组织偏行政性、社会组织具依赖性等特点，制约了区域服务型机构的建构机制的完善。因此，社会保障管理责任界限划分不明晰、社区组织偏行政性、社会组织具依赖性是三个根本因素。

在经济子系统内，经济发展水平、经济增长方式是两个相关的基本要素。基于长沙市的经济发展水平，社会保障支出水平偏低，使老年人收入水平偏低，落后于经济发展水平。同时，在经济增长方式方面，新兴的养老产业发展程度尚浅，较早进入养老机构领域的运营者多为非专业人士，且相关专业教育体系不完善，对运营者的运营能力有较大的影响。因此，社会保障支出水平低、养老产业发展程度尚浅是两个根本影响因素。

在空间子系统内，城市规划与管理、城市形态是两个相关的基本要素。在传统道德伦理等非正式制度、计划经济制度等影响下，城市规划与管理逐渐形成偏物质性空间规划传统，对于复杂的社会问题、社会效益等较为忽略，关注预测总量、每千人指标、空间分布均匀性等物质空间问题，制约了区域服务型机构建构机制的完善程度，并表现出规划滞后性，影响到优质医疗资源分布的均匀性。同时，长沙市是单核心的城市空间结构，依据空间集聚原理，会吸引养老机构等经济要素向中心区聚拢，后因收益低使其向外围溢出，造成了其发展时序特点。因此，偏物质性空间规划传统与单核心城市空间结构是两个根本因素（图 5.9）。

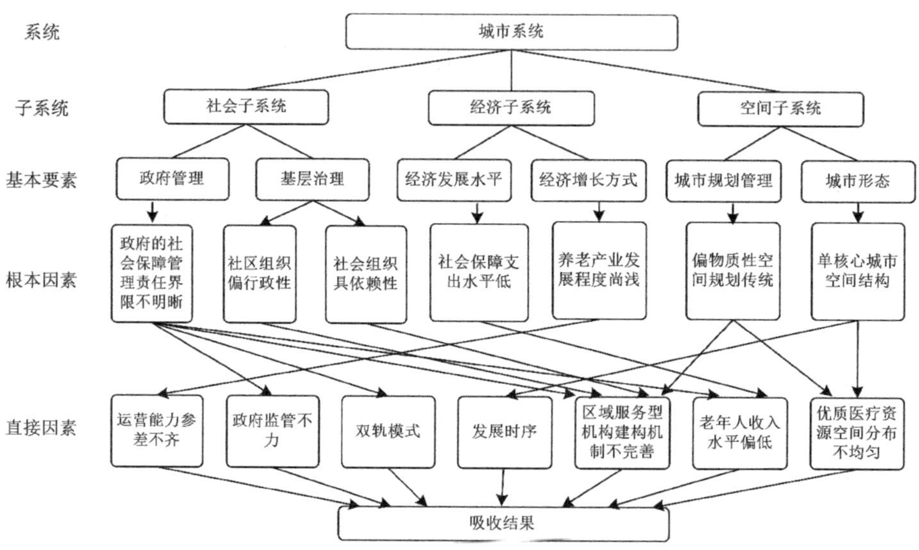

图 5.9　导致吸收结果的城市系统因素及其关联

6

第六章 以弹性为目标的养老机构配置机制优化对策

由弹性城市理论的适应性循环模型可知，以弹性为目标优化养老机构配置机制可从两方面着手。一是促进动态的适应性循环过程健康的发展，二是针对其吸收机制，分析其存在的问题，进行系统优化。

6.1 以促进适应性循环健康发展为目标的动态优化对策

首先基于适应性循环特点，分析促进其健康发展的关键，再针对性地提供优化对策。

6.1.1 促进适应性循环健康发展的关键

健康的适应性循环包括较长时间的开发、保守阶段和较短时间的释放与重组阶段。只有对该过程进行动态的监测，把握其动态变化状态及趋势，科学判断其所在阶段，才能适时地采取合适的措施，或通过政策与规范的适时完善拉长系统停留在开发、保守阶段的时间，或进行制度创新预备促进循环圈转换的政策等。因此，掌握养老机构发展的动态信息，分析、判断其所在阶段，预测其发展趋势，针对其所在阶段采取适时对策是促进适应性循环健康发展的关键。

鉴于此，建议建立养老机构信息平台，监测适应性循环并预警，在开发、保守阶段反馈与调整。

6.1.2 建立养老机构信息平台

进行动态监测的核心是以科学的方式、长期采集相关数据，并对其进行科学分析。飞速发展的数字信息技术在数据采集、处理的实时性、可靠性和相对低廉的成本等方面具有优势，应借助先进技术，搭建相应数据平台，为相关研究、决策提供基础数据支持。

与此同时，在笔者的调研中，发现实际的数据统计存在零散、不完整、统计口径有差异等问题，有的养老机构记录仍是采用最原始的手工记录方式（图 6.1），也有区域服务型机构运营者反映难以获取社区需求的相关数据，老年

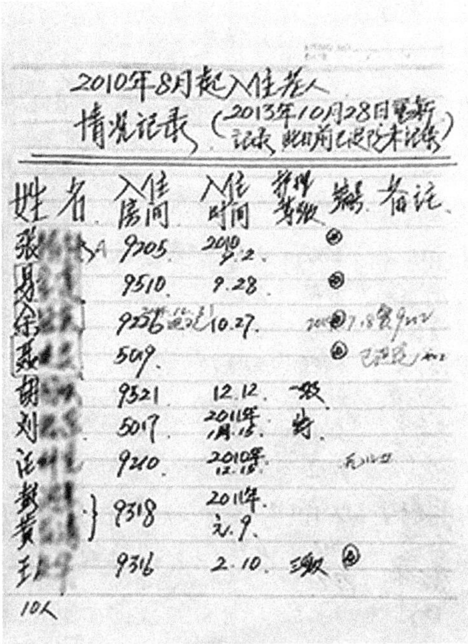

2010年8月起入住老人
情况记录（2013年10月28日更新记录，此日前已退住不记录）

姓名	入住房间	入住时间	护理等级		备注
	9705	2010.9.2			
	9510	9.28			
	9226	10.27			
	509				
	9521	12.12	一级		
	5017	2011年1.15			
	9210	2010年12.18			
	9318	2011年元.9			
	9316	2.10	三级		

10人

图 6.1　某养老机构信息的手写记录

人也反映缺乏能及时、客观了解养老机构情况的渠道。这些都说明在实际生活中，相应数据平台的缺乏已经对养老机构配置造成了明显的负面影响，亟需建构相应科学、规范、系统的数据平台。

养老机构配置涉及需求、供给以及相关影响因素，在建构养老机构信息平台时，应较全面地考虑到上述内容。

基于前面章节的分析结果，建议在养老机构信息平台上设置养老机构需求信息库、养老机构信息库、政府管理信息库、基层治理信息库、经济发展信息库、养老产业信息库、城市规划信息库等。其中，养老机构需求信息库包括老年人口数及增速、入住意愿、差异化需求内涵等方面的数据信息，养老机构信息库包括入住人数、空置率、人员配备、举办性质等方面的数据信息，政府管理信息库包括政策、标准与规范、社会保障财政支出水平等方面的数据信息，基层治理信息库包括社区养老情况、参与养老服务的社会组织等方面的数据信息，经济发展信息库包括经济发展规模、社会保障支出等方面的数据信息，养老产业信息库包括相关老年用品、养老产业链、专业人才等方面的数据信息，城市规划信息库包括相关的规划文件、图纸等数据信息。

同时，应大力加强基层的信息采集工作，尤其是社区对老年人需求的信息采集，并使其具有规范性、体系化、完整性等特点。差异化需求特征是老年人口压力变化的重要部分。根据笔者的调查，目前社区对于老年人口数、身体健康状态等均有较大的信息储备，但对于诸如入住机构意愿、需求偏好等社会属性方面的信息了解不多。而差异化需求是提高养老机构配置效率的前提，因此，可以通过社区加强对需求的社会属性方面的信息数据的采集，采用上门调查、随机调查、召开居民大会等多种方式，进行信息搜集，并按照数据平台要求的规范方式进行整理，以形成相对完整的数据库。

此外，应为养老机构信息平台设立社区、区、市等数据信息层级。社区级是养老需求数据及区域服务型机构的基础数据的主要采集层级，通过该层级的数据，可以动态监测各社区的养老供需特点及变化；区级、市级是数据统计层级，可以为了解各区、全市的养老机构供需状态及趋势提供更精确、细致的动态数据。

建立养老机构信息平台，可为把握老年人口及需求变化趋势、分析与预测养老机构动态发展等提供更精确、细致、全面的数据，通过数据分析，可对其所处的适应性循环阶段及所需动力内容进行科学判断，进而采取适时的具体策略。

6.1.3 监测适应性循环并预警

适应性循环是一个动态过程，对其进行监测，科学预测其发展趋势，是采取措施促进其适应性循环健康发展的前提。若其趋于释放、重组阶段，应进行预警，进而及时采取相应措施。

预警是在危机发生之前，根据相应的征兆，预先向有关部门或社会公众发出警示、警报，以便作好准备，以应对可能到来的危机[243]。社会问题预警是对社会现象量变的监测和对量变接近于质变的临界值的判断[244]。

社会问题与自然灾害、灾难不同，一般来说，社会问题是由于社会运转故障或社会发展进程不协调等原因而造成的一种社会现象。很多社会问题并不是完全由偶然因素引发的，是有迹可寻的。在老龄化社会，养老机构配置是城市社会发展的一项重要内容，与老年人口压力密切相关，是城市社会、经济、空间子系统内的要素之间的相互作用而形成的多层级因素共同影响的结果。而且，老年人口压力、城市系统运转中的因素等均可以转化为相应定性或定量的指标。

借助上述养老机构信息平台的数据采集、记录、统计与分析，可以发现其发展轨迹的规律，并预测其未来发展。对城市系统而言，养老机构需求是一种慢性压力，但一旦失控也会造成老人无人看护、家庭受困于养老，进一步造成劳动力缺乏、老年抚养比上升等严重的社会—经济问题，甚至影响城市可持续发展。因此，需要在预测的基础上进行相应预警。

养老机构配置预警是指利用适应性循环模型，借助老年人口数、养老机构供给量、主导要素供给量占比、总入住量等外来压力、系统潜力、连接度、弹性等指标的数据分析，对城市系统应对需求压力的适应性循环圈的转换趋势的提前警示。

依据适应性循环关键属性在不同阶段的变化趋势特征（图 3.2），在目前以民营机构为主导要素的第二适应性循环圈内，综合各指标的变化趋势可以判断其所处的阶段。目前，长沙市养老机构配置正处于适应性循环的第二开发阶段（γ_2），老年人口数增量逐渐增大，主导要素民营机构供给量占比趋向于 1，总供给量增加且增量持续较大，总入住量也在不断增加，表明系统正在积极地积累系统潜力并应对逐渐增加的外来压力。在今后的发展中，极有可能出现以下情况，需要提前预警。

第一种情况是老年人口数增加，且增量继续增大，民营机构占比进一步增高且趋向于 1，但总供给量在增加的同时，增量减小且趋向于 0，总入住量开始出现负增长；意味着外来压力增长趋势日益严重，但系统日益僵化，新增的系统潜力越来越少，对外来压力的适应能力越来越低，是一种危险状态，提示系统有崩溃、重组的趋势。此时，需结合其需求特征、当时的城市系统运行状态进行具体决策，有两种可能的应对策略，一是不改变适应性循环圈，通过反馈调整，拉长其在该循环圈的开发、保守阶段的时间；二是调整资源配置方式，通过制度创新及政策提前预备，促进其进入新的适应性循环圈。

第二种情况是老年人口数增加，但增量减少，民营机构占比进一步增高且趋向于 1，总供给量增加，增量减小且趋向于 0，总入住量开始出现负增长，意味着外来压力增长趋势日渐平缓，系统日益僵化，新增的系统潜力越来越小，对外来压力的适应能力越来越低；提示其随着压力的变化，应进入新的适应性循环圈。此时，应通过制度创新及政策提前预备，促进其进入新的适应性循环圈。（表 6.1）

当监测结果出现上述两种情况时，政府相关管理部门应尽快地结合养老机构的影响因素（如经济发展水平、社会保障支出、需求总量及内涵等），进行整体的分析，提供符合社会—经济发展水平与未来趋势的养老服务方面的政策，或帮助其改变适应性循环趋势，拉长其在开发、保守阶段的时间，或尽快结束原有适应性循环圈，实现系统重组、升级，避免造成系统崩溃而产生一系列严重的社会问题。

适应性循环预警类型　　表 6.1

预警类型	老年人口数趋势	养老机构总供给量趋势	民营机构供给量占比趋势	总入住量趋势	适应性循环健康状态及阶段	可能对策
I 类	不断增加；增量增大	不断增加；增量减少（趋向于 0）	增大（趋向于 1）	出现负增长	危险 / 有进入释放、重组阶段的趋势	反馈调整，改变其发展趋势；或者通过制度创新等促进其进入新的适应性循环圈
II 类	不断增加；增量减少	不断增加；增量减少（趋向于 0）	增大（趋向于 1）	出现负增长	健康 / 有进入释放、重组阶段的趋势	通过制度创新等促进其进入新循环圈

6.1.4 在开发、保守阶段反馈与调整

适应性循环过程包括开发、保守阶段，处于此阶段，需要适时地对政策与规范进行完善，以拉长其在该阶段的时间，积累更多的系统潜力应对压力。

反馈机制是指根据自组织系统的运行历史情况来调整未来行为的机制 [245]，它是调整系统行为、改善系统功能、使系统稳定优化的重要机制，因此，也是拉长城市系统停留在适应性循环的开发阶段的时间的重要机制。尤其在通过市场化方式来发展养老机构、为全体社会老人提供养老机构服务的时间并不长的背景下，各方面都不成熟，存在的问题比较多，需要不断完善。因此，对养老机构配置的情况进行定期的数据统计分析、评价并进行适时反馈非常重要。

每年度养老机构相关管理、规划部门都应对需求总量与养老机构供给总量的关系、养老机构效率等进行系统的评价和分析。包括对相关政策的实施效果进行评估，分析其取得的成果与存在的不足，及时总结经验，调整不利方面，完善或补充既有政策；对城市规划、社区养老的规划与管理等效果进行评价，关注新的社会需求，及时进行城市规划与管理的应对；同时，应较全面地分析造成现状的不利因素，对于因为政策、标准等缺失造成的问题，应及时提供相应政策、标准，以尽快改善相应不利因素。

6.2 以提升吸收效率为目标的阶段性优化对策

由前文的分析可知，长沙市目前处于第二适应性循环圈第二开发阶段，需要通过提高吸收效率来吸引更多的城市资源进入养老机构领域，以积累更多的系统潜力。首先对吸收机制中存在的问题进行分析，再针对问题提出优化对策。

6.2.1 吸收机制中存在的问题

由前文对吸收机制的分析，发现目前制约吸收效率的问题主要表现在以下方面：其一，对需求差异性研究较浅，导致养老机构类型划分较为粗放，养老机构供给缺乏精准性；其二，基于目前粗放的养老机构类型体系，城市系统实际供给的养老机构对部分需求缺乏回应，如养老机构价格水平偏高、区域服务型机构供给量偏小等制约吸收效率的供给因素，反映出养老机构供给对中低收入者的需求、对区域服务型机构的需求缺乏有效回应，制约了相应的供给总量，继续观察其形成路径，发现缺乏有效回应的关键问题在于缺乏应对相应需求的明确主体；其三，对于由市场供给的民营机构而言，存在一些制约吸收效率的管理与规划因素；其四，存在与长沙市发展不匹配的因素，制约了整体的吸收效率。

针对上述问题，建议建立基于差异化需求的养老机构类型体系、通过子系统协同完善政府配置模式、建构社区组织配置模式、提升企业配置模式的吸收效率及采取相关对策提升整体的吸收效率。

6.2.2 建立基于差异化需求的养老机构类型体系

目前的养老机构类型划分较粗放，功能、兴办主体或服务半径是进行分类的主要依据，并不能反映老年人需求的综合性，也不能反映其复杂性，在很大程度上制约了养老机构配置效率。

由第四章对老年人差异化需求的吸收结果分析，可知老年人入住养老机构时几乎都会考虑功能、价格和空间布局等，而且不同身体健康状态、不同社会空间中的老年人的需求存在差异，不同的人群迫切需求的内容有较大的差异。为了能够“精准”配置养老机构，以满足不同老年人群的迫切需求，应建立基于差异化需求的养老机构类型体系。

第四章的分析结果显示：①在功能需求方面，从身体健康状态来看，失能老人与自理老人有较大差异，失能老人非常重视医疗功能水平，较为重视护理功能水平；自理老人对功能的需求呈现多样化、个性化特征，相对而言其较为重视养老机构的自然环境的质量，并对医疗有一定的要求。而从社会属性的角度来看，不同社区内的老人对功能内容的需求偏重有差异。②在空间布局需求方面，绝大部分重度失能老人和部分中轻度失能老人对医院资源有较高的需求，约半数的自理老人对养老机构周边的自然环境质量有较高的要求，大部分轻中度失能老人、近半数的自理老人希望可以在社区内的养老机构中养老。由此，可初步将老年人的需求划分为三种类型：对医院资源有较高要求的失能老人的需求（I 类），对自然环境资源有较高要求的自理老年人的需求（II 类），希望在社区内养老的老年人的需求（III 类）。

同时考虑老年人对价格的需求，依据老年人收入水平，将三类需求进一步区分为中高收入类和中低收入类，由此形成了三大类六小类的老年人需求类型体系。其中，中等收入以长沙市企业退休平均养老金值为标准，低收入以长沙市低保线为标准。基于上述差异化需求特征，形成了包含中高价格通用型（A 类）、中低价格通用型（B 类）、中高价格针对型（C 类）、中低价格针对型（D 类）、中高档区域服务型（E 类）、中低档区域服务型（F 类）等 6 类养老机构的类型体系（图 6.2）。

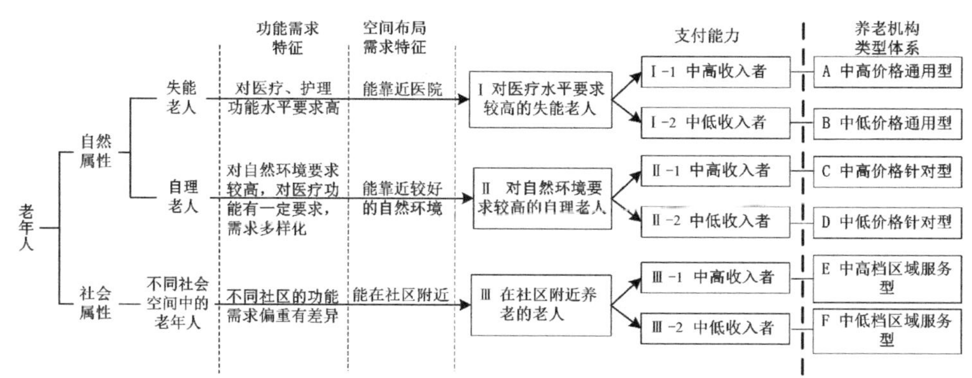

图 6.2　基于差异化需求的养老机构类型体系

其中，中高价格通用型（A 类）主要为市域范围内中高收入的失能老人服务，兼顾少数自理老人；中低价格通用型（B 类）主要为市域范围内中低收入的失能老人服务，兼顾少数自理老人；中高价格针对型（C 类）主要为市域范围内中高收入的自理老人服务；中低价格针对型（D 类）主要为市域范围内中低收入的自理老人服务；中高档区域服务型（E 类）主要为中高收入社区中居住的老年人服务；中低档区域服务型（F 类）主要为中低收入社区中居住的老年人服务（表 6.2）。

养老机构类型与主要服务对象　　　　表 6.2

编号	养老机构类型	主要服务对象
A	中高价格通用型	市域范围内中高收入的失能老人，兼顾少数自理老人
B	中低价格通用型	市域范围内中低收入的失能老人，兼顾少数自理老人

续表

编号	养老机构类型	主要服务对象
C	中高价格针对型	市域范围内中高收入的自理老人
D	中低价格针对型	市域范围内中低收入的自理老人
E	中高档区域服务型	中高收入社区中居住的老年人
F	中低档区域服务型	中低收入社区中居住的老年人

在上述养老机构类型体系中，需要特别关注B类和F类，即中低价格通用型、中低档区域服务型养老机构的建设与运营。对应于B类（中低价格通用型养老机构），是中低收入的、对医院资源有较高要求的失能老年人的需求，该类型老年人是对养老机构最有迫切需要的群体，但也是极有可能因支付能力不足无法入住养老机构的人群。根据2018年6月长沙市人社局的统计数据，长沙市（主要是内五区）的企业退休职工33万多人，可以估算企业退休职工约占长沙市老年人口的30%。同时，除了有工作的老人，还有因为无法适应经济制度转型等原因而形成的无业、失业、灵活就业等的老年人群，以上人群都是城市贫困人口的主要来源。以城乡各省平均低保线作为标准，基于2014年中国老年社会追踪调查数据（简称CLASS），朱晓等发现城市老年贫困人口比例达16.77%[240]。参考上述数据，可以发现长沙市中低收入老年人口的规模不小，是一个需关注的弱势群体。

另外，对应于F类（中低档区域服务型养老机构），是中低收入社区中希望在社区内养老的老年人的需求，该类老年人是另外一个需要关注的群体。随着计划经济向市场经济的转变，基于职业的社会阶层分化机制慢慢形成，并逐渐取代了以政治、户口和行政身份为依据的社会结构分化机制，我国不仅出现了10个不同的阶层[213]，而且李强教授主要依据职业类型等，对我国的社会阶层结构进行测算，体现了个人的经济收入、教育水平和社会地位的分层状态，结果提示我国社会阶层结构呈现倒丁字形，2000年城市的低地位人口约占城市人口的55.3%，低地位人口的职业类型多为城市工业劳动者，收入水平属于城市收入的中低水平；至2010年，城市的低地位人口约占城市人口的48.89%[246, 247]。而且，社会阶层开始呈现固化特征[248]，阶层之间的分界线日益清晰，子女的社会阶层地位越来越难以突破父母的阶层地位的制约，低阶层难以向上面的阶层流动[249]。不同阶层也已开始在城市空间上表现出分异，形成不同阶层聚居的空间区域。参考蒋亮等对长沙市居住空间分异的研究结果，长沙已出现中低收入人群聚居的空间，较为集中地分布在河东裕南路、赤岭路、左家塘、砂子塘、城南路、潮宗街、百善台以及河西银盆岭等街道，多位于城市中心区，甚至核心区，此外，还有一些位于城乡接合部的地带[175]。在这些空间居住的人群因为各种原因，所拥有的经济、文化、社会等资源很少，因此，在市场化背景下，难以吸引城市资源来建构养老机构。而这些区域往往是老年人口聚集较多的地带，所以政府应对其有更多关注。

6.2.3 通过子系统协同形成不同配置模式

由吸收机制分析发现，目前养老机构配置效率较低的原因在于各子系统在应对差异化需求时并未通过协同形成合理的应对模式及明确的应对主体，如中低收入老年人的需求、对区域服务型机构的需求都缺乏明确的应对主体，导致不能较好地吸收不同类型的需求。而要改善现状，则需要通过子系统之间建立协同，共同形成若干种配置模式，供给不同类型的养老机构，针对性地吸收不同类型的需求。

建议形成不同的资源配置模式，供给不同的养老机构类型，以改善对差异化需求的吸收效率。配置模式主要考虑资源的来源、路径及需求迫切性等。

由前文分析可知，与中低价格通用型机构（B 类）对应的需求群体数量较大，目前，除了特困老人等极少量老年人是由政府收养之外，其他老年人的需求并无明确的应对主体，这部分人因为收入低也在市场机制之外，但同时该群体因为失能对养老机构往往有更迫切的需求。在此情况下，政府应承担起该部分老人的养老机构服务的供给责任，通过财政投入、有计划地供给该类型的养老机构，即政府配置模式。

同时，区域服务型机构（E、F 类）也存在大量需求，但目前缺乏明确的供给主体，导致缺乏合理的供给路径。依靠政府的计划供给难以应对微观区域的需求差异及变化，而完全的市场机制决定其会采用标准化模式，不能应对差异化需求，因此，针对区域服务型机构供给，应通过建立社区复合组织来多方合作配置资源，提供匹配社区需求的供给，即社区组织配置模式。

与其他类型（A、C、D 类）相对应的老年人群往往具有较强的购买力，或者不具有迫切的入住机构的需求，因此，可以完全通过私人部门投资、市场供需调节来供给，即企业配置模式（表 6.3）。企业包括一般民营企业和社会企业，前者是营利性的市场经济组织单元，后者运用商业手段赚取利润来贡献给社会，是非营利的市场经济组织单元，我国民办非企单位即属于该类。

养老机构类型与配置模式 表 6.3

编号	养老机构类型	主要配置模式	主要特征
B	中低价格通用型	政府配置	财政投入、计划供给
E	中高档区域服务型	社区组织配置	多方合作配置资源、匹配社区
F	中低档区域服务型	社区组织配置	多方合作配置资源、匹配社区
A	中高价格通用型	企业配置	私人部门投资、市场调节
C	中高价格针对型	企业配置	私人部门投资、市场调节
D	中低价格针对型	企业配置	私人部门投资、市场调节

6.2.4 完善政府配置模式

中低价格通用型机构对应的是中低收入失能老人的需求。该类老年人需求较低的养老机构价格供给，目前看来，除了三无等特困老人，大部分中低收入老人的需求没有明确的应对主体，政府的社会保障管理责任界限不明晰是主要的根本因素；而且，随着失能老年人口的快速增长，其对医院资源的需求总量将大量增加，对该类型机构的需求量也会快速增加。

建议通过协同各子系统完善政府配置模式，利用财政投入、有计划地供给中低价格通用型机构，以有效应对中低收入失能老人的需求。需要改善社会子系统内的政府管理责任界限不明晰，即要明晰政府的社会保障管理责任界限，包括兴建公办与公办民营机构、精准补贴各类困难老人、采取多样化收费方式；为了应对未来的需求量的增加，应提前进行科学规划，包括统筹安排具有适应性的空间规划。各项对策具体如下：

①加大社会保障财政投入

兴建公办、公建民营机构；通过精准补贴，为特困老人、轮候人员、有迫切需求却无力支付的中低收入失能老年人提供免费或较低价格的养老机构服务。

在公办、公办民营机构中，对特困老人、轮候人员等免费收住。目前，长沙市政府正进行轮候制度的尝试，轮候制度是保障需要照料的困难老年人优先入住公办养老机构的制度，面向重点优抚对象、失独人员、市级以上劳模或市级以上“见义勇为”称号获得者、无子女低收入家庭老年人四类老年人。但在调研中发现该政策在实施过程中，有资格入住的老人因为身体较好、暂不愿入住等原因，导致试点的养老机构空置率较高，建议进一步完善轮候制度；同时，结合低保水平，将扩大轮候人员范围与增加收费层级结合，制定更符合实际的轮候标准，为更多的低收入失能老人服务。

同时，以企业退休平均养老金、低保线为主要价格参考，为中低收入失能老年人提供服务。对于有迫切需要入住养老机构的中低收入失能老人，在对其实际收入情况核实后，基于其支付能力进行付费，不足部分由政府予以补贴。对于参与公办民营机构运营的养老机构品牌，可在税收、政府养老服务外包等方面给予优惠，鼓励更多民营机构参与。

②采取多样性的付费方式

正如前文所提到的，长沙的中低收入人群聚居空间有相当一部分在城市中心区（甚至核心区），有些老年人收入很少，但其有一定房产，可以通过房产抵押、出租等方式来支付其入住养老机构的费用（表 6.4）。

中低价格养老机构入住价格、补贴及收费方式 **表 6.4**

入住人员	定价参考	收费与补贴方式
三无等特困老人、轮候老人	免费	无
低收入失能老人	低保线	多样化收费，不足部分政府补贴
中低收入失能老人	低保线、企业退休平均养老金	多样化收费，不足部分政府补贴

③统筹安排具有适应性的空间规划

将布点规划与养老区块规划结合。医院附近（半径 2.5 公里以内）若有合适用地，可以布局大型该类机构。同时，结合优质医院资源、自然环境、城市功能分区等，划出养老区块，预留养老用地，为未来养老机构等大规模发展留足空间。

例如，基于《长沙市城市总体规划（2003—2020 年）（2014 年修订）》，长沙将构筑“一轴两带多中心、一主两次五组团”的城市空间结构，在城市主体、岳麓片区、星马片区、暮云组团、金霞组团、坪浦组团、空港组团、黄黎组团等主要功能区中，岳麓片区将在保护好岳麓山风景名胜区和其他自然山水体系的前提下，大力发展高新技术产业和现代服务业，坪浦组团主要为岳麓山大学城的远期发展用地以及与之配套的生活居住用地，兼顾发展教育研发和休闲度假等功能。同时结合其景观规划结构来看，在岳麓片区、坪浦组团也有数量较多的公园、绿地。而且，近郊已有的优质医疗资源多分布在湘江东岸和北部，在南部近郊并没有配置三级及以上的医院（图 5.4），与此同时，在岳麓片区及坪浦组团已兴建了大量住宅，也需要相应的优质医疗资源配套。因此，建议在岳麓片区、坪浦组团布局养老区块，预留大面积的养老用地，并与三级及以上医院进行统筹规划。

在该养老区块内，借助养老机构信息平台数据，判断现有的中低收入失能老年人口规模，并结合其发展规律、经济快速发展吸引外来人口数量等进行不同水平的测算。参考《老年养护院建设标准（2011）》的标准：为失能老人的服务提供比为 50%，基于低水平人口规模进行刚性的公办、公办民营养老机构规划，并预留一定用地，以备需求量增加时进行扩建或新建。

通过以上对策组合，来供给中低价格通用型机构，可以缓解老年人收入偏低的困境，从而提高老年人的相对收入水平，降低养老机构的相对价格水平；同时，为未来中低收入老年人需求激增预留用地，增加一定的城市医院资源，以更好地吸收中低收入失能老人的需求（图 6.3）。

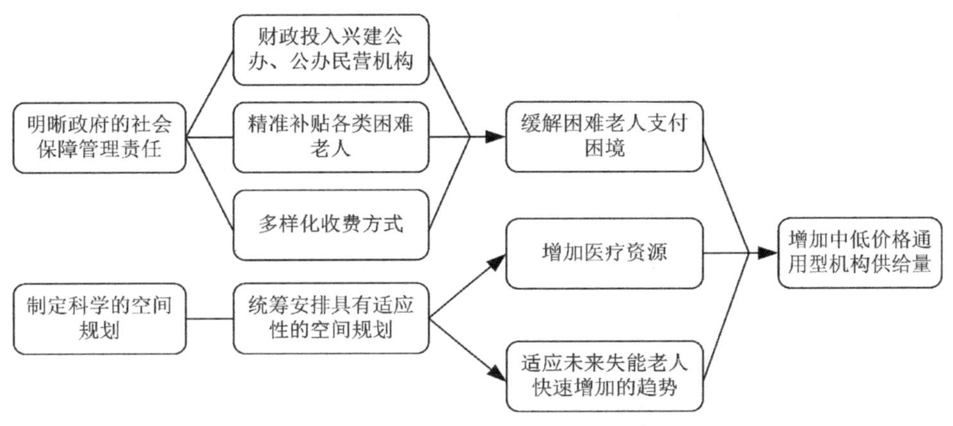

图 6.3　完善政府配置模式的路径

6.2.5 建构社区组织配置模式

与区域服务型机构对应的是不同社区中老年人的需求。该需求量大，但供给量少，且存在不匹配现象。目前看来，该类型的需求缺乏明确的应对主体，社会子系统内的政府社会保障管理责任不明晰、社区组织偏行政性、社会组织具依赖性、空间子系统内的偏物质性规划传统等是共同造成该结果的根本因素。随着老年人口增加，其未来需求量会更大，且社区需求有差异，具有动态特征。

建议通过子系统协同，建构社区组织配置模式，通过多方合作配置资源、提供匹配社区需求的服务，来增加区域服务型机构，适应不断变化的社区需求。需要增加规划的社会性，建立社区规划制度；增强基层治理，建立社区复合组织；明晰政府的社会保障管理责任，包括梯度补贴中低收入社区、促进低收入社区复兴、引导形成不同类型的养老机构连锁品牌。具体对策如下：

①建立社区复合组织，促进区域服务型机构发展，并“由点带面”逐步建构以其为核心的社区养老服务体系

统一的政府管理无法有效应对微观而不断变化的基层社区单位的问题，因此，建议由政府提供政策、财政等支持，建立包含社区、业委会（或居民代表）、规划专业人员、社会组织（或企业）等在内的社区复合组织，培育该基层组织的自我管理能力，以其为主体来供给区域服务型机构。

其中，由政府出台相应政策，大力引导区域服务型养老机构的建立，并以区域服务型养老机构为支点，逐步发展包含医疗、护理、家政服务等的综合性社区养老服务体系；同时，提供财政支持，用于支持社区养老机构发展的起步，起到吸引投资的作用。社区是基层组织，主要起到组织协调、提供相关信息支持的作用；社区可通过多种途径获取社区内老年人基础信息、养老需求信息、合适的社区用房信息等，提供给相应的社会组织（或企业），以支持其对养老机构的运营。业委会（或居民代表）参与社区的养老环境及发展规划的讨论，充分表达居民的需求，并将相关信息向居民进行宣传。规划专业人员通过开会讨论、访谈等多种方式，制定具体的社区养老环境及发展规划，包括养老机构的选址、环境设计及发展计划等，并协助社会组织（或企业）进行养老机构的改造与设计。社会组织（或企业）进行投资及专业化运营。

②通过社区复兴，促进低收入社区内的养老机构发展

对于中低收入社区，政府应进行更细致的分类。对于其中的低收入社区，建议通过社区复兴来促进其区域服务型养老机构的建构。

英国在 20 世纪 50 年代左右对其衰败社区推行“高福利”的补贴政策，使其经济入不敷出，表明单纯的救济并不具备可持续发展性，更有效的方式是通过复兴使社区获得整体、持续的活力。建议将低收入社区复兴与养老服务业的发展结合起来。具体方式如下：政府在详细调研的基础上，科学划定低收入社区的空间范围。政府通过政策、财政等支持引导社区居民成立从事养老服务的社区社会组织（如民办非企业、公益信托等），即提供一定启动资金，委托学校或养老机构对社区居民进行养老护理、运营等方面培训，并在其运营过程中，委托运营机构给予技术支持，同时提供扶持政策，如将政府购买居家养老服务委托给该类社区社会组织。通过该社区社会组织进行养老服务运营，增加社区居民的经济收入，逐渐建构以养老机构为中心的社区养老服务体系。目前，我国正处于社区建设深化发展阶段，政府重视社区社会组织，正呈现蓬勃发展的良好势头，促进低收入

社区的社会组织与养老服务结合，符合该发展趋势。同时，在经济组织模式上，非营利组织的利润不可以用于分红，目前通过第三方监管来加以监督，或通过和政府签订相关协议等方式，可以基本保证其被用于本社区的养老服务中；也可通过公益信托的方式，公益信托是指财产所有人将财产交给受托人占有、使用、处分，并约定将所得财富用于使整个社会或部分社会公众受益的目的的制度，公益信托可进行市场运作、向社会募集资金，在将民间资本与持续的公益活动结合方面具有极大优势，但在审批手续、募资规定、税收优惠等方面仍存在一些问题[250]，尽快完善将更有利于其发展。

③引导形成不同类型的养老机构连锁品牌，使其为不同收入水平的社区提供服务

在市场化背景下，养老机构连锁品牌运营具有标准化的特点。为了匹配不同收入水平社区的需求，应有意识地引导形成不同类型的养老机构连锁品牌，使其可以有效地参与到区域服务型机构的运营中去。

④通过政府精准的梯度财政投入，降低中低档区域服务型养老机构（F类）的价格，推动其发展

对于中低收入社区，政府应基于社区中老年人的实际收入水平进行更细致的梯度分类，再通过社区用房租金的减免、政府对养老机构的运营提供梯度补贴等方式，降低其成本；由社区组织基于社区老年人收入水平、补贴水平等，确定养老机构的价格，为社区老年人服务。

⑤建构社区规划制度，将区域服务型机构（E、F类）规划与管理纳入社区规划

目前城市规划偏物质性，重宏观经济效益，应加强其对社会因素的关注，形成其对微观的基层社区单位需求及变化的应对路径。社区的人口、地域、设施资源、组织机制等存在差异，需要将专业人员引入社区，针对社区的特性提供专业设计；基于我国国情，可以通过设立科研基金等方式，将高校引入社区规划建设。在此基础上，将区域服务型机构（E、F类）规划与管理纳入社区规划，逐步建构网格状的服务社区的区域服务型养老机构体系。

通过上述对策组合，明确希望在社区附近养老机构内养老的需求的应对主体，增大区域服务型机构的供给量，提高供需匹配度（图6.4）。

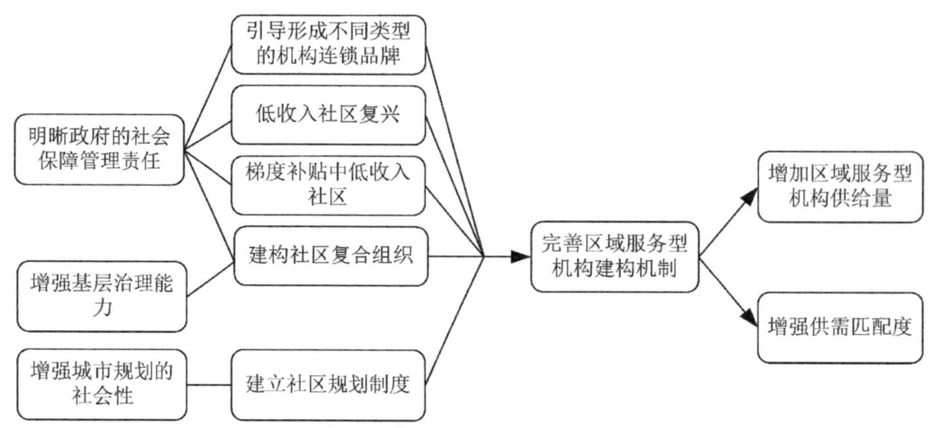

图 6.4　建构社区组织配置模式的路径

6.2.6 提高企业配置模式的吸收效率

除了中低价格通用型机构（B 类）、区域服务型机构（E、F 类），其他类型的机构主要通过企业配置模式实现，由私人部门投资的民营机构是主体。目前，民营机构的吸收效率不高，政府社会保障管理责任不清晰、单中心城市空间结构、偏物质性空间规划传统等是制约其吸收效率的主要根本因素。需要明晰政府社会保障管理责任界限，灵活管理公办与公办民营机构；改善单中心城市空间结构的不利影响，增强规划的社会性，统筹医院与养老机构的相关管理，制定不同档次的养老机构空间发展导则；同时，为了适应需求的快速增加，应提前制定科学的空间规划，统筹安排具有适应性的空间规划。具体对策如下：

①摸索公办、公办民营机构的灵活管理模式

由于政府权力越位，导致公办机构的性价比明显高于民营机构，不利于民营机构的发展。为了满足中低收入失能老人的需求，上文建议发展公办民营机构，因此，在未来的发展中，对于公办、公办民营机构，建议对入住情况采取灵活管理的模式。即在入住老人稳定的情况下，预留 10～20 张床位以备特困老人、轮候老人、中低收入失能老人的入住需求；其余床位向社会开放，其入住价格采取市场定价方式，改善双轨模式导致的负面影响，提升民营机构的吸收效率。

②统筹医院与养老机构的相关管理

充分利用既有的城市医院资源。失能老人（尤其是重度失能老人）因为身体原因对急救功能非常重视，医院与养老机构相距在 2.5 公里以内，是比较理想的距离。应充分利用城市二级及以上（尤其是三级）综合医院及与老年病相关的专科医院，通过政策优惠等城市管理手段，促进在医院附近（尤其是2.5公里范围）区域内合适的闲置用房转变为养老机构用房，为城市失能老人提供服务。同时，为了提高对既有医院的利用效率，应将为自理老人服务的养老机构布置在距离医院稍远（2.5～5公里）且自然环境好的区域，避免与失能老人争夺城市医院资源。

应引导新的医院资源在近郊合理布局。长沙市中心区医院资源已非常丰富，但受到合适房屋、城市用地等限制，中心区能提供的养老机构供给量非常有限。因此，应引导城市医院资源，尤其是三级及以上的优质医院资源向近郊发展，提高近郊养老机构的性价比。

通过优惠政策引导民营医院在远郊合理发展。远郊的自然环境好，但其他配套较弱，更适合自理老年人的需求。结合人口分布等，对远郊的医院发展进行合理规划。通过税收、土地等方面提供优惠政策，鼓励民营养老机构兴办二级综合医院或与老年病相关的专科医院，为远郊的养老机构服务，吸引对自然环境有较高要求的自理老人。

③制定不同档次的养老机构空间发展导则

单核心城市空间结构影响到养老机构的发展时序，使近郊机构的价格水平较高，优质医疗资源较少，导致性价比较低。但同时从城市资源的角度看，近郊的自然环境相对较好，在引导优质医院资源向近郊发展的同时，也有意识地提高养老机构的其他功能要素水平，可提高养老机构的综合性能，进而提高养老机构的性价比。因此，应制定不同档次的养老机构空间发展导则，促进近郊民营养老机构吸收效率的提升。

④统筹安排具有适应性的空间规划

随着老年人口增速加快，其需求的养老机构总量在增加，为了应对该需求，结合优质医院资源、自然环境、城市功能分区等，划分出养老区块，预留养老用地，为未来养老机构等大规模发展留足空间。

在养老区块内，除了对政府配置的中低价格通用型机构进行刚性布点并预留一定用地之外，对A、C、D类机构应进行刚性布点和空间留白。

由于长沙市是省会城市，经济发展水平较高，已跻身新一线城市，其未来人口的发展既受制于本身的人口结构与发展规律，也受外来因素的影响，其经济发展会吸引大量外来人口，在传统孝道的影响下，外来的年轻人口很可能会带来其父母，并留在长沙养老，还有第二代农民务工人员很可能留在城市，所以未来的老年人口规模可以依据养老信息平台上老年人口规模及发展规律、经济快速发展吸引外来人口数量等进行不同水平的测算。在养老区块内，在近郊医院附近，首先基于低水平人口规模对高收入失能老人、自理老人分别进行刚性的养老机构布点，对其他用地进行留白。用地留白是指对养老区块内的土地暂不明确规定用途。随着时间的推移，针对该类留白区域，可以灵活地发展养老机构、老年公寓、疗养院等多种类型，以此适应老年人口未来的需求变化；经申请、评估和市政府审核确认后，由市级相关部门和区依法对地块进行规划编制、审批和实施管理，再确定其用途（图 6.5）。

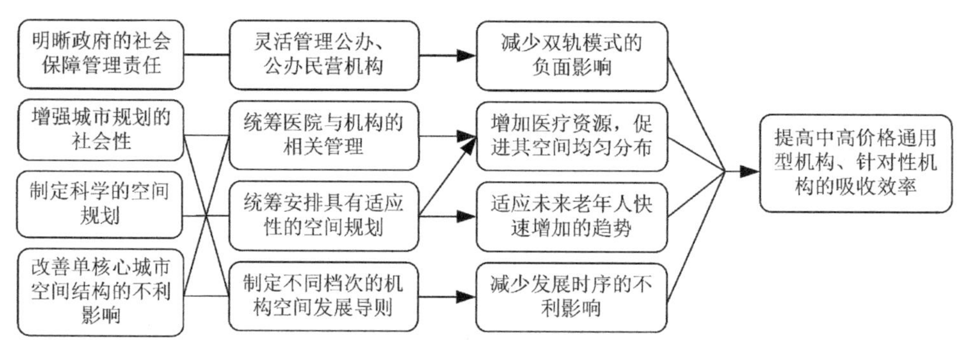

图 6.5　提升企业配置模式吸收效率的路径

通过上述的对策组合，可以改善目前制约民营养老机构吸收效率的发展时序、双轨模式、医疗资源空间分布不均匀等问题，同时为未来老年人的快速增加预留空间，提升未来企业配置模式的吸收效率。

6.2.7 提升整体的吸收效率

在吸收机制中，存在一些因素，制约了各类型的养老机构对需求的吸收效率，即制约了整体的吸收效率，主要包括社会保障支出水平低、养老产业发展程度尚浅、社会保障管理责任界限不清晰等根本因素。需要使社会保障支出水平与经济发展水平相匹配，提高长沙市社会保障支出水平；推动养老产业发展，加快专业人才培养；明晰社会保障管理责任，加大监管力度。

①提高社会保障支出水平

长沙市经济发展水平已较高，社会保障支出水平明显偏低，这抑制了老年人对养老机构的有效需求。应提高社会保障支出水平，提高老年人的退休养老金，提高其收入水平，进而提高老年人的有效需求，提升吸收效率。

②加快养老机构运营人才培养

虽然在本书的调研中，在只统计护理员数量的前提下，并未表现出明显的缺乏，但随着老年人口规模的加速发展和深度老龄化，尤其是随着失能老人护理需求的迅速增加，有较好专业技能的护理员将会存在较大缺口，因此将其列入专业人才在此一并讨论。政府应尽快统筹安排养老专业人才的培养，整合城市的教育资源，引导相关人才培养体系的建构。以老年服务与管理专业为例，目前湖南省能开设的学校并不多，学位水平也不高，但同时长沙也有一定优势，比如长沙民政职业技术学院在 1999 年开设的老年服务与管理专业是国内本专业办学时间最早院校，2009 年成为国家示范性专业。因此，如何基于已有的教育积累与优势，加强高职院校、高等院校、养老机构之间的合作，进一步丰富教育层次、扩充职业技能教育容量、明确专业培养标准、完善专业结构体系是迫切需要思考和开展的工作。

而从现实情况出发，考虑到人才培育的时间周期，为了在短期内改善运营能力参差不齐的状态，政府可以先增设运营咨询机构，为已经或即将投入运营的养老机构提供运营等方面的技术支持。具体来讲，可以通过设立相应的科研基金，使高校等科研机构介入养老机构的运营咨询；或通过政府居家养老服务外包等，吸引有经验的运营者参与到咨询工作中。

③加大监管力度

基于我国国情，建立起包含年审制、抽查制度、信息平台、第三方评价制度的监管制度。加快建构相关的评价指标体系，以对养老机构功能要素供给水平进行更有效的监督。

通过上述对策组合，可以改善提高老年人收入水平、提升运营者的运营能力、改善监督效果，从而从整体上提高各类养老机构的吸收效率（图 6.6）。

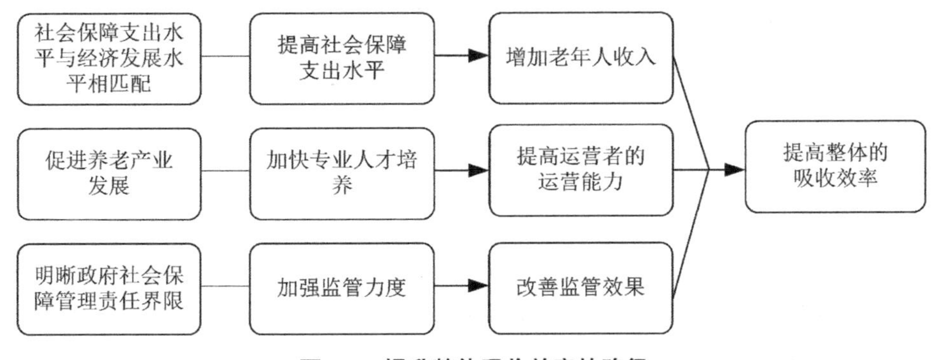

图 6.6　提升整体吸收效率的路径

6.3 本章小结

（1）以促进适应性循环健康发展为目标的动态优化对策

利用数字信息技术搭建相应数据平台。结合既有分析，建议设立包含养老机构需求、养老机构、政府管理、基层治理、经济发展、养老产业、城市规划等信息库在内的养老机构信息平台，来支持相应的动、静态分析，为宏观预测、政策决策提供充实的数据支撑；同时应加大社区等基层信息采集力度，并设立合理的信息层级。

监测适应性循环并预警。借助于老年人口数、养老机构供给量、主导要素供给量占比、总入住量等外来压力、系统潜力、连接度、弹性等指标的数据，对可能出现的两种适应性循环圈转换趋势进行提前警示，并采取相应措施。

在开发、保守阶段反馈与调整。包括对政策实施效果进行评估，完善既有政策；对城市养老规划、社区养老规划进行实施效果评价，及时对城市规划与管理进行相应调整；同时，适时总结造成现状的不利因素，及时补充相应政策、标准，以尽快改善不利因素造成的后果。

（2）以提升吸收效率为目标的阶段性优化对策

基于差异化需求建构养老机构类型体系，包含中高价格通用型（A 类）、中低价格通用型（B 类）、中高价格针对型（C 类）、中低价格针对型（D 类）、中高档区域服务型（E 类）、中低档区域服务型（F 类）等六类。

通过子系统之间建立协同，共同形成政府配置、社区组织配置、企业配置等多种配置模式，明确不同类型的养老机构的供给主体，增大相应类型的养老机构供给量，提高吸收效率。

完善政府配置模式，包括加大社会保障财政投入、兴建公办与公办民营机构、精准补贴各类困难老人，采取多样化收费方式，统筹安排具有适应性的空间规划。

建构社区组织配置模式，包括建立社区规划制度、建立社区复合组织、梯度补贴中低收入社区、促进低收入社区复兴、引导形成不同类型的机构连锁品牌。

提高企业配置模式的吸收效率，包括灵活管理公办与公办民营机构、统筹医院与养老机构的相关管理、制定不同档次的养老机构空间发展导则、统筹安排具有适应性的空间规划。

提升整体的吸收效率，包括提高长沙市社会保障支出水平、加快专业人才培养、加大监管力度等（图 6.7）。

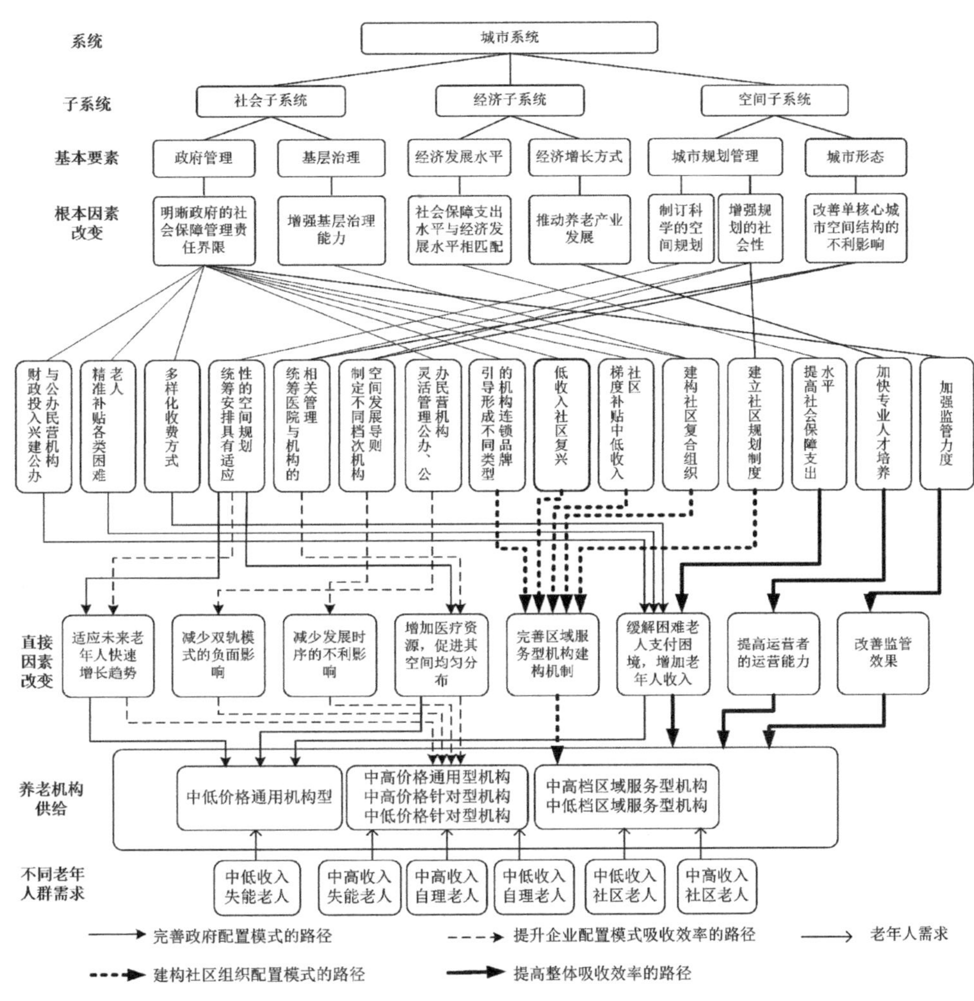

图 6.7　提升吸收效率的对策

7

第七章
总结篇

从弹性城市理论视角看，城市养老机构配置是城市系统适应需求压力的过程，其包含动态适应机制、阶段性适应机制。将多尺度嵌套适应性循环模型（Panarchy Model）与动态适应机制结合，即为适应性循环机制；开发阶段是适应性循环中的重要阶段，对处于开发阶段的阶段性适应机制进行深入分析，结合需求大于供给及市场化背景，城市系统对需求压力的吸收机制是其阶段性适应机制的核心。

7.1 适应性循环机制：过程及驱动力（图 7.1）

运用文献法、综合分析法等，对适应性循环理论模型（Panarchy Model）的研究进展进行梳理，结合我国国情及养老机构配置的特点，提出城市系统应对需求压力的适应性循环过程的划分方法：把对参与要素、资源配置方式等产生重大影响的养老服务方面的基本政策作为适应性循环圈划分的依据；再在每个适应性循环圈内，通过养老机构总供给量、主导要素供给量占比、总入住量等指标来观察系统潜力、连接度、弹性等属性的变化趋势，结合老年人口压力、相关具体政策等因素，进一步划分内部的阶段。

以 1949～2016 年为研究区间，发现长沙的适应性循环过程包括：第一适应性循环圈（1949～1999）、第二适应性循环圈第一开发阶段（γ_1）（2000～2010）和第二开发阶段（γ_2）（2011～2016）。其中，在第一适应性循环圈内，以提供救济性的养老机构服务为其价值取向；2000 年发布的《关于加快实现社会福利社会化的意见》，反映出其提供普惠性养老机构服务的新价值取向，长沙进入第二适应性循环圈。在第一适应性循环圈内，1949～1991 是其开发和保守阶段（γ-κ），社会福利机构总供给量先快速增长、后逐渐放缓，全为政府举办的公办机构，收养的老人总量先快速增长、后缓慢下降，表现出潜力不断增加、连接度较强、弹性先增强后减弱的趋势；1992 年长沙进入老龄化社会，1992～1999 年为其释放和重组阶段（Ω-α），对三无老人等的供给量逐渐收缩，新增为一般社会老年人的养老服务机构，民营机构开始涉足养老服务领域，三无老人总入住量下降，少

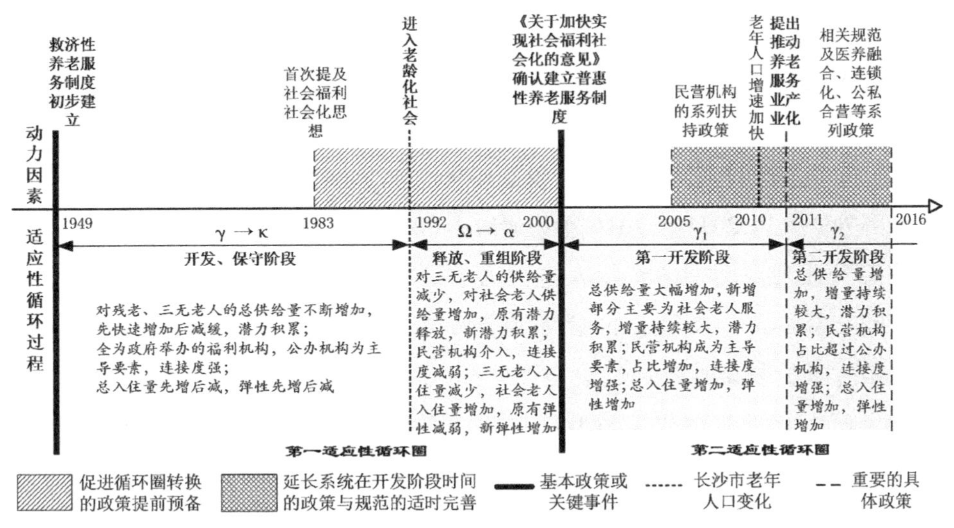

图 7.1 适应性循环过程及驱动力

量社会老人开始入住养老机构，表现出系统原有潜力释放、开始积累新类型的潜力，连接度减弱，原有弹性减弱，新类型的弹性增加的特点。在第二适应性循环圈内，民营机构成为主导要素，2000～2010 年为其第一开发阶段（γ_1），老年人口占比进一步增长，养老机构总供给量大幅增长，增量持续较大，新增部分主要为一般社会老年人服务，民营资本介入养老服务领域并具备一定规模，占比不断增加，总入住量不断增加，表现出潜力增加、连接度增强、弹性增强的趋势；2011～2016 年为其第二开发阶段（γ_2），在老年人口占比增长，且增速明显加快，养老服务市场被进一步放开，养老机构总供给量继续大幅度增长，增量持续较大，民营机构大幅增加，公办机构供给量增长明显放缓，民营机构供给量占比超过公办机构，总入住量不断增加，表现出潜力增加、连接度进一步增强、弹性增强的趋势。而且，依据适应性循环的发展规律，结合需求远大于供给、市场化的背景，第二开发阶段（γ_2）的内在发展要求是提高对需求压力的吸收效率。

推动适应性循环过程的动力因素主要表现为：养老服务制度创新及相关政策提前预备促进了第一适应性循环圈向第二适应性循环圈柔性转换；养老机构需求压力是导致第一适应性循环圈内释放、重组阶段出现的主要动力之一，并对于第二适应性循环圈内部阶段的变化有扰动影响；在第二适应性循环圈内，具体政策、规范的适时完善与调整是延长系统在开发阶段的时间的主要动力。

7.2 对差异化需求的吸收机制：结果及影响因素

（1）城市系统对差异化需求的吸收结果

该部分研究以 2011～2016 年为研究区间。运用问卷法、AHP 法等，对不同健康状态、社会空间中的老年人进行需求研究，了解其对养老机构的功能、价格、空间布局的需求特征；再参考需求特征，充分考虑养老机构相应供给内容在现实条件下的复杂性，通过设定评分标准与模型等定量方法，结合定性分析，将机构供给内容进行量化、类型化；并进一步运用相关性分析、归纳分析等方法分析其与吸收效率的关系，确定了影响吸收效率的供给因素及特征，主要包括：①医疗与护理的功能水平：主要服务失能老人的机构的医疗功能水平越高，其吸收效率越高，过低的护理功能水平（低于 6 分）会使机构的吸收效率明显变差；主要服务自理老人的机构的医疗功能水平也有重要影响，完全没有医疗保证会大大降低吸收效率。②具有同质功能的服务自理老人的机构规模，规模过大将降低吸收效率，中小规模将有利于提高吸收效率。③价格水平：养老机构价格水平目前高于老年人支付能力，制约了对价格需求的吸收效率。④机构性质：无论对自理还是失能老人，公办机构性价比水平较高，吸收效率高，民营机构的性价比水平偏低，吸收效率较低。⑤民营机构区位：无论对自理还是失能老人，近郊民营机构的价格水平明显高于中心区民营机构的价格水平，而性价比水平明显逊于中心区民营机构，导致近郊民营机构的吸收效率较低，市中心区民营机构吸收效率较高。⑥区域服务型机构供给量：区域服务型机构供给量小于需求，制约了吸收效率。⑦区域服务型机构供给与需求的匹配度：匹配度越高，吸收效率越好，反之亦然（图 7.2）。

（2）影响吸收结果的城市系统因素及关联（图 7.2）

城市社会、经济、空间子系统内的相关要素相互作用，形成了多层级的影响因素，其交织影响，共同决定了城市系统对需求压力的吸收结果。将这些因素分为两个层级进行研究：直接因素和根本因素。

通过整理相关政策、规范、标准等，明晰养老机构功能、价格、空间布局的供给模式，找到可能影响吸收结果的参与者及行为，再结合对代表性的参与者的深度访谈等，分析其行为路径，初步确定直接影响因素，并运用灰色关联分析对其进行检验，明确了导致吸收结果形成的直接因素：运营能力参差不齐、政府监

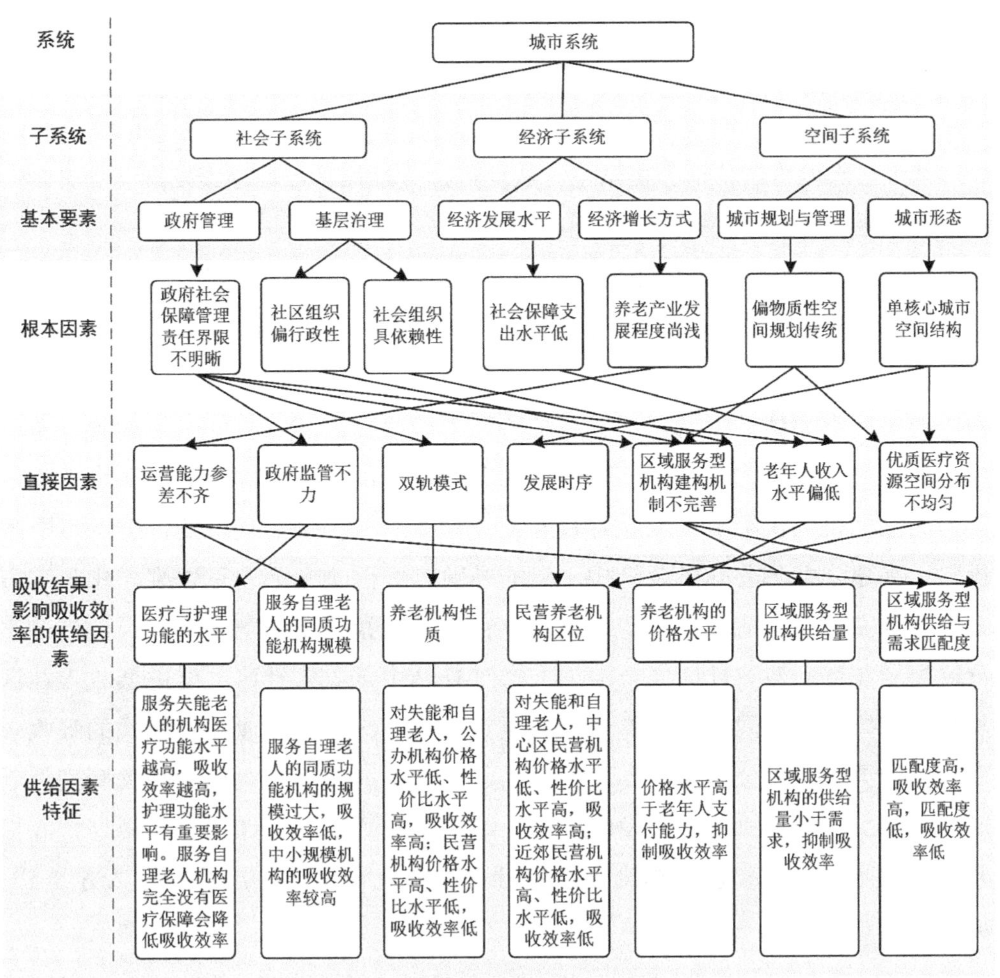

图 7.2　吸收结果及城市系统影响因素

管不力、老年人收入水平偏低、公办与民营机构兴办的双轨模式、发展时序、优质医疗资源空间分布不均匀、区域服务型机构建构机制不完善。

进一步分析社会、经济、空间子系统内的政府管理、基层治理、经济发展水平、经济增长方式、城市规划与管理、城市形态等相关的基本要素的特征，确定了导致直接因素形成的根本因素：政府的社会保障管理责任界限不明晰、社区组织偏行政性、社会组织具依赖性、社会保障支出水平低、养老产业发展程度尚浅、偏物质性空间规划传统、单核心城市空间结构等。

7.3 提高对需求压力适应能力的策略建议

基于已有的机制特征分析结论，从促进适应性循环过程健康发展、提升现阶段的吸收效率两方面提供相应优化对策。

促进适应性循环过程健康发展的动态优化策略主要包括：建构养老机构信息平台、监测适应性循环并预警、在开发与保守阶段反馈与调整。

提升养老机构吸收效率的阶段性优化策略主要包括：①基于差异化需求建构养老机构类型体系；②通过子系统协同形成政府配置、社区组织配置、企业配置等多种配置模式，明确不同类型的养老机构的供给主体及路径，增大相应类型的养老机构供给量；③完善政府配置模式，包括加大政府的社会保障财政投入、兴建公办与公办民营机构、精准补贴各类困难老人，采取多样化收费方式，统筹安排具有适应性的空间规划等；④建构社区组织配置模式，包括建立社区规划制度、建立社区复合组织、梯度补贴中低收入社区、促进低收入社区复兴、引导形成不同类型的养老机构连锁品牌；⑤提高企业配置模式的吸收效率，包括灵活管理公办与公办民营机构、统筹医院与养老机构的相关管理、制定不同档次的养老机构空间发展导则、统筹安排具有适应性的空间规划；⑥提升整体的吸收效率，包括提高长沙市社会保障支出水平、加快专业人才培养、加大监管力度等。

7.4 展望及讨论

本书基于弹性城市理论，从动态适应机制、阶段性适应机制两个层面研究城市系统适应需求压力的过程，为养老机构配置机制研究建构了具有整体性、动态性特征的新的理论研究框架。将多尺度嵌套适应性循环模型（Panarchy Model）与动态适应机制研究相结合，提出划分适应性循环过程的方法，分析其动力因素，验证了吸收机制是阶段性适应机制的核心，对科学分析其动态规律进行了有意义的探索，是应用弹性城市理论模型工具的新尝试。同时，从根本因素、直接因素、养老机构供给因素三个层级及其间关联，分析了城市系统对差异化需求的吸收机制，为解释处于开发阶段的养老机构配置机制提供了具有系统性特征的新视角。

基于上述已有探索，结合我国社会经济发展现状、规划及老龄化发展趋势、新技术发展等，展望未来的研究思路，以期激发更多思考与讨论。

其一，大数据、人工智能等新技术引领的时代已经到来，对城市规划提出了新的要求，也带来了新的机遇。国务院在2017年印发《新一代人工智能发展规划》，指出到2030年人工智能理论、技术与应用总体达到世界领先水平，成为世界主要人工智能创新中心，并针对城市规划领域特别指出，以人工智能“推进城市规划、建设、管理、运营全生命周期智能化”等。吴志强院士指出人工智能将为城市规划提供新的规划思路：以城市规律导向编制城市规划。这为进一步深入探讨城市系统应对养老需求压力的复杂过程提供了更有力的技术支撑。本书运用多尺度嵌套适应性循环模型为养老机构配置机制建构了动态研究框架，并对其适应性循环过程及动力因素进行了定性分析；基于此，可进一步探索将其与多主体模型等结合，利用人工智能技术定量挖掘其适应性循环机制的内在规律，进行适应性循环过程模拟与趋势预测，为养老机构配置决策提供具有即时性、动态性、前瞻性特征的信息数据系统，进一步促进宏观决策质量提升。

其二，党的十九大指出我国经济已由高速增长阶段转向高质量发展阶段，这要求我们转换研究视角。新的高质量发展导向是在坚持稳中求进时，满足人民群众多样化、多层次、多方面的需求。高效益是高质量的重要内涵。在此背景下，相较于过去常提到的供给侧改革，需求侧改革是我国经济工作的新思路和导向，本书对养老机构需求、供给进行了系统的调研，并通过供需比较探讨了其需求差异化特征，与该导向不谋而合。但由于养老机构需求在内容排序及水平等方面都存在差异，具有复杂性，养老机构的状况因城市资源分布的非均匀性等也较为复杂，本书采用了分解研究的策略，分别进行了功能、价格、空间布局的供需比较，来明晰其需求差异化特征。基于此，如何基于需求及城市养老资源分布状态的复杂性，运用机器学习等技术识别养老机构需求偏好类型、特征及相应人群属性，并模拟其发展趋势，非常值得进一步深入研究，对于高效利用有限城市相关资源意义重大。

其三，党的十八大提出“没有全民健康，就没有全面小康”。十九大报告进一步提出“人民健康是民族昌盛和国家富强的重要标志”，指出要“实施健康中国战略。要完善国民健康政策，为人民群众提供全方位全周期健康服务”，并将人口老龄化问题纳入其中，而养老设施及服务是老龄化问题中的重要内容。“十三五”国家老龄事业发展和养老体系建设规划指出：居家为基础、社区为依托、机构为补充。养老机构小型化、连锁化也正成为发展趋势，同时，它可为展开相关社区养老服务提供基础设施和服务支持。从老龄化及事、产业发展趋势来看，以社区型养老机构为中心的社区养老服务及设施体系是应该予以重点关注的领域。本书已发现社区型养老机构发展规模远不及其需求规模，如何以社区养老机构为中心整合社区养老资源，建构具备动态适应能力的社区养老设施及服务体系，并为社区增加疫灾韧性，将是极具现实意义的研究课题。

参考文献

[1] 张文范 . 我国人口老龄化与战略性选择 [J]. 城市规划，2002，26(2)：68-72.

[2] 国家人口和计划生育委员会发展和规划司 . 人口和计划生育常用数据手册(2005)[M]. 中国人口出版社，2005.

[3] 杜鹏，翟振武，陈卫 . 中国人口老龄化百年发展趋势 [J]. 人口研究，2005，29(6)：90-93.

[4] 中国老龄科学研究中心课题组 . 全国城乡失能老年人状况研究 [J]. 残疾人研究，2011(2)：11-16.

[5] 全国人口抽样调查办公室 . 1995 年全国 1% 人口抽样调查资料 [M]. 北京：中国统计出版社，1997.

[6] 四川省统计局 . 2005 年全国 1% 人口抽样调查结果主要数据公报 [J]. 北京市工会干部学院学报，2006(2)：9-10.

[7] 中华人民共和国国家统计局 . 2010 年第六次全国人口普查主要数据公报(第 1 号)[J]. 中国计划生育学杂志，2011，54(8)：511-512.

[8] 高欣然 .《中国老年社会追踪调查(CLASS)》报告发布 [EB/OL]. [2016-03-07] http：//www.cssn.cn/dybg/gqdy_gqcj/201603/t20160307_2900363.shtml.

[9] 李辉 . 长春市城乡人口老龄化与老年社会保障问题研究 [J]. 人口学刊，2006(4)：9-13.

[10] 同春芬，王珊珊 . 老龄社会转型背景下老龄服务社会化的推进——基于福利社会范式的视角 [J]. 求实，2017(11)：61-70.

[11] 曹杨，Vincent，M. 失能老年人的照料需求：未满足程度及其差异 [J]. 兰州学刊，2017(11)：144-156.

[12] 陈颖，马丽霞，裴慧丽等 . 不同失能程度老年人居家养老照护服务项目需求调查 [J]. 中国实用神经疾病杂志，2016(1)：38-40.

［13］苏群，彭斌霞，陈杰．我国失能老人长期照料现状及影响因素——基于城乡差异的视角 [J]. 人口与经济，2015（4）：69-76.

［14］李萍萍．失能老人机构护理与居家护理的现状分析与探讨 [J]. 大家健康旬刊，2016，10（12）：261.

［15］景跃军，李涵，李元．我国失能老人数量及其结构的定量预测分析 [J]. 人口学刊，2017，39（6）：81-89.

［16］郭延通，郝勇．失能与非失能老人社区养老服务需求比较研究——以上海市为例 [J]. 社会保障研究，2016（4）：25-33.

［17］刘涵，李星明，程陶朱等．北京市失能老年人长期护理模式选择偏好及其影响因素研究 [J]. 中华健康管理学杂志，2017（6）：553-538.

［18］张思锋，唐敏，周淼．基于我国失能老人生存状况分析的养老照护体系框架研究 [J]. 西安交通大学学报（社会科学版），2016，36（2）：83-90.

［19］刘晓静．社区老年护理服务问题与对策——基于社会支持理论的视角 [J]. 理论界，2013（5）：75-77.

［20］Laplante，M.P.，Kaye，H.S.，Kang，T.，et al. Unmet need for personal assistance services：estimating the shortfall in hours of help and adverse consequences[J]. Journal of Gerontology，2004，59（2）：S98.

［21］史晓丹．基于推拉理论的我国机构养老业发展分析 [J]. 现代经济探讨，2017，（3）：24-29.

［22］任欢．民政部发布《2016 年社会服务发展统计公报》[EB/OL].[2017-8-10]，http：//www.sohu.com/a/162085166_115423.

［23］吴敏．基于需求与供给视角的机构养老服务发展现状研究 [D]. 济南：山东大学，2011：51-59.

［24］蒋奇磊．以需求为导向的上海养老机构发展对策研究 [D]. 上海：上海交通大学，2007：17-22.

［25］刘红．中国机构养老需求与供给分析 [J]. 人口与经济，2009，（4）：59-64.

［26］谢萌，项宗东．邻里社会资本与老年人养老需求、养老选择 [J]. 淮北师范大学学报（哲学社会科学版），2013，34（5）：54-57.

［27］周秋光，蒋雯雯，马少珍．养老服务需求现状及发展趋势——基于长沙市的实证分析 [J]. 中国劳动，2012，（5）：13-16.

［28］曹炳良．中国人口老龄化发展趋势百年预测研究报告 [J]. 中国社会工作，

2009（17）：57-60.

［29］中国老龄科学研究中心．中国城乡老年人口状况一次性抽样调查数据分析[M]. 中国标准出版社，2003.

［30］李昕阳．养老机构外部健康行为空间的循证研究 [D]. 天津：天津大学，2016：14-17.

［31］王慕然，徐贵华，孟娣娟．关于城市老年人养老需求的调查分析——以南京市四卫头社区为例 [J]. 西部中医药，2014，（3）：85-87.

［32］蒋岳祥，斯雯．老年人对社会照顾方式偏好的影响因素分析——以浙江省为例 [J]. 人口与经济，2006，（3）：8-12.

［33］初炜，胡冬梅，宋桂荣等．老年人群养老需求及其影响因素调查分析 [J]. 中国卫生事业管理，2007，23（12）：836-838.

［34］仇志娟，杜昊．家庭结构视角下的城乡养老现状与需求分析 [J]. 福建行政学院学报，2014，（5）：59-67.

［35］韦云波．贵阳市城乡老年人养老意愿及影响因素 [J]. 人口与社会，2010，26（2）：47-50.

［36］Flaherty，J.H.，Liu，M.L.，Ding，L.，et al. China：the aging giant[J]. Journal of the American Geriatrics Society，2007，55（8）：1295-1300.

［37］严冬琴，黄震方．城市老年人养老休闲需求与选择行为研究——以长江三角洲地区老年市场为例 [J]. 江苏商论，2009，（5）：19-21.

［38］Chung，M.H.，Hsu，N.，Wang，Y.C.，et al. Factors affecting the long-term care preferences of the elderly in Taiwan[J]. Geriatric Nursing，2008，29（5）：293.

［39］褚卫东．福利多元主义视角下老年人医养结合一体化发展研究 [J]. 甘肃理论学刊，2017，（6）：140-145.

［40］陈芊宇．西安养老机构设施、环境现状及需求研究 [D]. 西安：西安建筑科技大学．2007：14-24.

［41］高晓路．城市居民对养老机构的偏好特征及社区差异 [J]. 中国软科学，2013，（1）：103-114.

［42］Andrews，G.J.，Cutchin，M.，Mccracken，K.，et al. Geographical Gerontology：the constitution of a discipline[J]. Social Science & Medicine，2007，65（1）：151-168.

［43］Zhou，S.，Xie，M.，Kwan，M.P. Ageing in place and ageing with migration in the transitional context of urban China：A case study of ageing communities in Guangzhou[J]. Habitat International，2015，49（15）：177-186.

［44］宋姗，王德，朱玮等. 基于需求偏好的上海市养老机构空间配置研究 [J]. 城市规划，2016，40（8）：77-82.

［45］杨发祥，李卓航. 深度老龄化背景下机构养老服务的结构性瓶颈——以上海市为例 [J]. 华东理工大学学报（社会科学版），2014，29（4）：106-116.

［46］穆光宗. 防止“市场失灵”和“政府失灵”两个倾向——公办养老机构“乱象”治理 [J]. 人民论坛，2012（21）：54-55.

［47］舒斯亮，钟静婧. 成本领先背景下公办养老机构与民办养老机构定价研究 [J]. 价格月刊，2015，（12）：16-20.

［48］孙嘉. 上海市三类民办养老机构发展模式研究 [D]. 上海华东师范大学，2010：17-30.

［49］徐建红，陈建梅. 我国民营养老机构发展存在的问题与对策研究综述 [J]. 对外经贸，2017（1）：71-73.

［50］董红亚. 我国民办养老机构研究综述 [J]. 浙江外国语学院学报，2013（1）：96-103.

［51］孙静晓. 民办养老机构发展困境的经济学分析 [J]. 现代商贸工业，2011，23（1）：78-79.

［52］熊海强. 民营养老机构发展政策支持体系研究 [D]. 上海：华东政法大学，2016.

［53］董红亚. 非营利组织视角下养老机构管理研究 [J]. 海南大学学报（人文社会科学版），2011，29（1）：41-47.

［54］肖云，陈涛. 老龄背景下民营养老机构护理人员队伍的优化 [J]. 四川理工学院学报（社会科学版），2013，28（2）：29-33.

［55］焦亚波. 社会福利社会化背景下的上海养老机构发展研究 [D]. 上海：华东师范大学，2009：31-48.

［56］甘炜，刘向杰，于凌云. 养老服务市场化财政补贴与调整机制研究 [J]. 地方财政研究，2017（11）：49-54.

［57］胡卿. 我国养老保障信托制度研究 [D]. 青岛：中国海洋大学，2008：18-35.

［58］李云凤. 公办民营式养老机构运营模式研究 [D]. 北京：中国青年政治学院，2013：29-36.

[59] 董红亚 . 养老服务社会化“嵊州模式”研究 [M]. 中国社会出版社，2010.

[60] 李佳 . 我国民办养老机构发展的法制化路径 [J]. 山西省政法管理干部学院学报，2010，23（3）：21-23.

[61] 邵晶 . 准公共物品视角下的公办养老机构服务定价对策研究 [D]. 上海：上海交通大学，2015：8-19.

[62] 高岩 . 机构养老服务的国际比较研究 [J]. 劳动保障世界（理论版），2011（8）：50-52.

[63] Menec，V.H.，Means，R.，Keating，N.，et al. Conceptualizing age-friendly communities[J]. Canadian Journal on Aging，2011，30（3）：479-493.

[64] Buffel，T.，Phillipson，C.，Scharf，T.. Ageing in urban environments. Developing age-friendly cities[J]. Critical Social Policy，2012，32（4）：597-617.

[65] 陈喆，王慧君，陈未 . 北京社会养老设施的调查与研究 [J]. 城市规划，2013，37（12）：51-59，67.

[66] 李斌，黄力 . 养老设施类型体系及设计标准研究 [J]. 建筑学报，2011（12）：81-86.

[67] 曹力维，易峥，孟庆 . 面向实施的重庆市老年人设施规划编制建议 [J]. 规划师，2015（4）：73-77.

[68] 李小云，田银生 . 国内城市规划应对老龄化社会的相关研究综述 [J]. 城市规划，2011，35（9）：52-59.

[69] 翟德华 . 养老服务业分类研究 [J]. 老龄科学研究，2015，3（6）：58-65.

[70] 刘菁，王敏 . 我国城市养老设施配套标准初探——以武汉市为例 [J]. 城市规划学刊，2009（s1）：187-191.

[71] 蒋朝晖，魏维，魏钢等 . 老龄化社会背景下养老设施配置初探 [J]. 城市规划，2014，38（12）：48-52.

[72] Yang，C.，Wang，J.，Rosenberg，M.W.. Spatial access to residential care resources in Beijing，China[J]. International Journal of Health Geographics，2012，11（1）：32.

[73] 陶卓霖，程杨，戴特奇等 . 基于公平最大化目标的 2020 年北京市养老设施布局优化 [J]. 地理科学进展，2015，34（12）：1609-1616.

[74] 戴维，铃木博志，长谷川直树 . 北京养老服务机构入住理由及位置选择的初探——关于合理布局建设养老服务机构 [J]. 城市规划，2012，35（9）：77-84.

[75] Andrews, G.J., Phillips, D.R. Ageing and place : perspectives, policy, practice[M]. Routledge, 2005.

[76] 季翔，肖炳科，孙强 . 城市机构养老服务设施规划配置布局研究——以徐州市主城区为例 [J]. 现代城市研究，2017(2)：27-32.

[77] 张华，韩琳琳，孔子逸 . 北京市养老服务机构的分布及其影响因素 [J]. 吉林广播电视大学学报，2012(7)：103-105.

[78] 刘剑 . 机构养老设施建设困境与规划应对——基于昆山市的实证研究 [J]. 规划师，2013，29(10)：23-28.

[79] 颜秉秋，高晓路，马妍等 . 基于 MAS 技术的城市养老机构布局决策支持 [J]. 清华大学学报(自然科学版)，2014(7)：973-982.

[80] 颜秉秋，高晓路，季珏 . 城市养老设施配置的微观模拟与规划政策分析——以北京市为例 [J]. 地理科学进展，2015，34(12)：1586-1597.

[81] 徐锴 . 经营性养老服务机构土地获取方式的研究——以 A 公司为例 [D]. 南京农业大学 . 2015.

[82] 张云云 . 社区化养老用地法律分析 [J]. 探求，2017，244(6)：79-85.

[83] 刘挺 . 我国养老服务设施用地政策现状、问题和建议 . 中国房地产(上旬刊)，2018(8)：33-36.

[84] Simmie, J., Martin, R. The economic resilience of regions : towards an evolutionary approach[J]. Social Science Electronic Publishing, 2010, 3(1): 27-43.

[85] Folke, C. Resilience : The emergence of a perspective for social–ecological systems analyses[J]. Global Environmental Change, 2006, 16(3): 253-267.

[86] Folke, C., Hahn, T., Olsson, P., et al. Adaptive governance of social-ecological systems[J]. Annual Review of Environment and Resources, 2005, 30(30): 441-473.

[87] Holling, C.S. Resilience and stability of ecological systems[J]. Annual Review of Ecology & Systematics, 1973, 4(4): 1-23.

[88] Holling, C. Engineering resilience versus ecological resilience[M]//Schulze, P.C. Engineering within Ecological Constraints. Washington, D.C. USA : National Academy Press, 1996: 31-44.

[89] Steele, J.H. The uses of experimental ecosystems[J]. Philosophical Transactions of the Royal Society of London (Series B, Biological sciences), 1979, 286(1015):

583-595.

[90] Ikeda, M., Šiljak, D.D. Lotka-Volterra equations : decomposition, stability, and structure, part I : equilibrium analysis[J]. Journal of Mathematical Biology, 1980, 9 (1): 65-83.

[91] Dunne, J.A., Williams, R.J., Martinez, N.D. Network structure and biodiversity loss in food webs : robustness increases with connectance[J]. Ecology Letters, 2002, 5 (4): 558-567.

[92] Blackwell, C.C. The problem of assuring performance robustness of biological life support systems[J]. Advances in Space Research the Official Journal of the Committee on Space Research, 1996, 18 (1-2): 167.

[93] De'ath, G., Fabricius, K.E. Classification and regression trees : A powerful yet simple technique for ecological data analysis[J]. Ecology, 2000, 81 (11): 3178-3192.

[94] Clark, M.J. Flood insurance as a management strategy for UK coastal resilience[J]. Geographical Journal, 1998, 164 (3): 333-343.

[95] Hutchings, J.A. Collapse and recovery of marine fishes[J]. Nature, 2000, 406 (6798): 882-885.

[96] Amin, M. Toward self-healing infrastructure systems[J]. Computer, 2002, 33 (8): 44-53.

[97] Bruneau, M., Chang, S.E., Eguchi, R.T., et al. A framework to quantitatively assess and enhance the seismic resilience of communities[J]. Earthquake Spectra, 2012, 19 (4): 733-752.

[98] Levy, J.K., Hipel, K.W., Kilgour, D.M. Using environmental indicators to quantify the robustness of policy alternatives to uncertainty[J]. Ecological Modelling, 2000, 130 (1): 79-86.

[99] Anderies, J.M., Janssen, M.A., Ostrom, E. A framework to analyze the robustness of social-ecological systems from an institutional perspective[J]. Ecology & Society, 2004, 9 (1): 243-252.

[100] Goh, B.S. Stability and diversity in ecosystems[A]. In : Proceedings of the 7th Hawaii International Conference on System Sciences[C]. North Hollywood, CA, USA : Western Periodicals, 1974 : 241-243.

[101] Conrad, M. Analyzing ecosystem adaptability[J]. Mathematical Biosciences,

1975，27（3-4）：213-230.

［102］Chapin，F.S.，Walker，B.H.，Hobbs，R.J.，et al. Biotic Control over the functioning of ecosystems[J]. Science，1997，277（5325）：500-504.

［103］Elmqvist，T.，Folke，C.，Nystr，M.M.，et al. Response diversity，ecosystem change，and resilience[J]. Frontiers in Ecology & the Environment，2003，1（9）：488-494.

［104］Naeem，S.，Wright，J.P.，Naeem，S.，et al. Disentangling biodiversity effects on ecosystem functioning：deriving solutions to a seemingly insurmountable problem. Ecology Letters[J]. Ecology Letters，2003，6（6）：567-579.

［105］Crawford，D.W.，Bonnevie，N.L.，Gillis，C.A.，et al. Historical changes in the ecological health of the Newark Bay Estuary，New Jersey[J]. Ecotoxicology and Environmental Safety，1994，29（3）：276-303.

［106］Myers，N.，Mittermeier，R.A.，Mittermeier，C.G.，et al. Biodiversity Hotspots for Conservation Priorities[J]. Nature，2000，403（6772）：853-858.

［107］Liu Gang. Empirical Researches on Industrial Structural Diversities and Economic Growth in China[A] // Zhang，M.H.，Yu Y. Proceedings of the 2009 International Conference on Public Economics and Management（Vol 5）：Statics and Methodology[C]. Liverpool：World Acad Union-World Acad Press，2009：225-228.

［108］Kaiser，R.，Prange，H. Managing diversity in a system of multi-level governance：the open method of co-ordination in innovation policy[J]. Journal of European Public Policy，2004，11（2）：249-266.

［109］Ivakhnenko，A.G.，Krotov，G.I.，Cheberkus，V.I. Multilayer algorithm for self-organization of long-term predictions（illustrated by the example of the Lake Baykal ecological system）[J]. Soviet Automatic Control，1980，13（4）：22-38.

［110］Ivakhnenko，A.G.，Krotov，G.I. Modeling of a GMDH Algorithm for Identification and two-level long-range prediction of the ecosystem of lake Baykal[J]. Soviet Automatic Control，1983，16（2）：9-14.

［111］Onopchuk，Y.N.，Polinkevich，K.B. Self-organization in a class of nonlinear dynamical systems[J]. Cybernetics，1986，22（3）：380-384.

［112］Tanyi，G.E. Energy and biological evolution—III：Theoretical ecology and macromolecular self-organization[J]. Bulletin of Mathematical Biology，1982，44（4）：

549-555.

[113] Odum, H.T. Self-organization, transformity and information[J]. Science, 1988, 242 (4882): 1132-1139.

[114] Hau, J.L., Bakshi, B.R. Promise and problems of emergy analysis[J]. Ecological Modelling, 2004, 178 (1): 215-225.

[115] Scanlon, T.M., Caylor, K.K., Levin, S.A., et al. Positive feedbacks promote power-law clustering of Kalahari vegetation[J]. Nature, 2007, 449 (7159): 209-212.

[116] Lion, S., Baalen, V.M. Self-structuring in spatial evolutionary ecology[J]. Ecology Letters, 2008, 11 (3): 277-295.

[117] Valiente-Banuet, A., Verd, M. Temporal shifts from facilitation to competition occur between closely related taxa[J]. Journal of Ecology, 2008, 96 (3): 489-94.

[118] Ostrom, E. A general framework for analyzing sustainability of social-ecological systems[J]. Science, 2009, 325 (5939): 419-422.

[119] Mcnaughton, S.J., Ruess, R.W., Coughenour, M.B. Ecological consequences of nuclear war[J]. Nature, 1986, 321 (6069): 483-487.

[120] Collie, J.S., Richardson, K., Steele, J.H. Regime shifts : Can ecological theory illuminate the mechanisms? [J]. Progress in Oceanography, 2004, 60 (2): 281-302.

[121] Oguz, T., Gilbert, D. Abrupt transitions of the top-down controlled Black Sea pelagic ecosystem during 1960–2000 : Evidence for regime-shifts under strong fishery exploitation and nutrient enrichment modulated by climate-induced variations[J]. Deep Sea Research Part I : Oceanographic Research Papers, 2007, 54 (2): 220-242.

[122] Hogg, T., Huberman, B.A., Mcglade, J.M. The stability of ecosystems[J]. Proceedings of the Royal Society of London, 1989, 237 (1286): 43-51.

[123] Savic, I.R., Nevo, E. The Spalacidae : evolutionary history, speciation and population biology[J]. Progress in Clinical & Biological Research, 1990, 335 : 129-153.

[124] Johnson, C.R. Natural length scales of ecological systems : applications at community and ecosystem levels[J]. Ecology & Society, 2009, 14 (1): 1698-1707.

[125] Guisan, A., Zimmermann, N.E. Predictive habitat distribution models in Ecology[J]. Ecological Modeling, 2000, 135 (2-3): 147-86.

［126］Contamin，R.，Ellison，A.M. Indicators of regime shifts in ecological systems：what do we need to know and when do we need to know it?[J]. Ecological Applications，2009，19（3）：799-816.

［127］Alberti，M.，Marzluff，J.M.，Shulenberger，E.，et al. Integrating humans into ecology：opportunities and challenges for studying urban ecosystems[J]. Bioscience，2003，53（12）：1169-1179.

［128］Westley，F.，Carpenter，S.R.，Brock，W.A.，et al. Why Systems of People and Nature Are not Just Social and Ecological Systems?[A]. In：Gunderson L.，Holling，C.S. Panarchy：Understanding Transformations in Human and Natural Systems[M]. Washington，DC：Island，2002：103-119.

［129］Berkes，F.，Folke，C.，Colding，J. Linking social and ecological systems：management practices and social mechanisms for building resilience[M]. Cambridge University Press，1998.

［130］Holling，C.S. Understanding the complexity of economic，ecological，and social Systems[J]. Ecosystems，2001，4（5）：390-405.

［131］Ernstson，H.，Leeuw，S.E.V.D.，Redman，C.L.，et al. Urban transitions：on urban resilience and human-dominated ecosystems[J]. Ambio，2010，39（8）：531-545.

［132］Ruhl，J.B. Panarchy and the Law[J]. Ecology and Society，2012，17（3）：31.

［133］Berkes，F.，Colding，J.，Folke，C. Rediscovery of traditional ecological knowledge as adaptive management[J]. Ecological Applications，2000，10（5）：1251-1262.

［134］Hughes，T.P.，Bellwood，D.R.，Folke，C.，et al. New paradigms for supporting the resilience of marine ecosystems[J]. Trends in Ecology and Evolution，2005，20（7）：380-386.

［135］Linn，M.C.，Clark，D.，Slotta，J.D. WISE design for knowledge integration[J]. Science Education，2003，87（4）：517-538.

［136］Liao，K.H. A theory on urban resilience to floods—A basis for alternative planning practices[J]. Ecology and Society，2012，17（4）：388-395.

［137］Dieleman，H. Organizational learning for resilient cities，through realizing eco-cultural innovations[J]. Journal of Cleaner Production，2013，50（6）：171-180.

［138］Adger，W.N. Social and ecological resilience：are they related?[J]. Progress in Human Geography，2000，24（3）：347-364.

[139] Faguet, J.P. Does decentralization increase government responsiveness to local needs? : Evidence from Bolivia[J]. Journal of Public Economics, 2004, 88 (3-4) : 867-893.

[140] Romero-Lankao, P., Gnatz, D.M. Exploring urban transformations in Latin America [J]. Current Opinion in Environmental Sustainability, 2013, 5 (3-4) : 358-367.

[141] Bahadur, A., Tanner, T. Transformational resilience thinking : Putting people, power and politics at the heart of urban climate resilience[J]. Environment and Urbanization, 2014, 26 (1) : 200-214.

[142] Olwig, M.F. Multi-sited resilience : The mutual construction of "local" and "global" understandings and practices of adaptation and innovation[J]. Applied Geography, 2012, 33 : 112-118.

[143] Rogers, K.H. The real river management challenge : integrating scientists, stakeholders and service agencies[J]. River Research and Applications, 2006, 22 (2) : 269-280.

[144] Allen, C.R., Gunderson, L., Johnson, A.R. The use of discontinuities and functional groups to assess relative resilience in complex systems[J]. Ecosystems, 2005, 8 (8) : 958-966.

[145] Anderson, P.M.L., Avlonitis, G., Ernstson, H. Ecological outcomes of civic and expert-led urban greening projects using indigenous plant species in Cape Town, South Africa[J]. Landscape and Urban Planning, 2014, 127 (3) : 104-113.

[146] Reddy, S.D. Factors influencing the incorporation of hazard mitigation during recovery from disaster[J]. Natural Hazards, 2000, 22 (2) : 185-201.

[147] Saul, U., Seidel, C. Does leadership promote cooperation in climate change mitigation policy? [J]. Climate Policy, 2011, 11 (2) : 901-921.

[148] Coaffee, J. Rescaling and responsibilising the politics of urban resilience : from national security to local place-making[J]. Politics, 2013, 33 (4) : 240–252.

[149] Dorogovtsev, S.N., Mendes, J.F.F. Evolution of networks[J]. Advances in Physics, 2002, 51 (4) : 1079-1187.

[150] Murphy, B.L. Locating social capital in resilient community-level emergency management[J]. Natural Hazards, 2007, 41 (2) : 297-315.

[151] Muller, M. Adapting to climate change : Water management for urban resilience[J]. Environment and Urbanization, 2007, 19 (1) : 99-113.

[152] Curtis, F. Peak globalization : climate change, oil depletion and global trade[J]. Ecological Economics, 2009, 69 (2): 427-434.

[153] Liu, S.C., Lee, G.C. Multi-hazard mitigation : A new frontier in earthquake engineering[A]. In : Lu Z, Li A, Wu Z. Innovation & Sustainability of Structures[C]. Nanjing, China : Southeast University Press, 2005 : 231-240.

[154] Noor, N.M., Asmawi, M.Z., Abdullah, A., et al. Managing urban land use sprawl in developing countries using GIS and remote sensing : Towards resilient cities[A]. In : Schiuma, G., Spender, J.C., Yigitcanlar T. The 7th International Forum on Knowledge Asset Dynamics, 5th Knowledge Cities World Summit : Knowledge, Innovation and Sustainability : Integrating Micro& Macro Perspectives[C]. Matera, Italy : IKAM-INST Knowledge Asset Management, 2012 : 718-725.

[155] Adger, W.N. Vulnerability[J]. Global Environmental Change, 2006, 16 (3): 268-281.

[156] Turner, B.L., Kasperson, R.E., Matson, P.A., et al. A framework for vulnerability analysis in sustainability science[J]. Proceedings of the National Academy of Sciences of the United States of America, 2003, 100 (14): 8074-8079.

[157] Kithiia, J. Climate change risk responses in East African cities : need, barriers and opportunities[J]. Current Opinion in Environmental Sustainability, 2011, 3 (3): 176-180.

[158] Bhamra, R., Dani, S., Burnard, K. Resilience : the concept, a literature review and future directions[J]. International Journal of Production Research, 2011, 49 (18): 5375-5393.

[159] 蔡建明，郭华，汪德根．国外弹性城市研究述评 [J]. 地理科学进展，2012，31 (10): 1245-1255.

[160] 何依，李锦生．城市空间的时间性研究 [J]. 城市规划，2012，36 (11): 9-13.

[161] Wasserman, S., Faust, K. Social network analysis—methods and applications [M]. New York : Cambridge University Press, 1994.

[162] Steel, B.S., Weber, E. Ecosystem management, decentralization, and public opinion[J]. Global Environmental Change, 2001, 11 (2): 191-131.

[163] Zhao, P., Chapman, R., Randal, E., et al. Understanding resilient urban

futures：A systemic modelling approach[J]. Sustainability，2013，5(7)：3202-3223.

[164] Cutter，S.L.，Barnes，L.，Berry，M.，et al. A place-based model for understanding community resilience to natural disasters[J]. Global Environmental Change，2008，18(4)：598-606.

[165] Knieling，J.，Othengrafen，F. Cities in crisis：Socio-spatial impacts of the economic crisis in Southern European cities[M]. Abingdon：Routledge，2016.

[166] Birkmann，J.，Böhm，H.R.，Bucholz，F.，et al. Glossar klimawandel und raumentwicklung[J]. Akademie für Raumforschung und Landesplanung，2011，10：1-44.

[167] Lang，T. Urban Resilience and New Institutional Theory—A Happy Couple for Urban and Regional Studies? [A]. In：Müller B. Urban Regional Resilience：How Do Cities and Regions Deal with Change? [M]. Berlin Heidelberg：Springer，2011：15-24.

[168] Werner，R.A. Crises，the spatial distribution of economic activity，and the geography of banking[J]. Environment and Planning A，2013，45(12)：2789-2796.

[169] Polèse，M. The Resilient City：On the determinants of successful urban economies[A]. In：Paddison R，Hutton T. Cities and Economic Change[M]. London：Forthcoming Press，2010.

[170] Christmann，G.，Kilper，H.，Ibert，O. Die Resiliente Stadt in den Bereichen Infrastruktur en und Bürgergesellschaft[R]. Berlin：Freie Universität Berlin，2016.

[171] Doran，J.，Fingleton，B. Employment resilience in Europe and the 2008 Economic Crisis：Insights from micro-level data[J]. Regional Studies，2016，50(4)：644-656.

[172] Hamm，I.，Seitz，H.，Werding，M. Demographic Change in Germany[M]. Berlin Heidelberg：Springer，2008.

[173] Lang，T. Urban decline，resilience and change：Understanding how cities and regions adapt to socio-economic crises[A]. In：Knieling J，Othengrafen F. Cities in Crisis Socio-Spatial Impacts of the Economic Crisis in Southern European Cities[M]. London：Routledge，2016：296-309.

[174] 于真. 论机制与机制研究 [J]. 社会学研究，1989(3)：57-62.

[175] 蒋亮，冯长春. 基于社会—空间视角的长沙市居住空间分异研究 [J]. 经济地理，2015，35(6)：78-86.

[176] Allen，C.R.，Angeler，D.G.，Garmestani，A.S.，et al. Panarchy：theory

and application [J]. Ecosystems，2014，17（4）：578-589.

［177］Berkes，F.，Ross，H. Panarchy and community resilience：Sustainability science and policy implications[J]. Environmental Science and Policy，2016，61：185-193.

［178］Ruthenberg，H. Farming Systems in the Tropics[M]. Oxford：Clarendon Press，1980.

［179］Carpenter，S.，Walker，B.，Anderies，J.M.，et al. From metaphor to measurement：resilience of what to what? [J]. Ecosystems，2001，4（8）：765-781.

［180］Redman，C.L. Human impact on ancient environments[J]. American Journal of Archaeology，1999，81（7）：454.

［181］Folke，C.，Berkes，F.，Colding，J. Ecological practices and social mechanisms for building resilience and sustainability[A]. In：Linking Social and Ecological Systems：Management Practices and Social Mechanisms for building Resilience[M]. Cambridge：Cambridge University Press，2000.

［182］Berkes，F. Evolution of comanagement：role of knowledge generation，bridging organizations and social learning[J]. Journal of Environmental Management，2009，90（5）：1692-1702.

［183］Blythe，J.L. Resilience and social thresholds in small-scale fishing communities [J]. Sustainability Science，2015，10（1）：157-165.

［184］Goldstein，B.E. Skunkworks in the embers of the cedar fire：enhancing resilience in the aftermath of disaster[J]. Human Ecology，2008，36（1）：15-28.

［185］李昕．中国城市规划制度化历史发展的内在逻辑——关于中国城市规划制度发展史的思考 [J]. 城市规划学刊，2005，（2）：81-85.

［186］孙施文．中国城市规划的发展 [J]. 城市规划学刊，1999（5）：1-8.

［187］王栋．我国社会组织管理的梯次发展模式 [J]. 云南民族大学学报（哲学社会科学版），2016，33（1）：95-105.

［188］柯武刚，史漫飞．制度经济学：社会秩序与公共政策 [M]. 商务印书馆，2000.

［189］郭风英，陈伟东．单位社区改制进程中社区治理结构的变迁 [J]. 河南师范大学学报（哲学社会科学版），2011，38（1）：44-48.

［190］齐久恒，刘国栋．历史与逻辑：当代中国社会组织发展脉络的重思 [J]. 云南行政学院学报，2014（6）：110-115.

[191] 何欣峰 . 社区社会组织有效参与基层社会治理的途径分析 [J]. 中国行政管理，2014（12）：68-70.

[192] 王俊，刘文兆，汪兴玉等 . 黄土高原农村社会—生态系统适应性循环机制分析 [J]. 水土保持通报，2008，28（4）：94-99.

[193] 汪兴玉 . 黄土高原典型农村社会—生态系统适应性循环机制及对干旱的恢复力 [D]. 西安：西北大学，2008：19-35.

[194] 王群，陆林，杨兴柱 . 千岛湖旅游地社会—生态系统适应性循环过程及机制分析 [J]. 经济地理，2016，36（6）：185-194.

[195] 长沙市第一社会福利院院志编纂办公室 . 长沙市第一社会福利院院志（油印稿）[M]. 1991.

[196] 张再云 . 新中国成立以来我国养老机构管制政策的基本分期走向 [J]. 南方人口，2015，30（1）：23-33.

[197] 方舒 . 我国社会福利社会化改革的反思与前瞻 [J]. 天府新论，2010（6）：87-91.

[198] 葛扬 . 以公共供给为取向的计划经济发展模式的历史评价——基于新中国 60 年经济发展的整体视角 [J]. 经济纵横，2009（7）：20-24.

[199] 王永生 . 论计划经济时代公共服务的供给模式 [J]. 新东方，2000（2）：47-49.

[200] 黄成礼 . 北京市老年人口长期护理需求分析 [J]. 卫生经济研究，2005（4）：28-30.

[201] 左冬梅，吴静，王萍 . 西安市社区老年人照护服务的利用和需求研究——基于典型社区的调查 [J]. 西北人口，2008，29（3）：60-62.

[202] 王亚冰，刘荣梅，雷海潮 . 我国公立医院功能、规模、布局、结构的历史回顾 [J]. 中国医院管理，2017，37（1）：23-25.

[203] 李子玉 . 养老院户外环境设计研究 [D]. 北京：北京林业大学，2012：19-24.

[204] 张文君，张燕芳，金燕等 . 上海城市老年公寓的现状调查与展望 [J]. 中国老年学杂志，2002，22（3）：166-168.

[205] 刘检琴 . 长沙市主城区与城郊大气污染物时空分布特征研究 [D]. 长沙：湖南师范大学，2016：13-48.

[206] 周青青，陈家男，马晨韵等 . 杭州市老年人消费行为及需求调研报告 [J]. 现代物业（中旬刊），2015（4）：4-9.

[207] 安玉新 . 老年消费者的行为分析及营销途径选择 [J]. 商场现代化，2006

（13）：24-26.

［208］应斌．试析中国老年服务市场 [A]. 见：景奉杰．湖北省市场营销学会 2004 年学术年会：经济全球化背景下的服务营销论文集 [C]. 北京：中国财政经济出版社，2005：437-441.

［209］杨团．公办民营与民办公助——加速老年人服务机构建设的政策分析 [J]. 人文杂志，2011（6）：124-135.

［210］王晓磊．社会空间论 [D]. 武汉：华中科技大学，2010：51-91.

［211］蒋志凌．长沙市社会空间结构特征及影响因素 [D]. 长沙：湖南师范大学，2013：5-16.

［212］袁德．论中国社区文化体系的构建 [J]. 社会福利，2001（4）：47-49.

［213］陆学艺．当代中国社会阶层的分化与流动 [J]. 江苏社会科学，2003（4）：1-9.

［214］刘益梅．社会资本视角下的社区居家养老分析 [J]. 徐州工程学院学报（社会科学版），2014（2）：56-61.

［215］Sykora，L. Processes of socio-spatial differentiation in post-communist prague [J]. Housing Studies，1999，14（5）：679-701.

［216］段汉明，杨大伟．城市系统复杂性的数学描述初探 [J]. 人文地理，2007，（3）：112-115.

［217］蔡丽锋．制约民办养老机构发展的因素与对策研究 [D]. 杭州：浙江工业大学，2013：28-30.

［218］邵胜，邵德兴，陈娜．养老服务定价机制研究 [J]. 社会福利（理论版），2012（4）：62-65.

［219］金赟．养老保险双轨制历史沿革与改革路径研究 [J]. 浙江学刊，2015（1）：178-182.

［220］强克迪．我国民办养老机构的行政监管 [D]. 长春：吉林大学，2014：19-22.

［221］吴鹏森．论中国社会保障制度理念的演变与创新 [J]. 南京师大学报（社会科学版），2009（1）：18-23.

［222］谢鹏程．论社会主义法治理念 [J]. 中国社会科学，2007（1）：76-88.

［223］郑秉文，史寒冰．东亚社会福利政策中公平与效率的问题——价值取向与政策效应 [J]. 辽宁大学学报（哲学社会科学版），2002，30（2）：9-14.

［224］韩克庆．中国社会保障制度的改革与发展 [J]. 新视野，2013（4）：78-81.

[225] 黄黎若莲."福利国""福利多元主义"和"福利市场化"[J]. 中国改革，2000(10)：63-64.

[226] 王思斌. 当前我国社会保障制度的断裂与弥合. 江苏社会科学，2004(3)：206-210.

[227] 王世军. 从慈善事业到社会福利制度 [J]. 学海，2004(4)：192-194.

[228] 孙王军. 社会保障两大核心指标统计差异国际比较研究 [D]. 南京：南京财经大学，2012：40-45.

[229] 刘新. 中国社会保障支出的宏观经济效应研究 [D]. 重庆：重庆大学，2010：45-58.

[230] 杨勇刚，董芳. 我国财政社会保障支出困境及出路 [J]. 经济论坛，2010(5)：54-56.

[231] 李艳，丁莹. 从国际社会视角论我国社会保障政府财政责任问题 [J]. 商业经济，2011(20)：45-46.

[232] Clark，P. British clubs and societies (1580-1800) [M]. New York：Oxford University Press Inc.，2011：94-140.

[233] Hewitt，E.L. The civic agenda：associations，networks and urban space in Britain，c1890-1960[D]. The University of Edinburgh，2010：46-79.

[234] 殷金朋，赵春玲，贾占标等. 社会保障支出、地区差异与居民幸福感 [J]. 经济评论，2016(3)：108-121.

[235] "社会支出统计指标及可行性研究"课题组. 我国与欧盟社会保障支出对比分析 [J]. 调研世界，2017(9)：10-13.

[236] 姜欣. 我国最优的社会保障支出水平研究 [J]. 软科学，2012，26(5)：41-44.

[237] 闵晓莹，张庆君，吕正日. 基于 Cobb-Douglas 函数的最优社会保障支出测度研究 [J]. 计算机技术与发展，2014(4)：231-234.

[238] 王金波. 社会保障支出影响城镇居民消费的经济学分析——基于动态一般均衡视角下的再审视 [J]. 经济问题探索，2017(7)：11-19.

[239] 梁宏. 广州市老年人的收入差异状况分析 [J]. 南方人口，2011，26(2)：24-30.

[240] 朱晓，范文婷. 中国老年人收入贫困状况及其影响因素研究——基于 2014 年中国老年社会追踪调查 [J]. 北京社会科学，2017(1)：90-99.

[241] 叶强，鲍家声. 论城市空间结构及形态的发展模式优化——长沙城市空间演

变剖析 [J]. 经济地理，2004，24（4）：480-484.

［242］朱政，贺清云 . 长沙城市空间结构演变的动态模拟 [J]. 经济地理，2016，36（6）：50-58.

［243］王新妍 . 政府危机管理预警机制研究 [D]. 上海：华东师范大学，2011：16-23.

［244］阎耀军 . 城市社会预警基本原理刍议——从城市社会学视角对城市社会问题爆发的预警机理探索 [J]. 天津社会科学，2003（3）：69-72.

［245］王雪莲，汪波 . 基于协同学理论的城市土地利用协调发展研究 [J]. 中国地质大学学报（社会科学版），2007，7（1）：63-67.

［246］李强 .“丁字型”社会结构与“结构紧张” [J]. 社会学研究，2005（2）：55-73.

［247］李强，王昊 . 中国社会分层结构的四个世界 [J]. 社会科学战线，2014（9）：174-187.

［248］李强 . 当前我国社会分层结构变化的新趋势 [J]. 江苏社会科学，2004（6）：93-99.

［249］顾辉 . 社会流动视角下的阶层固化研究——改革开放以来我国社会阶层流动变迁分析 [J]. 广东社会科学，2015（5）：202-213.

［250］王忠 . 我国公益信托发展受阻的法律分析 [J]. 特区经济，2006（9）：121-123.